제5판

COMPACT 회계원리

이윤규 · 고영우 · 이세철 · 차승민 · 임형주 · 이재홍

COMPACT
Accounting
Principles

도서출판 탐진
www.tamjin.co.kr

머리말

사상 초유의 COVID-19 팬데믹 시대에 우리는 한 번도 경험해보지 못한 비대면 사회에 살고 있으며 거리의 소멸(death of distance)이 가속화됨으로 인해 세상 모든 것이 빠른 속도로 변화하고 있다. 특히 COVID-19로 인한 경제 공황을 방지한다는 미명 아래 전 세계는 초저금리의 유지와 양적완화를 지속하고 있으며 이로 인한 유동성 증가로 인해 기업의 시장가치는 크게 증가하고 있다. 이런 시기일수록 윤리적이고 투명공시를 위해 앞장서야 할 회계 정보생산자들에게 회계지식은 매우 중요한 것은 물론이고 홍수처럼 쏟아져나오는 기업 공시내용의 행간을 이해할 수 있는 회계정보이해 능력은 정보이용자들에게도 필수적인 시대가 도래하였다.

하루가 다르게 급변하는 세상에서 회계의 가장 기초 과정인 회계원리는 전공자들은 물론 기업의 모든 정보이용자들이 숙지해야 할 중요한 개념으로 더욱 부각되고 있다. 시중에는 이미 넘쳐나는 회계원리 책들이 존재함에도 불구하고 불필요한 장황한 설명을 최대한 배제하고 회계원리의 본질과 핵심내용만 컴팩트하게 담자는 저자들의 의지는 오래 전 본 저서의 출판을 가능케하였다. Compact 회계원리 1판을 출간한 후 상당한 시간이 흘렀다. 기존 책들과 차별성을 지닌 컴팩트한 회계원리 저술에 저자들은 큰 책임을 느껴왔으며, 교재 내용 중 오해의 소지는 없는지, 미흡한 설명으로 말미암아 부족한 부분은 없는지, 또 오류는 없는지에 대한 검토를 지속적으로 하였고 보다 나은 교재를 출간하기 위해 많은 고민을 하였다.

저자들은 제5판에서도 초심을 잃지 않기 위해 최대한 컴팩트하면서도 핵심내용들은 누락하지 않기 위한 노력을 하였다. 특히 저자들이 수업을 하면서 학생들의 오해의 소지가 있는 예제와 연습문제 등은 수정을 하였고, 중급회계 수준의 난이도인 문제들은 회계원리의 본질을 이해할 수 있도록 난이도 조정을 하였으며, 학습자 입장에서 이해도를 높일 수 있는 설명을 추가하였다. 저자들은 앞으로도 학생들의 의견을 적극 경청하고 반영하여 Compact 회계원리 한 권으로도 충분히 회계원리의 중요한 내용들을 모두 이해할 수 있도록 최선을 다 할 것을 약속한다. 아울로 본서를 학부 회계원리 교재로 채택해주신 교수님들께 고개 숙여 깊은 감사를 표하며, 본 교재의 부족한 부분에 대해서는 의견을 주시면 최대한 반영을 해드릴 것을 약속드린다. 끝으로 본서가 지속적으로 출간될 수 있도록 물심양면으로 힘써 주신 도서출판 탐진의 사장님과 김영훈 부장님을 비롯한 탐진 전체 직원 여러분들께 감사의 말씀을 드린다.

2021년 2월 광교산 산기슭에서 저자 일동

차례

Chapter 1 회계학의 기초 개념

Chapter 2 재무보고를 위한 개념체계와 재무제표

Chapter 3 회계순환과정(1): 기중의 회계처리

4 Chapter 회계순환과정(2): 기말의 회계처리

5 Chapter 상품매매기업의 회계처리

6 Chapter 금융자산 I

7 Chapter 재고자산

8 Chapter 유형자산과 무형자산

9 Chapter 유동부채 및 비유동부채

10 Chapter 금융자산 II

11 Chapter 자 본

12 Chapter 현금흐름표와 재무정보의 활용

Chapter 1

회계학의 기초 개념

Chapter 1 회계학의 기초 개념

1 회계의 의의

회계원리 강좌에서 다루어지는 회계학은 실질적으로 재무회계(financial accounting)를 의미한다. 재무회계는 자본주의의 3대 경제 주체 중의 하나인 기업의 경영에 관한 정보를 재무제표(financial statements)라는 형식을 통해 시장의 이해관계자들에게 전달함으로써 이들의 의사결정에 유용한 정보를 제공하는 역할을 한다.

1.1 회계의 정의

회계(會計, accounting)에 대한 정의는 다양하다. 과거에는 회계를 단지 재무적 성격을 지닌 거래나 사건들을 효과적으로 기록 · 분류 · 요약하고 그 결과를 해석하는 일종의 기술(art)로 정의하였다. 이는 회계를 단순한 부기(簿記, bookkeeping)[1]의 연장선상에서 인식한 것으로 상대적으로 회계의 정보생산 측면에 주목한 것이다. 그러나 근래에 들어 회계는 회계정보의 생산뿐만 아니라 이용측면까지를 고려하여 정의되고 있다. 회계의 정의와 관련하여 가장 일반적으로 인용되는 것은 1966년 미국회계학회에서 발표한 보고서(A Statement of Basic Accounting Theory)에 실린 내용으로, 이 보고서에서 회계는 다음과 같이 정의되고 있다.

"회계란 정보의 이용자가 합리적인 판단이나 의사결정을 할 수 있도록 경제적 정보를 식별하고 측정하며 전달하는 과정이다."

---

1) 부기란 장부기록(帳簿記錄)의 약칭으로 경제주체의 경제활동에 따른 재산의 증감을 일정한 원리에 따라 기록, 계산, 정리하는 방법을 말한다.

이러한 회계의 정의는 회계가 기업과 관련된 다양한 이해관계자들에게 그들이 당면한 의사결정 문제에 유용한 정보를 제공하는 것을 목적으로, 기업의 경영에 관한 정보를 생산 · 분석 · 전달하는 일련의 정보생산체계(information generating system)임을 의미하는 것이다.

이와 같은 회계에 대한 개념의 변화는 정보이용자들의 요구 변화와 관련이 있다. 과거에는 회계가 소수의 정보이용자들을 위해 단순히 수탁책임(stewardship responsibility)을 보고하는 도구였으므로 개념도 이를 중심으로 정리되었다. 하지만 최근에는 자본시장의 발달에 따라 투자자나 신용의사결정자 등 보다 많은 정보이용자들에게 유용한 정보를 제공하는 것이 필요하므로 회계에 대한 개념도 이를 충족시키는 방향으로 발전되고 있는 것이다.

1.2 회계정보의 이용자

앞서 회계가 기업과 관련된 다양한 이해관계자들에게 의사결정에 유용한 정보를 제공한다고 언급한 바 있다. 그렇다면 기업과 관련된 다양한 정보이용자들은 누구이며, 이들이 필요로 하는 정보가 무엇인가를 살펴보는 것이 필요할 것이다. 일반적으로 회계정보의 이용자는 경영자 등 기업의 내부관리자와 현재 · 잠재적 투자자, 채권자 등 자금의 공급자, 종업원, 거래처, 고객, 정부 유관기관, 지역사회 등 다양한 이해관계자들로 구분해 생각해 볼 수 있을 것이다. 이 중에서 재무회계는 기업과 관련된 다양한 이해관계자에 대한 정보제공과 관련이 있으므로 이를 중심으로 살펴보기로 한다.

먼저 기업에 자금을 투자하는 투자자의 경우 그들은 자신들의 투자와 관련하여 매수, 보유 또는 매도에 관한 의사결정을 위해 정보를 필요로 할 것이다. 따라서 그들은 투자의 대상이 되는 기업에 내재된 위험과 투자수익에 대한 정보 및 기업의 배당능력을 평가할 수 있는 정보 등을 필요로 한다. 또 다른 기업의 자금 공급원인 채권자는 자금의 대여 여부와 대여에 대한 이자율 산정을 위해 기업에 대한 정보를 필요로 할 것이다. 따라서 이들은 기업의 위험과 재무상태 및 대여금과 대여금에 대한 이자가 지급기일에 적절히 지급될 수 있는가를 평가하는데 필요한 회계정보에 관심을 가질 것이다.

종업원은 자신의 고용안정성에 관심을 가질 것이며 이로 인해 고용주인 기업의 재무적 건전성 대한 정보에 관심을 가질 것이다. 이와 동시에 종업원은 자신들의 보수, 퇴직 급여 등 보상과 관련해 자신들이 기업의 성과에 따라 적절한 대가를 받고 있는 가에도 관심을 가지므로 기업의 성과와 관련된 정보도 필요로 할 것이다. 거래처는 거래의 안정을 위해 거래 상대가 신뢰할 수 있는 기업인지 궁금할 것이다. 따라서 이들은 상대방 기업의 지속가능성 및 지급기일내 지급능력 등과 관련된 정보를 필요로 할 것이다. 고객은 구입하는 제품의 가치유지나 A/S 지속여부 등과 관련해 그 기업의 존속가능성에 관심을 가질 수 있으며, 이로 인해 재무상태의 건전성 등과 관련된 정보에 관심을 갖게 된다. 정부 및 유관기관은 사회적 자원의 배분과 기업의 활동이 사회에 미치는 영향에 관심을 가진다. 따라서 이들은 기업 활동을 규제하고 조세정책을 결정하며 국민 소득이나 이와 유사한 통계자료의 근거로 사용하기 위한 정보를 필요로 할 것이다. 지역사회도 기업과 관련된 정보에 관심을 가질 수 있는데 이는 기업이 종업원의 고용이나 지역 내 공급자의 양성과 같은 다양한 형태로 지역경제와 관련을 갖기 때문이다.

그림 1 회계정보 이용자

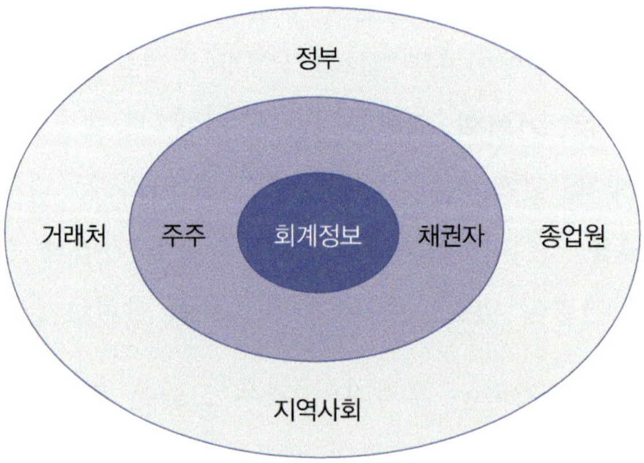

이처럼 회계는 기업과 관련된 다양한 이해관계자들에게 그들이 필요로 하는 정보를 제공하는 역할을 한다. 이는 회계가 자본주의 사회에서 일종의 언어로서의 역할을 하는 것을 의미하는 것으로, 이 언어를 통해 기업의 재무상태나 경영성과에 대한 정보가 이해관계자들에게 전달되는 것이다. 이러한 관점에서 자본주의의 참여자들에게 회계에 대한 이해는 필수적인 것이다.

2 회계의 사회적 기능

기업과 기업의 이해관계자 사이에는 정보의 비대칭(information asymmetry)[2)]이 존재한다. 정보의 비대칭이란 특정한 정보가 한쪽에만 존재하고 다른 한쪽에는 존재하지 않는 상황을 의미하는 것이다. 이와 같은 상황은 주주와 경영자, 고용주와 피고용인, 보험회사와 보험가입자 사이 등 다양한 분야에 존재한다.

정보의 비대칭은 자원선택 이전에 역선택(adverse selection)의 문제와 자원배분 이후의 도덕적 해이(moral hazard) 문제를 유발함으로써 결과적으로 시장의 실패(market failure)를 가져온다. 이러한 상황에서 회계는 기업에 관한 정보를 관련 이해관계자들에게 제공함으로써 이들 사이에 존재하는 정보의 비대칭 정도를 낮추어 시장의 실패를 막는 역할을 수행한다.

2.1 역선택 문제의 해결: 사회적 자원의 효율적 배분

정보의 비대칭은 자원배분 이전에 감추어진 특성(hidden characteristics)의 형태로 나타난다. 예를 들어, 중고차 시장에서 중고차를 사려는 사람이 매물로 나와 있는 중고차의 상태에 대한 정보를 모르는 반면 중고차를 팔려는 사람은 중고차의 상태를 알고 있다고 가정해 보자. 중고차를 구매하려는 사람에게 차의 상태는 하나의 감추어진 특성이 된다.

현재 중고차 시장에 10대의 차량이 나와 있고 이 중에서 5대는 상태가 좋으며 200만원을 받으면 팔 용의가 있다고 가정하자. 나머지 5대의 차량은 상태가 좋지 않으며 100만원을 받으면 팔 용의가 있다고 하자. 차량의 구매자는 상태가 좋은 중고차에 대해서는 240만원, 상태가 좋지 않은 중고차에 대해서는 120만원을 지불할 용의가 있다고 하자. 중고차량의 상태가 시장에서 파악될 수 있다면 품질이 좋지 않은 중고차는 100만원부터 120만원 사이에서 거래될 것이며, 품질이 좋은 중고차는 200만원에서 240만원 사이에서 거래될 것

2) 미국의 이론 경제학자 George A. Akerlof가 1970년에 발표한 논문 "The Market for 'Lemons': Quality Uncertainty and the Market Mechanism"에 등장한 개념으로 중고차 시장을 예로 들어 정보의 비대칭성이 시장에 가져오는 영향을 분석하였다.

이다. 그러나 중고차의 품질에 대한 정보가 시장에 공개되어 있지 않다면 구매자는 이들의 금액의 기대치(expected value)인 180만원(240만원과 120만원의 평균)을 지불할 용의가 있을 것이다.

이 경우 좋은 상태의 중고차 주인은 자신의 차량의 가치가 시장에서 지불되는 가치보다 낮으므로 차량을 팔지 않으려고 할 것인 반면 좋지 않은 상태의 중고차 주인은 시장에서 자신의 차량을 팔려고 할 것이다. 결과적으로 시장에 매물로 나온 중고차는 모두 상태가 좋지 않은 것들로 구성될 것이다. 차량을 구매하려는 사람들도 이를 알고 점차 자신들이 지불하려는 가격을 낮출 것이며, 이로 인해 시장에서는 점점 더 상태가 좋은 차량들은 거래되지 않고 상태가 나쁜 차량들만 거래될 것이다. 이와 같이 양질의 제품은 거래가 되질 않고 불량의 제품만이 거래되는 시장을 레몬시장(market for lemon)이라고 부른다. 여기서 레몬은 겉으로는 멀쩡하지만 속으로는 문제가 있는 물건을 의미하는 것으로 정상적인 수준의 제품이 거래되지 못하는 시장실패(market failure) 상황을 의미한다.

회계는 자원배분 전에 관련 이해당사자에게 기업에 대한 정보를 제공함으로써 희소한 사회적 자원이 효율적으로 배분되도록 돕는 역할을 한다. 앞의 예에 비추어 설명하자면 회계는 시장에 거래되는 중고차(기업)의 품질에 대한 정보(회계정보)를 구매자(이해관계자)에게 전달하여 이에 대해 적절한 가격이 형성되도록 함으로써 시장의 실패를 막는 역할을 하는 것이다.

2.2 도덕적 해이 문제의 해결: 수탁책임에 관한 보고

정보의 비대칭 상황에서 정보를 가진 측이 정보를 갖지 못한 측에서 보았을 때 바람직하지 않은 행동을 취하는 경향을 가지는데 이를 도덕적 해이라고 한다. 일반적으로 도덕적 해이는 주인-대리인 문제[3]에서 주로 발생하지만 정보의 비대칭 상황 하에서 숨겨진 행동(hidden action)이 문제가 되는 상황이라면 어디에서든 발생할 수 있다.

자본주의 하에서 기업들은 대부분 어느 정도 성장이 이루어지면 소유주와 경영자가 분리되는 과정을 거친다. 이 경우 경영자가 소유주를 대신하여 자신의 업무를 충실히 수

3) 주인-대리인 문제(principal-agent problem)란 자신이 직접 일을 할 수 없는 경우 대리인을 통해 일을 수행하는데, 대리인이 자신의 사적 이익을 추구하기 위해 의뢰받은 일에 대해 완전히 주인의 분신처럼 행동하지 않는 문제를 의미한다.

행하였는가가 문제가 될 수 있다. 이와 같이 타인의 자산을 관리하도록 위탁받은 자가 자산의 관리에 대해 부여받은 책임을 수탁책임(stewardship responsibility)이라고 부른다. 이 과정에서 경영자는 기업의 자원에 대한 운영의 결과를 이해관계자들에게 보고하는데 이를 회계의 수탁책임 보고의 기능이라고 한다. 이처럼 회계는 대리인의 경영성과에 대한 정보를 제공함으로써 대리인과 주인간의 정보 비대칭 정도를 낮추는 역할을 한다. 회계라는 감시(monitor) 도구의 존재로 경영자의 도덕적 해이는 상대적으로 감소하게 되는 것이다. 이와 같이 회계정보는 자원배분 이후 대리인인 경영자의 도덕적 해이 문제를 줄여줌으로써 시장의 실패를 막는데 기여한다.

3 회계학의 주요 분야

3.1 재무회계(financial accounting)

재무회계는 회계기준에 따라 재무제표를 작성하고, 이를 통해 기업의 재무상태와 경영성과 등을 외부의 이해관계자들에게 전달하는 회계이다. 따라서 재무회계는 주로 경제적 사건의 발생을 어떻게 재무제표에 반영하여 보고할 것인가와 관련된 회계처리 문제들을 다룬다. 재무회계는 개별기업의 재무제표 작성과 관련된 사항을 주로 다루는 중급회계와 연결 · 합병 기업의 재무제표 작성을 주로 다루는 고급회계 등으로 교과목이 구성되어 있다.

3.2 원가 · 관리회계(cost and managerial accounting)

재무회계가 기업 외부 이해관계자의 의사결정에 유용한 정보를 제공하는 역할을 한다면, 원가 · 관리회계는 기업 내부 정보이용자의 의사결정에 유용한 정보를 제공하는 역할을 하는 회계이다. 이 분야는 최초에는 제조기업의 매출원가와 기말재고자산 산정을 위한 제품원가계산에서 출발하여 최근에는 경영자의 다양한 의사결정, 성과평가, 전략적 판단 등에 관련된 분야로 그 영역이 넓어지고 있다.

3.3 세무회계(tax accounting)

세무회계는 조세법규에 따라 납세자의 과세소득을 정확히 산정하고 이를 세무당국에 신고하기까지 일련의 절차와 관련되는 회계이다. 여기에는 세법의 범위 내에서 세금을 최소화하는 세무계획(tax planning)도 포함된다. 세무회계는 국세기본법, 기업의 이익에 대한 법인세, 개인의 소득에 대한 소득세, 재화나 용역의 제공과 관련된 부가가치세(value added tax), 상속 · 증여세, 지방세 등 다양한 세금과 관련된 내용으로 구성된다.

3.4 회계감사(auditing)

재무제표 작성 책임은 기본적으로 기업의 경영자에게 있다. 따라서 기업의 재무제표가 일반적으로 인정된 회계기준에 따라 중요성의 관점에서 적정하게 표시하고 있는지를 객관적으로 확인할 필요가 있다. 회계감사는 재무제표가 회계기준에 따라 적정하게 작성되었는지를 외부 감사인이 독립적으로 의견을 표명하도록 하는 제도이다. 이러한 과정을 통해 재무제표의 신뢰성은 제고되고 재무제표 이용자는 기업에 대하여 보다 올바른 판단을 할 수 있게 된다.

3.5 정부회계(governmental accounting) 및 비영리회계(not-for-profit accounting)

정부회계는 중앙정부나 지방자치단체 등 정부조직의 재정활동을 기록하는 회계이다. 정부조직의 재정활동이라 함은 국가가 국민에게 제공하는 서비스를 위한 조세 부과, 채권 발행 등의 재원조달 활동과 서비스 제공을 위해 재화나 용역을 취득하고 사용하는 활동들을 의미한다. 정부회계는 궁극적으로 정부의 자산을 보호하고, 관련된 정책 결정을 위한 정보를 제공하는 기능을 가지고 있다. 우리나라는 2011년 회계연도 결산부터 복식부기와 발생주의를 도입하기로 하였으며 이와 관련하여 공무원의 직렬(회계직)도 새로이 신설되었다.

비영리회계는 정부회계를 포괄하여 공익법인, 학교, 병원 등 다양한 비영리 기관의 경제적 활동을 측정하고 기록하여 보고하는 회계이다. 비영리회계의 주된 역할은 비영리기관의 관리담당자가 법률, 재단, 기부자 등의 규정이나 요구사항을 적절히 준수하도록 하는 것이다.

4 재무회계의 회계기준

회계정보가 정보로서의 기능을 발휘하기 위해서는 이를 작성하는 측과 이를 이용하는 측이 동의할 수 있는 논리적이고 타당한 회계원칙에 의해 작성되어야 할 것이다. 만약 기업마다 재무제표를 작성하는 회계원칙이 다르다면 외부 정보이용자가 여러 기업의 재무제표를 분석하는데 문제를 야기할 수 있을 것이다. 따라서 회계는 재무제표의 작성지침을 사전에 정해놓는데 이를 회계원칙이라고 부른다. 이 때 회계원칙은 경영자가 재무제표를 작성할 때 반드시 준수해야할 기준으로 작용한다. 모든 기업들은 이러한 회계기준에 따라 재무제표를 작성하고, 일정 규모 이상의 기업은 회계기준에 부합하게 재무제표를 작성하였는가를 외부의 독립된 감사를 통해 검증받도록 제도화되어 있다. 이를 통해 정보이용자들은 보다 신뢰성 있는 정보를 바탕으로 의사결정을 할 수 있게 된다.

4.1 국내 회계기준의 변화

우리나라는 1958년부터 회계기준을 제정하기 시작하였으며, 이후 여러 과정을 거쳐 독자적인 발전을 거듭해 왔다. 1997년 국제통화기금(IMF)으로부터 금융지원을 받으며 기업에 대한 회계정보의 신뢰성과 기업경영의 투명성을 높여야 한다는 압력을 받았다. 이러한 요구를 수용해 우리나라는 1999년 독립된 민간 회계기준제정기관인 한국회계기준원(KAI: Korean Accounting Institute)을 설립하였다. 이후 2000년 9월에 한국회계기준원 내에 한국회계기준위원회(KASB: Korea Accounting standards Board)라는 회계기준 제정기관을 설치하고 이를 중심으로 기업회계기준서를 제정하여 기존의 기업회계기준들을 대체하였다.

이러한 노력에도 불구하고 우리나라는 국제사회로부터 회계규정의 합리성과 투명성이 낮은 나라로 간주되는 상황을 벗어나지 못하였다. 이에 우리나라는 2007년 3월 국내 회계정보에 대한 대내 · 외적인 신뢰성을 향상시키고자 2011년부터 모든 상장기업에 대해

의무적으로 국제회계기준(IFRS: International Financial Reporting Standards)을 전면 도입하여 적용하기로 결정하였다.[4] 한국회계기준원은 국제회계기준에 대한 한글화 작업을 거쳐 이를 한국채택국제회계기준(K-IFRS)으로 명명하였으며 현재까지도 지속적으로 오역 등의 수정 · 보완 작업을 거쳐 기준 개선을 위한 노력을 해오고 있다.

국제회계기준은 유럽을 중심으로 전 세계 국가로부터 회계기준과 관련된 의견을 수렴하여 국제회계기준위원회(IASB: International Accounting Standards Board)가 기준서를 제정하여 발표하는 재무회계기준이다. 현재 국제적인 회계기준 통일화 추세로 인해 유럽을 중심으로 전 세계에서 약 160개 이상의 국가가 국제회계기준을 도입하여 운영하고 있는 것으로 알려져 있다. 향후에도 도입계획을 가지고 있는 국가들이 많아 이를 적용하는 국가는 더욱 증가할 전망이다. 이는 세계의 여러 기업들이 점차 동일한 회계기준에 의해 재무제표를 작성하여 보고하게 될 것임을 의미하는 것이다.

국제회계기준의 도입으로 인해 기대되는 긍정적인 효과는 다음과 같다. 첫째, 국내 기업들이 제공하는 회계정보가 국제적으로 인정받는 기준에 의해 작성됨으로써 재무정보에 대한 신뢰성이 향상될 수 있다. 둘째, 다른 나라들과 공통적인 기준을 적용하여 재무제표를 작성함으로써 재무제표의 국제적인 비교가능성이 증대될 수 있다. 그러나 새로운 회계기준의 적용으로 도입 초반에 실무적 혼란과 과거 국내의 회계기준과의 차이로 인한 기간별 비교가능성의 저하 등 여러 부작용의 가능성도 배제할 수 없다.

4.2 국제회계기준의 주요 특징[5]

(1) 원칙중심의 회계기준(principle-based accounting standards)

국제회계기준(IFRS)에서는 회계기준이 재무보고의 기본원칙과 방법론만 제시하고 세부적인 회계처리 방법과 절차에 대해서는 회계처리자의 전문가적 판단에 의해 처리하도록 하고 있다. 이는 과거 우리나라의 회계기준이 특정 상황과 관련된 회계처리 방법을

4) 국제회계기준을 조기에 도입하고자 하는 기업들은 2009년부터 적용이 가능하도록 했다.
5) 국제회계기준(IFRS)의 주요 특징은 다양한 면에서 언급될 수 있겠지만 여기에서는 과거의 회계기준과의 차별되는 면을 중심으로 설명한다.

구체적으로 명시하던 규정중심의 회계기준(rule-based accounting standards)이었던 것과는 구별되는 특징이다.

(2) 연결재무제표(consolidated financial statement) 중심

국제회계기준(IFRS)에서는 경제적 실질을 반영하여 연결재무제표를 주재무제표로 보고하도록 하였다. 예를 들어 ㈜한국이 자회사인 ㈜서울을 실질적으로 지배하고 있다면 이 두 기업을 하나의 기업실체로 인식하여 재무제표를 합산하여 보고하도록 하는 것이다. 이는 과거 우리 회계기준에서 법적 실체인 개별 기업 단위로 주재무제표를 작성하여 보고했던 것과는 다른 것이다.

(3) 공정가치 측정(fair value accounting)

국제회계기준(IFRS)에서는 많은 부분에 있어서 자산과 부채를 공정가치로 측정하도록 하고 있다. 공정가치는 개념적으로 현재의 시장가격을 의미하는데, 이는 현재 시점에서 적절한 가치를 나타낸다는 면에서 정보이용자들에게 보다 유용한 정보를 제공할 수 있다는 장점이 있다. 하지만 측정의 자의성과 금액의 잦은 변동으로 인해 그 신뢰성은 저하될 수 있다. 과거 우리나라는 신뢰성 관점에서 자산과 부채를 주로 역사적 원가의 관점에서 평가하여 왔는데 이는 국제회계기준과 차별되는 부분이다.

5 재무제표의 간단한 소개

재무회계의 목적은 기업의 외부정보이용자에게 의사결정에 유용한 정보를 제공하는 것이며, 이는 재무제표(financial statements)라는 형식을 통해 구현된다. 재무제표는 기업의 재무상태, 재무성과, 재무상태의 변동 등에 관한 정보를 제공한다. 회계원리에서는 이들 중에서 재무상태표 및 포괄손익계산서의 작성과 관련된 사항을 주로 공부한다. 이 두 가지 재무제표에 대한 자세한 설명은 본서 전체를 통해 본격적으로 이루어 질 것이나, 본 절에서는 이후 논의의 이해를 돕고자 재무제표 구성요소들에 대해 간단한 예를 통해 대략적인 설명을 하기로 한다.

5.1 재무상태표

재무상태표(statement of financial position)는 재무제표 보고일 현재 기업의 재무상태를 나타내는 보고서로 자산, 부채, 자본의 상태를 보여준다.[6] 기업은 채권자와 주주로부터 자금을 조달하여 이를 투자하고, 투자를 바탕으로 수익을 창출하는 활동을 수행한다. 이러한 활동과 관련하여 재무상태표는 일정 시점에서 기업이 보유하고 있는 경제적 자원과 이에 대한 채권자와 주주의 청구권에 대한 정보를 제공한다.

재무상태표(계정식)

자산		부채·자본	
자 산	400,000	부 채	200,000
		자 본	200,000
계	400,000	계	400,000

재무상태표(보고식)

자 산	400,000
부 채	200,000
자 본	200,000

위의 표는 간단한 재무상태표의 작성사례이다. 재무상태표는 보고 형식에 따라 좌측의 양식과 같이 자산 · 부채 · 자본을 좌측과 우측으로 분할하여 나타내는 계정식과 우측의 양식과 같이 하나의 축에 순서대로 나열하는 보고식으로 나누어 볼 수 있다. 이 표를 통해 회계정보 이용자는 해당 기업의 재무상태가 자산 ₩400,000, 채권자에게 상환해야 할 부채 ₩200,000, 자산에서 부채를 차감한 자본 ₩200,000으로 구성됨을 파악할 수 있게 된다.

5.2 포괄손익계산서(statement of comprehensive income)

포괄손익계산서(statement of comprehensive income)는 해당 회계기간 동안의 재무성과를 보여주는 재무제표이다. 일정 기간 동안 총수익에서 총비용을 차감한 것이 양수이면 당기순이익(net income), 음수이면 당기순손실(net loss)이라고 한다. 이 과정에서 일

6) 경제학에서는 어떤 양을 나타내는 변수가 일정 기간에 대해 정의된 것이냐 아니면 일정 시점에 대해서 정의된 것이냐에 따라 각각 유량(flow)과 저량(stock)이라는 명칭으로 구분하고 있다. 이러한 측면에서 재무상태표는 일정 시점의 재무상태를 보고하므로 저량 개념의 보고서이고 포괄손익계산서는 일정 기간의 경영성과를 보고하므로 유량 개념의 보고서이다.

부의 항목은 광의의 수익과 비용에는 포함되지만 당기순이익(손실)에는 반영이 되지 않는데, 이들을 기타포괄손익(other comprehensive income)이라 한다. 포괄손익계산서는 총포괄손익(total comprehensive income)을 당기순손익과 기타포괄손익으로 나누어 인식함으로써 정보이용자에게 보다 유용한 정보를 제공한다. 투자자는 포괄손익계산서를 통해 해당 기업의 수익성과 관련된 정보를 파악할 수 있다.

포괄손익계산서(계정식)

비용	900,000	수익	1,000,000
당기순이익	100,000		
계	1,000,000	계	1,000,000

포괄손익계산서(보고식/하나의 보고서)

수익	1,000,000
비용	(900,000)
당기순이익	100,000
기타포괄손익	0
총포괄손익	100,000

위의 표는 간단한 포괄손익계산서의 작성사례이다. 포괄손익계산서도 보고 형식에 따라 수익 · 비용 · 이익을 좌측과 우측으로 분할하여 나타내는 계정식과 하나의 축에 순서대로 나열하는 보고식으로 나누어 볼 수 있다. 이 표를 통해 회계정보 이용자는 해당 보고 기간 중 기업에 수익은 ₩1,000,000, 비용은 ₩900,000만큼 발생해서 당기순이익 ₩100,000이 창출됐음을 알 수 있게 된다.

5.3 현금흐름표

현금흐름표(statement of cash flow)는 회계기간 중에 발생한 현금의 유입과 유출에 관한 정보를 제공하는 재무제표이다. 이는 구체적으로 기업의 영업활동으로 인한 현금흐름, 투자활동으로 인한 현금흐름, 재무활동으로 인한 현금흐름으로 구분되며 기업의 현금창출능력, 현금지급능력 등을 평가하는데 유용한 정보를 제공한다.

현금흐름표	
Ⅰ. 영업활동으로 인한 현금흐름	850,000
Ⅱ. 투자활동으로 인한 현금흐름	(900,000)
Ⅲ. 재무활동으로 인한 현금흐름	100,000
Ⅳ. 현금의 증가(감소) (Ⅰ+Ⅱ+Ⅲ)	50,000
Ⅴ. 기초의 현금	100,000
Ⅵ. 기말의 현금	150,000

위의 표는 간단한 현금흐름표의 작성사례이다. 이 표를 통해 회계정보 이용자는 기초의 현금(Ⅴ) ₩100,000이 기말의 현금(Ⅵ) ₩150,000으로 변해, 당기에 현금 증가(Ⅳ) ₩50,000이 있었음을 알 수 있다. 또한, 이는 영업활동을 통한 현금 유입(Ⅰ) ₩850,000, 투자활동을 통한 현금 유출(Ⅱ) ₩900,000, 재무활동을 통한 현금 유입(Ⅲ) ₩100,000에 기인함을 파악할 수 있게 된다.

5.4 자본변동표

자본변동표(statement of changes in equity)는 회계기간 중에 소유주지분인 자본의 변동을 종합적으로 나타내는 보고서이다. 소유주지분은 자본의 납입이나 배당 등 주주와의 거래나 기업의 이익 창출 등에 의해 실질적인 변화가 발생한다. 여기에 주식배당이나 무상증자 등 소유주지분 내에서의 분류의 변화 등에 의해 명목상의 변화도 발생한다. 자본변동표는 기중의 이러한 변동 내역을 알려주는 보고서이다. 한편, 이후의 논의를 위해 자본부분에서 한 가지 정리하고 넘어가야 할 사항은 자본과 자본금에 대한 용어의 차이를 구분하는 것이다. 자본(equity)은 기업의 자산에서 부채를 차감한 소유주 지분 전체를 의미하는 반면, 자본금(capital stock)은 납입자본 중에서 발행주식의 액면금액의 합계를 나타낸다. 따라서 자본은 자본금의 변화뿐만 아니라 손익의 발생에 의해서도 변화한다.

자본변동표

	납입자본	이익잉여금	기타자본요소	합 계
기 초	200,000	0	0	200,000
전기 이익처분(배당)	0	0	0	0
총 포 괄 이 익		100,000		100,000
기 말	200,000	100,000	0	300,000

위의 표는 간단한 자본변동표의 작성사례이다. 이 표는 가로축에 자본의 구성요소인 납입자본·이익잉여금·기타자본요소 등을 제시하고, 세로축에 기초부터 발생한 자본의 변동내역을 기록함으로써 자본이 어떻게 변화하였는가를 보여준다. 이 표를 통해 회계정보 이용자는 기초의 자본 ₩200,0000이 이익잉여금 ₩100,000의 증가로 인해 기말에 ₩300,000이 되었음을 알 수 있게 된다.

5.5 주 석

주석(notes)은 이상에서 설명한 재무제표들이 요약적으로 작성 보고됨에 따라 자세한 정보를 제공하지 못하는 한계를 극복하기 위해 추가적으로 보고되는 사항이다. 이는 재무제표 작성기준 및 중요한 회계정책, 국제회계기준에서 주석공시를 요구하는 사항, 재무상태표, 포괄손익계산서, 현금흐름표 및 자본변동표의 본문에 표시되지는 않지만 재무제표를 이해하는데 필요한 목적적합한 정보를 포함한다.[7)]

7) 이익잉여금처분계산서는 과거에는 재무제표의 하나로 분류되었으나 국제회계기준에서는 주석에 포함될 수 있는 사항으로 제시되고 있다.

6 회계 관련 시험

공 인 회 계 사	
시 험 과 목	• 1차 : 회계학, 경영학, 세법개론, 경제원론, 상법, 영어(2년 내 타기관 공인영어 성적으로 대체) • 2차 : 재무회계, 원가회계, 회계감사, 세법, 재무관리
검 정 방 법	• 1차 : 객관식 • 2차 : 주관식
합 격 기 준	• 1차 : 매 과목당 100점 만점을 기준으로 하여 매 과목 40점 이상, 전 과목평균 60점 이상 득점자 중에서 전 과목 총득점에 의한 고득점자순으로 일정 인원을 합격자로 결정 • 2차 : 매 과목 60점 이상 득점자 중에서 선발예정인원의 범위 안에서 전 과목 총득점에 의한 고득점자순으로 합격자를 결정
주 관 기 관	금융감독원

세 무 사	
시 험 과 목	• 1차 : 재정학, 회계학개론, 세법학개론, 상법, 영어(2년 내 타기관 공인영어성적으로 대체) • 2차 : 세법학1부, 세법학2부, 회계학1부, 회계학2부
검 정 방 법	• 1차 : 객관식 • 2차 : 주관식
합 격 기 준	• 1차 : 매 과목 40점 이상, 전 과목 평균 60점 이상 • 2차 : 2차시험 합격자 기준 : 매 과목 100점을 만점으로 하여 매 과목 40점 이상, 전 과목 평균 60점 이상
주 관 기 관	국세청

세무회계 1, 2, 3급	
시 험 과 목	• 국세기본법, 소득세법, 부가가치세법, 지방세법, 법인세법, 상속세및증여세법, 국제조세조정에관한법률 등 세법 각 분야
검 정 방 법	급수에 따라 객관식 및 주관식 차등
합 격 기 준	매 과목 40점 이상 전 과목 평균 60점 이상
주 관 기 관	한국세무사회

전산회계운용사 1, 2급	
시 험 과 목	• 필기 : 회계원리, 원가회계, 세무회계 등 • 실기 : 회계프로그램의 운용
검 정 방 법	• 필기와 실기 병행
합 격 기 준	• 필기 : 매 과목 40점 이상, 전 과목 평균 60점 이상 • 실기 : 70점 이상
주 관 기 관	상공회의소

미국공인회계사	
시 험 과 목	• Financial Accounting and Reporting • Auditing • Regulations • Business Environment & Concepts
검 정 방 법	객관식(80%) + Simulation(20%)
합 격 기 준	100점 만점 중 PART별 75점 이상
주 관 기 관	미국회계사협회

국가 및 지방직 세무직 공무원	
시 험 과 목	회계학(회계원리, 원가회계), 세법개론, 국어, 한국사, 영어
검 정 방 법	1차 및 2차 객관식 필기시험, 3차 면접시험
합 격 기 준	선발인원 범위 내에서 상대평가
주 관 기 관	중앙인사위원회 및 각 시, 도

Chapter 1 연습문제

❶ 미국회계학회 보고서(A Statement of Basic Accounting Theory, 1966)에 제시된 회계에 대한 정의를 기술하고, 이의 의미를 3줄 이내로 설명하시오.

❷ 기업과 기업의 이해관계자 사이에 정보의 비대칭이 존재하는 경우 회계의 사회적 기능에 대해 자원배분 이전과 자원배분 이후로 나누어 설명하시오.

❸ 우리나라가 국제회계기준(IFRS)을 도입하게 된 배경과 도입으로 인해 기대되는 효과를 각각 2줄로 제시하시오.

❹ 국제회계기준(IFRS)이 기존의 국내 기업회계기준서(K-GAAP)에 비해 구별되는 특징을 세 가지 제시하시오.

❺ 한국채택국제회계기준(K-IFRS)에 제시되어 있는 재무제표의 종류를 나열하고 각각이 제공하는 정보의 내용에 대해 각각 2줄 이내로 설명하시오.

6 다음 중 회계정보의 기능에 대한 설명으로 타당하지 않은 것은? (2010년 CPA 1차)

① 회계정보는 자본시장에서 정보비대칭으로 인해 존재하는 역선택의 문제를 완화하여 자본이 투자자로부터 기업에게로 원활히 공급될 수 있도록 하는 데 도움을 준다.
② 회계정보는 경제실체간 자원의 이동에 관한 의사결정에는 직접적인 경제적 영향을 미치지는 못하지만 경제실체 내에서의 자원의 이동에 관한 의사결정에는 도움을 준다.
③ 회계정보는 자본시장에서 발생할 수 있는 대리인의 기회주의적인 행위인 도덕적 해이라는 문제를 해결하는 데 도움을 준다.
④ 회계정보는 자본주의 시장경제체제에서 희소한 경제적 자원이 자본시장을 통해 효율적으로 배분되도록 하는 데 도움을 준다.
⑤ 회계정보는 정부가 효율적이고 적절한 자원배분을 위한 정책을 수립하는 데 도움을 준다.

7 다음 중 한국채택국제회계기준에 대한 설명으로 타당하지 않은 것은? (2010년 CPA 1차)

① 국제적으로 통용되는 회계기준을 채택함으로써 회계정보의 신뢰성을 향상시키고, 다른 나라로부터의 자금조달이 용이해지며 차입원가를 절감할 수도 있다.
② 한국채택국제회계기준은 회계처리에 대하여 구체적인 회계처리방법을 제시하기보다는 전문가적 판단을 중시하는 접근법을 따르고 있다.
③ 한국채택국제회계기준의 연결범위에는 「주식회사의 외부감사에 관한 법률」에 의한 외부감사대상이 아닌 소규모회사는 포함되지 않는다.
④ 한국채택국제회계기준은 2011년부터 모든 주권상장법인이 의무적으로 적용하되 원하는 기업은 2009년부터 조기 적용하고 있다.
⑤ 한국채택국제회계기준은 국제회계기준위원회에서 공표한 국제회계기준을 기초로 한국회계기준위원회에서 제정하고 금융위원회에 보고 후 공표된 것이다.

8 다음의 자료를 통해 20×1년에 영업을 개시한 ㈜동해와 ㈜서해의 재무상태표와 포괄손익계산서를 각각 작성하시오.

	자 산	부 채	자 본	수 익	비 용
㈜동해	100,000	50,000	50,000	500,000	480,000
㈜서해	1,500,000	1,000,000	500,000	6,500,000	6,200,000

9 금융감독원이 운영하는 전자공시시스템(DART; Data Analysis, Retrieval and Transfer System)은 상장법인 등이 공시서류를 인터넷으로 제출 하면, 투자자 등의 이용자는 제출 즉시 인터넷을 통해 조회할 수 있도록 하는 종합적 기업공시 시스템이다. 따라서 정보이용자는 금융감독원 사이트(http://dart.fss.or.kr)의 전자공시시스템을 통해 국내에 상장된 기업들의 재무제표 정보를 포함한 다양한 정보를 공시 즉시 획득할 수 있다. 이 사이트를 통해 본인이 관심 있는 기업을 하나 선정한 후 해당 기업의 최근 3년의 자산·부채·자본·매출액·매출원가·당기순이익이 얼마인지를 기술하시오.

Chapter 2

재무보고를 위한 개념체계와 재무제표

Chapter 2 재무보고를 위한 개념체계와 재무제표

1 재무보고를 위한 개념체계

재무보고를 위한 개념체계(The Conceptual Framework for Financial Reporting)란 재무제표의 작성과 표시의 기초가 되는 개념을 정립한 체계를 의미한다. 이처럼 개념체계 정립을 통해 회계이론의 틀을 정해 놓으면 회계기준을 제정하거나 개정하는데 있어서 일관된 논리를 적용할 수 있고, 재무제표의 작성자들에게 국제회계기준을 적용하거나 기준이 미비한 부분에 대한 회계처리를 수행하는데 도움을 줄 수 있을 것이라는 취지에서 마련되었다.

한국회계기위원회(KASB)에서는 국제회계기준위원회(IASB)가 제정한 국제회계기준(IFRS)을 채택하여 기업회계기준의 일부로 구성하기로 한 정책에 따라 국내의 재무보고를 위한 개념체계를 제정하였다. 이 개념체계는 재무제표의 작성과 표시에 대한 기초 개념을 정립하기 위해 제시된 것으로 그 자체로는 한국채택국제회계기준(K-IFRS)이 아니다. 따라서 본 절에서 제시되는 개념체계와 특정 한국채택국제회계기준(K-IFRS)이 상충할 경우 이 개념체계는 한국채택국제회계기준에 우선하지 않는다.

재무보고를 위한 개념체계의 주요 내용 구성은 일반목적재무보고의 목적, 보고기업, 유용한 재무정보의 질적특성, 기존의 개념체계 등으로 이루어 졌다.[1] 본 장의 1절과 2절에서 이들에 대해 간단히 살펴보기로 한다.

---

1) 무보고를 위한 개념체계는 2011년 7월 22일에 제정되었고, 2018년 12월 21일에 전면 개정되었다. 이 기준서는 다시 다른 기준서 ('중요성의 정의' - 기업회계기준서 제1001호 및 제1008호)의 개정에 따라 2019년 4월 19일에 개정되었다.

1.1 일반목적재무보고의 목적과 정보이용자, 유용성 및 한계

재무보고를 위한 개념체계에서는 재무보고의 목적에 대해 "일반목적재무보고의 목적은 현재 및 잠재적 투자자, 대여자 및 기타 채권자가 기업에 자원을 제공하는 것에 대한 의사결정[2)]을 할 때 유용한 보고기업 재무정보를 제공하는 것이다"라고 기술하고 있다. 이와 관련하여 일반목적재무보고서는 보고기업의 재무상태에 관한 정보, 즉 기업의 경제적 자원과 보고기업에 대한 청구권에 관한 정보 및 경제적 자원과 청구권을 변동시키는 거래와 그 밖의 사건의 영향에 대한 정보를 제공한다.

일반적으로 현재 및 잠재적 투자자, 대여자 및 기타 채권자는 그들에게 직접 정보를 제공하도록 보고기업에 요구할 수 없기 때문에, 그들이 필요로 하는 재무정보의 많은 부분을 일반목적재무보고서에 의존해야만 한다. 따라서 이들을 일반목적재무보고서가 대상으로 하는 주요 이용자라고 할 수 있다.

그러나 일반목적재무보고서는 현재 및 잠재적 투자자, 대여자 및 기타 채권자가 필요로 하는 모든 정보를 제공하지는 않으며 제공할 수도 없다. 그 정보이용자들은 일반 경제적 상황 및 기대, 정치적 사건과 정치 풍토, 산업 및 기업 전망과 같은 다른 원천에서 입수한 관련 정보를 고려할 필요가 있다.

또한, 일반목적재무보고서는 보고기업의 가치를 보여주기 위해 고안된 것이 아니다. 다만 재무보고는 현재 및 잠재적 투자자, 대여자 및 기타 채권자가 보고기업의 가치를 추정하는 데 도움이 되는 정보를 제공한다. 이들 각 주요 이용자들의 정보 수요 및 욕구는 다르고 상충되기도 한다.

1.2 유용한 재무정보의 질적 특성

재무보고의 목적은 앞서 설명한 바와 같이 회계정보이용자들에게 의사결정에 유용한 정보를 제공하는 것이다. 재무정보가 유용하기 위해서는 목적적합해야 하고 나타내고자 하는 바를 충실하게 표현해야 한다. 재무정보가 비교가능하고, 검증가능하며, 적시성 있고, 이해가능한 경우 그 재무정보의 유용성은 보강된다. 이처럼 재무보고가 그 목적을

2) 이 의사결정에는 지분상품 및 채무상품을 매수, 매도 또는 보유하는 것과 대여 및 기타 형태의 신용을 제공 또는 결제하는 것 등이 포함된다.

달성하도록 하기 위해 갖추어야 할 속성들을 재무정보의 질적 특성이라고 한다. 국제회계기준 개념체계에서는 이를 근본적 질적특성과 보강적 질적특성으로 나누어 서술하고 있다.

(1) 근본적 질적특성

1) 목적적합성

회계정보가 유용성을 갖기 위해서는 정보 이용자의 의사결정에 목적적합해야 한다. 목적적합한 정보란 이용자가 과거, 현재 또는 미래의 사건을 평가하거나 과거의 평가를 확인 또는 수정하도록 도와주어 경제적 의사결정에 영향을 미치는 정보를 의미한다. 여기에서 정보가 미래의 사건을 예상하도록 도와주는 기능을 예측가치라고 하고, 과거의 기대를 확인시켜주는 기능을 확인가치라고 하는데, 이 둘은 상호 관련성이 있다.

예를 들어, 기업의 재무상태 및 재무성과에 대한 정보는 통상적으로 미래의 재무상태와 성과, 그리고 배당과 급여 지급능력, 주가변동, 기업의 의무이행능력 등에 대한 예측의 기초 자료로 활용될 수 있는 동시에 과거 이러한 항목들에 대한 기대치가 적절하였는지를 확인하는 자료로도 이용될 수 있는 것이다.

2) 중요성

한편 목적적합성은 정보의 중요성(materiality)에 의해 영향을 받는다. 중요성이란 어떤 정보가 누락되거나 왜곡 표시됨으로 인해 재무제표에 기초한 정보이용자의 경제적 의사결정에 영향을 미칠 가능성을 의미한다. 즉, 정보가 누락되거나 잘못 기재된 경우 특정 보고기업의 재무정보에 근거한 정보이용자의 의사결정에 영향을 줄 수 있다면 그 정보는 중요한 것이다. 이러한 측면에서 중요성은 개별 기업 재무보고서 관점에서 해당 정보와 관련된 항목의 성격이나 규모 또는 이 둘 모두에 근거하여 해당 기업에 특유한 측면의 목적적합성을 의미한다. 따라서 회계기준위원회는 중요성에 대한 획일적인 계량 임계치를 정하거나 특정한 상황에서 무엇이 중요한 것인지를 미리 결정할 수 없다.

3) 충실한 표현

재무보고서는 경제적 현상을 글과 숫자로 나타내는 것이다. 재무정보가 유용하기 위해서는 목적적합한 현상을 표현하는 것뿐만 아니라 나타내고자 하는 현상을 충실하게 표현해야 한다. 완벽하게 충실한 표현을 하기 위해서는 서술에 세 가지의 특성이 있어야 할 것이다. 서술은 완전하고, 중립적이며, 오류가 없어야 할 것이다.

완전한 서술은 필요한 기술과 설명을 포함하여 정보이용자가 서술되는 현상을 이해하는데 필요한 모든 정보를 포함하는 것이다. 예를 들어, 자산 집합의 완전한 서술은 적어도 집합 내 자산의 특성에 대한 기술과 집합 내 모든 자산의 수량적 서술, 그러한 수량적 서술이 표현하고 있는 기술 내용(예를 들어, 최초 원가, 조정 원가 또는 공정가치)을 포함한다.

중립적 서술은 재무정보의 선택이나 표시에 편의가 없는 것이다. 중립적 서술은, 정보이용자가 재무정보를 유리하게 또는 불리하게 받아들일 가능성을 높이기 위해 편파적이 되거나, 편중되거나, 강조되거나, 경시되거나 그 밖의 방식으로 조작되지 않는다. 중립적 정보는 목적이 없거나 행동에 대한 영향력이 없는 정보를 의미하지 않는다. 오히려 목적적합한 재무정보는 정의상 정보이용자의 의사결정에 차이가 나도록 할 수 있는 정보이다.

충실한 표현은 모든 면에서 정확한 것을 의미하지는 않는다. 오류가 없다는 것은 현상의 기술에 오류나 누락이 없고, 보고 정보를 생산하는 데 사용되는 절차의 선택과 적용 시 절차 상 오류가 없음을 의미한다. 이 맥락에서 오류가 없다는 것은 모든 면에서 완벽하게 정확하다는 것을 의미하지는 않는다. 예를 들어, 관측가능하지 않은 가격이나 가치의 추정치는 정확한지 또는 부정확한지 결정할 수 없다. 그러나 추정치로서 금액을 명확하고 정확하게 기술하고, 추정 절차의 성격과 한계를 설명하며, 그 추정치를 도출하기 위한 적절한 절차를 선택하고 적용하는 데 오류가 없다면 그 추정치의 표현은 충실하다고 할 수 있다.

이상에서 언급한 바와 같이 정보가 유용하기 위해서는 목적적합하고 충실하게 표현되어야 한다. 목적적합하지 않은 현상에 대한 충실한 표현과 목적적합한 현상에 대한 충실하지 못한 표현 모두 정보이용자가 좋은 결정을 내리는 데 도움이 되지 않는다.

한편, 근본적 질적 특성을 적용하기 위한 가장 효율적이고 효과적인 절차는 일반적으로 다음과 같다. 첫째, 보고기업의 재무정보 이용자에게 유용할 수 있는 경제적 현상을 식별한다. 둘째, 이용가능하고 충실히 표현될 수 있다면 가장 목적적합하게 될, 그 현상에 대한 정보의 유형을 식별한다. 셋째, 그 정보가 이용가능하고 충실하게 표현될 수 있는지 결정한다. 만약 그러하다면, 근본적 질적 특성의 충족 절차는 그 시점에 끝난다. 만약 그러하지 않다면, 차선의 목적적합한 유형의 정보에 대해 그 절차를 반복한다.

(2) 보강적 질적특성

비교가능성, 검증가능성, 적시성 및 이해가능성은 목적적합하고 충실하게 표현된 정보의 유용성을 보강시키는 질적 특성이다. 보강적 질적 특성은 만일 어떤 두 가지 방법이 현상을 동일하게 목적적합하고 충실하게 표현하는 것이라면 이 두 가지 방법 가운데 어느 방법을 현상의 서술에 사용해야 할지를 결정하는 데에도 도움을 줄 수 있다.

1) 비교가능성

정보이용자의 의사결정은, 예를 들어, 투자자산을 매도할지 또는 보유할지, 어느 보고기업에 투자할지를 선택하는 것과 같이 대안들 중에서 선택을 하는 것이다. 따라서 보고기업에 대한 정보는 다른 기업에 대한 유사한 정보 및 해당 기업에 대한 다른 기간이나 다른 일자의 유사한 정보와 비교할 수 있다면 더욱 유용하다. 비교가능성은 정보이용자가 항목 간의 유사점과 차이점을 식별하고 이해할 수 있게 하는 질적 특성이다. 다른 질적 특성과 달리 비교가능성은 단 하나의 항목에 관련된 것이 아니다. 비교하려면 최소한 두 항목이 필요하다. 한편, 비교가능성과 관련된 속성으로 일관성이 있다. 일관성은 비교가능성과 관련은 되어 있지만 동일하지는 않다. 일관성은 한 보고기업 내에서 기간 간 또는 같은 기간 동안에 기업 간, 동일한 항목에 대해 동일한 방법을 적용하는 것을 말한다. 비교가능성은 목표이고 일관성은 그 목표를 달성하는 데 도움을 준다.

2) 검증가능성

검증가능성(verifiability)은 정보가 나타내고자 하는 경제적 현상을 충실히 표현하는지를 정보이용자가 확인하는 데 도움을 준다. 검증가능성은 합리적인 판단력이 있고 독립적인 서로 다른 관찰자가 어떤 서술이 충실한 표현이라는 데, 비록 반드시 완전히 일치하지는 못하더라도, 의견이 일치할 수 있다는 것을 의미한다. 계량화된 정보가 검증가능하기 위해서 단일 점추정치이어야 할 필요는 없다. 가능한 금액의 범위 및 관련된 확률도 검증될 수 있다.

검증은 직접적 또는 간접적으로 이루어질 수 있다. 직접 검증은, 예를 들어, 현금을 세는 것과 같이, 직접적인 관찰을 통하여 금액이나 그 밖의 표현을 검증하는 것을 의미한다. 간접 검증은 모형, 공식 또는 그 밖의 기법에의 투입요소를 확인하고 같은 방법을 사용하여 그 결과를 재계산하는 것을 의미한다. 예를 들어, 투입요소(수량과 원가)를 확인하고 같은 원가흐름가정을 사용(예: 선입선출법 사용)하여 기말 재고자산을 재계산하여 재고자산의 장부금액을 검증하는 것이다.

3) 적시성

적시성(timeliness)은 의사결정에 영향을 미칠 수 있도록 의사결정자가 정보를 제때에 이용가능하게 하는 것을 의미한다. 일반적으로 정보는 오래될수록 유용성이 낮아진다. 그러나 일부 정보는 보고기간 말 후에도 오랫동안 적시성이 있을 수 있다. 예를 들어, 일부 정보이용자는 추세를 식별하고 평가할 필요가 있을 수 있기 때문이다.

4) 이해가능성

재무보고서의 정보는 이용자가 그 정보를 쉽게 이해할 수 있어야 한다. 이러한 질적특성을 이해가능성(understandability)이라고 하는데, 이해가능성을 확보하기 위해서는 정보를 명확하고 간결하게 분류하고, 특징지으며, 표시해야 한다.

일부 현상은 본질적으로 복잡하여 이해하기 쉽게 할 수 없는 경우도 있다. 이 경우 그 현상에 대한 정보를 재무보고서에서 제외하면 그 재무보고서의 정보를 더 이해하기 쉽게 할 수 있으나, 그 보고서는 불완전하여 이용자를 잠재적으로 오도할 수 있다. 기본적으로 재무보고서는 사업활동과 경제활동에 대해 합리적인 지식이 있고, 부지런히 정보를 검토하고 분석하는 정보이용자를 위해 작성된다. 그러나 박식하고 부지런한 정보이용자도 때로는 복잡한 경제적 현상에 대한 정보를 이해하기 위해 자문가의 도움을 받는 것이 필요할 수 있다.

이상에서 언급한 보강적 질적특성은 가능한 한 극대화되어야 한다. 그러나 보강적 질적특성은, 정보가 목적적합하지 않거나 충실하게 표현되지 않으면, 개별적으로든 집단적으로든 그 정보를 유용하게 할 수 없다. 보강적 질적 특성을 적용하는 것은 어떤 규정된 순서를 따르지 않는 반복적인 과정이다. 때로는 하나의 보강적 질적 특성이 다른 질적 특성의 극대화를 위해 감소되어야 할 수도 있다. 예를 들어, 새로운 재무보고기준의 전진 적용으로 인한 비교가능성의 일시적 감소는 장기적으로 목적적합성이나 충실한 표현을 향상시키기 위해 감수할 수도 있다. 적절한 공시는 비교가능성의 미비를 부분적으로 보완할 수 있다.

1.3 유용한 재무보고에 대한 원가 제약

회계정보가 유용하기 위해서는 제약요인이 존재한다. 원가는 재무정보 제공자 및 이용자뿐만 아니라 회계기준제정기구가 가능한 새로운 재무보고 요구사항의 효익을 고려할 때 염두에 두어야 할 포괄적 제약요인이다. 본질적인 주관성 때문에 재무정보의 특정 항목 보고의 원가 및 효익에 대한 평가는 달라질 수 있으나, 회계정보가 유용하기 위해서는 정보 제공 원가가 정보 이용 효익보다 작아야할 것이다.

2 재무제표 요소의 인식과 측정

2.1 재무제표의 요소

재무제표는 기업의 재무상태와 재무성과를 보고한다. 재무상태의 측정과 관련되는 요소는 자산 · 부채 · 자본(재무상태표)이며, 재무성과의 측정과 관련된 요소는 수익 · 비용(재무성과표[3])이다. 재무상태라 함은 일정한 시점을 전제로 측정가능한 것이다. 이와 같은 것을 저량(stock) 개념의 측정이라고 한다. 반면 재무성과라 함은 일정한 기간을 전제로 측정가능한 것이다. 이와 같은 것을 유량(flow) 개념의 측정이라고 한다.

(1) 자 산

자산(assets)이란 과거사건의 결과로 기업이 통제하고 있는 미래 경제적 효익이 기업에 유입될 것으로 기대되는 자원을 의미한다. 기업의 자산은 구매나 생산 등 과거의 거

3) 이 '개념체계'에서는 재무성과표가 단일의 보고서로 구성되는지 두 개의 보고서로 구성되는지를 특정하지 않는다.

래나 그 밖의 사건에서 창출된다. 미래에 발생할 것으로 예상되는 거래나 사건 자체만으로는 자산이 창출되지 아니한다. 예를 들어, 건물을 구입하고자 하는 의도 그 자체는 자산의 정의를 충족하지 못한다. 미래 경제적 효익이라 함은 기업에게 미래에 현금유입을 가져올 수 있는 잠재력을 의미한다.

(2) 부 채

부채(liabilities)란 과거사건에 의하여 발생하였으며, 경제적 효익이 내재된 자원이 기업으로부터 유출됨으로써 이행될 것으로 기대되는 현재의 의무로 정의된다. 부채는 재화나 용역의 구입 등 과거의 거래나 대출이나 차입 등 그 밖의 사건에서 발생한다. 부채의 본질적 특성은 기업이 현재의무를 갖고 있다는 것이다. 의무란 특정 방법으로 실행하거나 수행할 책무 또는 책임을 말한다. 기업이 거래상대방의 요구에 따라 현재의무를 이행하기 위해서는 일반적으로 미래 경제적 효익을 갖는 자원을 희생하게 된다.

(3) 자 본

자본(capital)은 흔히 소유주 지분(shareholders' equity)이라고도 불리는 것으로서, 독립적으로 측정되는 것이 아니라 자산총액에서 부채총액을 차감한 잔액으로 측정된다. 따라서 재무상태표에 표시되는 자본의 금액은 자산과 부채 금액의 측정에 따라 결정된다. 이러한 관점에서 자본은 잔여지분(residual interest)이라고 정의된다. 자본은 출자자로부터 불입된 자본과 기업의 영업활동으로부터 가득된 순이익 등으로 구성된다. 출자자의 추가 출자나 순이익의 발생은 자본을 증가시키며, 출자자에 대한 배당이나 순손실의 발생은 자본을 감소시킨다.

(4) 수 익

수익(revenues)은 자산의 유입이나 증가 또는 부채의 감소에 따라 자본의 증가를 초래하는 특정 회계기간 동안에 발생한 경제적 효익의 증가로서, 지분참여자에 의한 출연과 관련된 것은 제외하여 측정된다. 광의의 수익의 정의에는 수익과 차익(gain)이 모두 포함된다. 수익은 기업의 정상영업활동의 일환으로 발생하는 것이나, 차익은 광의의 수익의 정의를 충족하는 그 밖의 항목으로 기업의 정상영업활동 이외의 활동에서 발생한다.

(5) 비 용

비용(expenses)은 자산의 유출이나 소멸 또는 부채의 증가에 따라 자본의 감소를 초래하는 특정 회계기간 동안에 발생한 경제적 효익의 감소로서, 지분참여자에 대한 분배와 관련된 것을 제외한다. 광의의 비용의 정의에는 기업의 정상영업활동의 일환으로 발생하는 비용뿐만 아니라 정상영업활동 이외에서 발생하는 차손(loss)도 포함된다.

2.2 재무제표 요소의 인식

인식(recognition)이란 재무제표 요소의 정의에 부합하고 인식기준을 충족하는 항목을 재무상태표나 포괄손익계산서에 반영하는 과정을 의미한다. 인식을 위해서는 일반적으로 첫째, 미래 경제적 효익의 유입이나 유출의 가능성이 높아야 하며(probable), 둘째, 해당 항목의 원가나 가치를 신뢰성 있게 측정가능(measurable)해야 한다.

자산의 인식은 미래 경제적 효익이 기업에 유입될 가능성이 높고 해당 항목의 원가나 가치를 신뢰성 있게 측정할 수 있을 때 재무상태표에 인식된다. 지출이 발생하였으나 해당 회계기간 이후에 경제적 효익이 기업에 유입될 가능성이 낮다면 자산이 아닌 비용(expenditure)으로 인식한다.[4)]

부채는 기업이 현재 부담하는 의무를 이행함에 따라 경제적 효익을 갖는 자원의 유출 가능성이 높고 결제될 금액에 대해 신뢰성 있는 측정이 가능할 때 이를 인식한다.

수익은 자산의 증가나 부채의 감소와 관련하여 미래 경제적 효익이 증가하고 이를 신뢰성 있게 측정할 수 있을 때 인식한다. 수익은 자산의 증가나 부채의 감소에 대한 인식과 동시에 이루어진다. 수익의 인식은 실현기준과 가득기준이라는 두 가지 요소로 구체화된다. 이는 발생주의에 의해 수익을 인식하는 것이 현실적으로는 어렵기 때문에 발생주의 개념을 일부 완화시켜 현실적인 인식기준을 만든 것이다. 실현기준은 수익을 실현되었거나

4) 가장 대표적인 예가 연구비나 광고선전비 등이다. 기업이 이러한 비용을 지출한 경우 미래 경제적 효익의 유입 가능성에 불확실성이 높다고 간주되어 무형자산이 아닌 비용으로 처리된다.

실현가능한 시점에 인식해야 함을 의미한다. 가득기준은 기업이 수익획득을 위한 자신의 의무를 모두 수행하였을 때 수익을 인식해야 함을 의미한다. 일반적으로는 재화나 용역의 판매시점이 수익을 인식하기 위한 두 가지 조건이 모두 만족되는 시점이다.

비용의 인식은 일반적으로 인과관계를 고려하여 관련되는 수익이 인식되는 회계기간에 인식하게 된다. 이를 수익 · 비용 대응의 원칙(matching principle)이라고 한다. 이처럼 수익과 비용을 대응시켜 동일한 회계기간에 인식하는 것이 발생주의 회계의 핵심 중의 하나이다. 비용의 인식은 부채의 증가 또는 자산의 감소에 대한 인식과 동시에 이루어진다.

비용의 인식 방법은 크게 세 가지가 있다. 첫째, 매출액에 대한 매출원가와 같이 수익과 직접적인 관련성이 있을 경우 수익을 인식하는 시점에 관련 비용도 인식하는 방법이 있다. 둘째, 경제적 효익이 여러 기간에 걸쳐서 발생될 것으로 예상되고 수익과의 관련성이 포괄적으로만 기대되는 경우 감가상각비와 같이 관련 기간에 걸쳐 체계적이고 합리적인 배분을 하는 방법이 있다. 마지막으로 미래 경제적 효익이 기대되지 않거나 자산의 인식 조건을 충족시키지 못하는 경우 연구비와 같이 지출과 동시에 즉시 비용화하는 방법이 있다.

2.3 재무제표 요소의 측정

측정(measurement)이란 재무제표 요소의 화폐금액을 결정하는 과정이다. 재무제표 작성을 위해서는 다수의 측정기준을 다양한 방법으로 결합하여 사용한다.

자산의 경우에는 역사적 원가(historical cost), 현행 원가(current cost), 실현가능가치(realizable value), 현재가치(present value) 등이 측정방법으로 사용된다. 먼저 역사적 원가는 취득 원가(acquisition cost)라고도 불리는 것으로 자산을 취득한 시점에 지불한 금액으로 자산을 측정하는 방법이다. 현행 원가는 해당 자산과 동일한 자산을 현재 시점에서 취득할 경우 지불해야 하는 대가를 의미한다. 실현가능가치란 자산을 정상적으로 처분하는 경우 수취할 것으로 기대되는 금액을 의미한다.[5] 현재가치는 이론적으로 가장 우수한 자산의 측정 방법으로 정상적인 영업과정에서 당해 자산이 창출할 것으로 기대

5) 이는 자산을 판매할 때 직접 소요되는 판매비용 등을 차감하지 않은 금액을 의미하며 이러한 금액을 반영한 것은 순실현가능가치(net realizable value)라고 한다.

되는 미래 순현금유입액을 현재가치로 평가한 것이다.

부채의 측정기준은 자산의 측정기준과 유사하게 역사적 원가, 현행 원가, 이행가치(settlement value), 현재가치 등이 있다. 역사적 원가에 의한 부채의 측정은 부담하는 의무의 대가로 수취한 금액을 의미한다. 현행 원가는 현재 시점을 기준으로 해당 의무를 이행하는데 소요되는 금액을 의미한다. 이행가치는 정상적인 영업과정에서 부채를 상환하기 위해 지급될 것으로 예상되는 금액을 의미하는 것으로 자산의 경우 실현가능가치 기준에 의한 측정과 유사하다. 현재가치란 정상적인 영업과정에서 당해 부채를 상환하는데 필요한 미래 순현금흐름의 유출액을 현재가치로 할인하여 측정하는 방법을 의미한다.

자본의 경우는 잔여지분의 개념이므로 재무상태표에 표시되는 자산과 부채의 금액에 대한 측정을 통해 종속적으로 결정된다. 이러한 구조로 인해 특별한 경우를 제외하고는 해당 기업의 자본은 자신이 발행한 주식의 발행가액이나 시가총액과 일치하지 않는다.

3 재무제표의 작성

본 절에서는 1장에서 대략적으로 살펴본 재무제표 중에서 재무상태표와 포괄손익계산서를 중심으로 그 작성과 관련된 사항을 살펴보기로 한다. 이를 위해 한국채택국제회계기준이 제시하고 있는 재무제표 작성의 일반원칙에 대해 간단히 살펴보고, 재무상태표 및 포괄손익계산서에 대한 작성원칙들을 알아보기로 한다.

3.1 재무제표 작성과 표시의 일반원칙

한국채택국제회계기준 제1001호에서는 기업이 공시하는 재무제표의 작성과 표시에 대해 전반적인 요구사항을 제시하고 있다. 이는 구체적으로 재무제표의 공정한 표시, 계속기업, 발생기준, 중요성과 통합표시, 상계, 보고빈도, 비교정보, 표시의 계속성 등 여덟 가지 사항으로 구성된다. 이하에서는 이들의 의미를 간단히 살펴보기로 한다.

재무제표의 공정한 표시(fair presentation)는 앞서 살펴본 재무회계의 개념체계에서 정한 재무제표 요소에 대한 인식요건에 따라 발생된 거래들을 충실히 표현해야 한다는 것이다. 여기에서 국제회계기준에 따라 작성된 재무제표는 공정하게 표시된 재무제표로 간주된다. 계속기업(going concern)은 경영진이 보고대상 기업의 재무제표를 작성할 때 계속기업으로서의 존속가능성을 평가해 불확실성이 있을 경우 이를 공시해야 한다는 것이다. 또한, 청산이나 경영활동 중단 등 다른 현실적 대안이 없는 경우 계속기업을 전제로 재무제표를 작성해야 한다는 것이다. 발생기준(accrual basis)은 현금흐름정보를 제외한 모든 재무제표는 발생기준에 의해 작성되어야 함을 의미하는 것이고, 중요성과 통합표시(materiality and aggregation)는 보고 시 유사한 항목이 있다면 이를 중요성 관점에서 통합표시하고 이질적인 항목은 구분하여 표시하여야 한다는 것이다. 상계(offsetting)와 관련해서는 국제회계기준에서 요구하거나 허용하지 않는 한 자산, 부채, 수익, 비용을 상계하여 순액으로 보고하지 말아야 한다는 것을 제시하고 있으며, 보고빈도(frequency of reporting)와 관련해서는 기업이 전체 재무제표를 적어도 1년마다 보고하도록 요구하고 있다. 비교정보(comprehensive information)는 국제회계기준이 달리 정하는 것을 제외하고는 당기 재무제표에 보고되는 모든 항목들에 대해 전기의 정보를 비교 공시하라는 것이며, 표시의 계속성(consistency of presentation)은 국제회계기준이 정하는 경우를 제외하고는 재무제표항목의 표시와 분류가 매기 동일한 기준에 의해야 한다는 것이다.

3.2 재무상태표

재무상태표(statement of financial position)는 일정 시점 현재 재무보고의 대상이 되는 회계실체의 재무상태에 대한 정보를 제공하는 보고서로, 결산일 현재의 자산, 부채, 자본에 대한 정보를 제공한다.

(1) 재무상태표의 형식

국제회계기준(IFRS) 하에서는 재무상태표 양식을 특별히 강제하고 있지는 않다. 다만 기존의 실무적 관점에서는 1장에서 살펴본 바와 같이 재무상태표의 양식을 크게 계정식과 보고식으로 나누어 볼 수 있다. 계정식은 재무상태표를 좌변과 우변으로 나누어 좌변에는 자산을 배열하고, 우변에는 부채와 자본계정을 배열하는 방식을 취한다. 한편, 보고식은 자산, 부채, 자본을 차례대로 상하로 배열하여 작성한다.

다음에 제시하는 재무상태표의 양식은 기업회계기준서 제1001호 재무제표 표시에 예시된 것을 일부 조정한 것이다. 제1001호에 예시적으로 제시된 양식은 계정식은 없고 보고식만 존재하는데, 당기의 재무상태를 보고함에 있어서 전기와 당기의 재무제표 항목들을 비교하는 형식으로 작성하도록 되어 있다. 이는 재무제표 항목별로 전기와 당기의 변화를 일목요연하게 비교할 수 있다는 면에서 유익할 것이다. 재무상태표 작성시 한 가지 유의해야 할 것은 반드시 서식 상단에 보고시점과 기업 명칭 등을 기재해야 한다는 점이다. 왜 이와 같은 표시들은 당 보고서가 어느 경제적 실체에 대한 것인지와 어느 시점에 대한 것인가에 대한 정보를 제공하는 역할을 한다.

재 무 상 태 표

제×기 20×2년 12월 31일
제×기 20×1년 12월 31일

㈜ ××회사 및 종속기업 (단위: 원)

	당 기	전 기
자 산		
유 동 자 산		
현금및현금성자산	×××	×××
매 출 채 권	×××	×××
재 고 자 산	×××	×××
유동자산 계	×××	×××
비유동자산		
유 형 자 산	×××	×××
무 형 자 산	×××	×××
비유동자산 계	×××	×××
자 산 총 계	×××	×××

부 채		
유 동 부 채		
매 입 채 무	×××	×××
미 지 급 금	×××	×××
단 기 차 입 금	×××	×××
유동성장기차입금	×××	×××
유동부채 계	×××	×××
비유동부채		
장 기 차 입 금	×××	×××
비유동부채 계	×××	×××
부 채 총 계	×××	×××
	×××	×××
자 본		
납 입 자 본	×××	×××
이익잉여금	×××	×××
기타자본요소	×××	×××
자 본 총 계	×××	×××
부채 및 자본총계	×××	×××

(2) 재무상태표의 구성

자산을 표시하는 방법에는 유동성자산과 비유동성자산을 구분하여 표시하는 유동성 · 비유동성 표시방법과 자산을 유동성이 높은 순서부터 배열하는 유동성 배열법이 있다.[6] 과거에는 유동성 배열법에 따라 재무상태표를 작성하였으나 국제회계기준에서는 금융회사를 제외하고는 자산을 유동자산과 비유동자산으로 나누어 표시하도록 하고 있다.

기업의 정상 영업주기 내에 실현되거나 판매 · 소비의 의도가 있는 자산, 단기매매목적의 자산, 보고기간으로부터 1년 이내에 실현될 것으로 예상되는 자산은 유동자산으로 분류한다. 그 외의 자산들은 모두 비유동자산으로 분류한다. 유동자산에는 현금 및 현금성자산, 매출채권, 재고자산, 미수금과 미수수익 등 기타유동자산이 있다.[7] 비유동자산에는 토지 건물 등의 유형자산과 매도가능금융자산, 만기보유금융자산 등이 있다.

---

6) 여기에서 유동성이 높다함은 자산이 현금으로 전환되기 용이한 정도를 의미한다.
7) 현금, 매출채권, 재고자산 등은 재무제표의 자산을 보다 세부적으로 표현하는 명칭들로 이를 계정과목이라고 부른다. 본 절에 소개되는 다양한 계정과목들의 의미에 대해서는 본서 전반을 통해 설명되므로 교과서를 전체적으로 공부한 후에 이 부분을 다시 한 번 공부하기 바란다.

부채의 경우에도 자산과 유사하게 유동성 · 비유동성 표시방법과 부채를 유동성이 높은 순서부터 배열하는 유동성 배열법이 있다. 정상적인 영업주기 내에 이행될 것으로 예상되는 부채, 단기매매목적으로 보유하고 있는 부채, 보고기간으로부터 1년 이내에 결제되거나 연장될 수 없는 부채는 유동부채로 분류된다. 그 외의 경우는 비유동부채로 분류한다. 유동부채에는 매입채무, 미지급금, 단기차입금, 유동성장기차입금 등이 있다. 비유동부채에는 장기차입금이나 장기충당부채 등이 있다.

자본(capital)은 크게 주주가 납입한 납입자본, 기업의 순이익 중에서 주주에게 배당하지 않고 기업에 유보된 이익잉여금, 그 외에 기타자본요소로 분류된다. 이와 같이 분류되는 자본을 재무상태표에서는 소분류하여 표시할 수 있다. 예를 들어, 주식회사의 경우 소유주가 출연한 자본, 이익잉여금, 이익잉여금 처분에 의한 적립금, 자본유지조정을 나타내는 적립금 등으로 구분하여 표시할 수 있다. 이러한 분류는 자본의 배당이나 그 밖의 활용에 대한 기업능력의 법률적 또는 기타의 제한을 표시함으로써 재무제표이용자의 의사결정 목적에 보다 적합할 수 있다.

3.3 재무성과표(포괄손익계산서)

포괄손익계산서(statement of comprehensive income)는 일정 기간 동안 기업의 재무성과를 나타내는 재무제표로 당기순손익, 기타포괄손익, 총포괄손익을 일정한 형식에 따라 보고한다. 여기에서 총포괄손익이란 일정 기간 동안 주주와의 거래를 제외한 모든 사건에서 인식한 순자산의 변동을 의미하는 것이다. 국제회계기준은 이를 보고함에 있어서 당기순이익을 먼저 계산하고 여기에 반영되지 않은 요소들을 기타포괄손익으로 구분하여 보고하도록 하고 있다.

최근 개정된 '개념체계'(2018)는 손익계산서(또는 손익부문)와 함께 기타포괄손익을 보여주는 계산서(또는 기타포괄손익부문)를 언급하기 위해 '재무성과표'라는 용어를 도입하였다. 즉, 개념체계에서는 회계기준에서 사용된 '재무상태표'라는 용어와 일관되고 IASB가 때때로 사용하는 '포괄손익계산서'라는 용어보다 더 명확한 재무성과표라는 용어를 사용한다. 그러나 국제회계기준(제1001호 재무제표 표시)과 실무에서는 아직 '포괄손익계산서'라는 용어를 주로 사용하기 때문에 본서에서는 용어로 인한 혼란을 최소화하기 위하여 '포괄손익계산서'라는 용어를 사용한다. 독자들은 형식을 강조한 대차대조표/손익계산서와 실질을 강조한 재무상태표/재무성과표가 사실상 같은 재무제표임을 인지할 필요가 있다.

(1) 포괄손익계산서의 형식

수익과 비용 항목을 구분하거나 다양하게 결합하면 기업의 성과를 여러 가지 측정치로 표시할 수 있다. 결과적으로 이 같은 측정치는 포괄하는 범위가 서로 다르다. 예를 들어, 포괄손익계산서는 매출총이익, 세전정상영업손익, 세후정상영업손익과 당기순손익으로 구분 표시될 수 있다. 국제회계기준에서는 이러한 여러 항목들을 나타냄에 있어서 특별한 형식을 강제하고 있지는 않다. 다만 포괄손익계산서에 수익, 금융원가(이자비용), 법인세비용, 당기순손익, 기타포괄손익의 각 구성요소, 총포괄손익의 여섯 가지 항목은 반드시 포함하도록 하고 있다.

포괄손익계산서의 형식과 관련하여 국제회계기준은 단일의 보고서(single statement of comprehensive income)와 두 개의 보고서(separate statement of comprehensive income)로 나누어 보고하는 형식을 모두 인정하고 있다. 여기에서 단일의 보고서란 매출액으로부터 당기순손익 및 기타포괄손익의 구성을 하나의 보고서에 모두 반영하는 것을 의미한다. 반면 두 개의 보고서란 당기순손익까지의 구성을 나타내는 보고서와 당기순손익으로부터 기타포괄손익의 구성요소를 반영한 포괄손익계산서를 나누어 보고하는 것을 의미한다. 포괄손익계산서의 경우에도 재무상태표에서와 마찬가지로 보고식과 계정식이 모두 존재한다. 이 외에 손익계산서의 구성항목을 성격별로 표시하는 방법과 기능별로 표시하는 방법이 있는데 이는 뒤에서 자세히 설명하기로 한다.

다음에 제시하는 포괄손익계산서의 양식은 기업회계기준서 제1001호 재무제표 표시에 제시된 것을 간단하게 조정한 것이다.

포괄손익계산서(기능별)

제×기 20×2년 1월1일부터 20×2년 12월 31일까지
제×기 20×1년 1월1일부터 20×1년 12월 31일까지

㈜××회사 및 종속기업 (단위 : 원)

	당 기	전 기
수 익(매 출 액)	×××	×××
매 출 원 가	×××	×××
매 출 총 이 익	×××	×××
판 매 비	×××	×××
관 리 비	×××	×××
기 타 수 익	×××	×××
기 타 비 용	×××	×××
금 융 비 용	×××	×××
법인세차감전순손익	×××	×××
법 인 세 비 용	×××	×××
당 기 순 손 익	×××	×××
기 타 포 괄 손 익	×××	×××
총 포 괄 손 익	×××	×××

우선 제1001호에 제시된 양식은 재무상태표에서와 마찬가지로 계정식은 없고 보고식만 존재한다. 여기에서도 포괄손익계산서는 전기와 당기의 재무제표 항목들을 비교하는 형식으로 작성되어 있다. 이는 수익과 비용을 항목별로 전기와 당기의 변화를 일목요연하게 관찰할 수 있다는 면에서 유익할 것이다. 포괄손익계산서 작성 시 유의해야 할 점은 이 서식에서도 반드시 서식 상단에 보고기간과 기업 명칭 등을 기재해야 한다는 점이다.

(2) 포괄손익계산서의 구성

이익(earnings)은 성과의 측정치로 사용되거나 투자수익률이나 주당이익 계산의 기초자료로 사용된다. 이익의 측정과 직접 관련된 요소는 수익과 비용이며, 수익에서 비용을 차감하여 계산된다. 수익과 비용의 인식과 측정, 그리고 그에 따른 이익은 부분적으로는 기업의 재무제표 작성에 적용된 자본과 자본유지개념을 따른다.

수익(revenues)은 기업의 활동을 통해 얻는 출자를 제외한 경제적 효익의 유입을 의미한다. 국제회계기준에서 제시하고 있는 수익과 관련된 계정과목으로는 매출액(sales)과 기타수익(other revenues) 등이 있다. 매출액은 상품의 판매나 용역의 제공 등 주된 영업

활동으로부터 발행한 수익을 의미하며, 기타수익은 이자수익이나 임대료수익 등과 같이 기업의 경상적인 영업활동 이외의 활동으로부터 생긴 수익을 의미한다.

비용(expenses)은 기업의 수익창출을 위해 희생되거나 소비된 경제적 가치의 유출을 의미한다. 이러한 비용과 관련된 계정과목을 선정함에 있어서 국제회계기준은 성격별 분류법(nature of expense method)과 기능별 분류법(function of expense method)을 선택할 수 있도록 하고 있다.[8] 성격별 분류법은 비용을 인건비, 감가상각비, 운송비 등 그 성격에 따라 분류하도록 하는 방법이며, 기능별 분류법은 비용을 매출원가, 일반관리비, 마케팅비 등 기능별로 구분하는 방법이다.

4 재무제표의 유용성과 한계

4.1 재무상태표의 유용성과 한계

재무상태표는 다음과 같은 면에서 정보이용자에게 유용한 정보를 제공한다. 첫째, 기업의 권리와 의무, 순자산에 관한 정보를 제공함으로써 일정 시점에서의 기업의 재무상태에 대한 정보를 제공한다. 둘째, 기업의 자금 활용과 자금 조달에 관한 정보를 제공한다. 즉, 기업이 보유하고 있는 자산과 그 자산의 조달 원천인 외부로부터의 자금조달인 부채와 소유주 지분인 자본을 구분하여 보여준다. 셋째, 기업의 미래 수익 창출 능력에 관한 기초적 정보를 제공한다.

그림 1 재무상태표의 정보

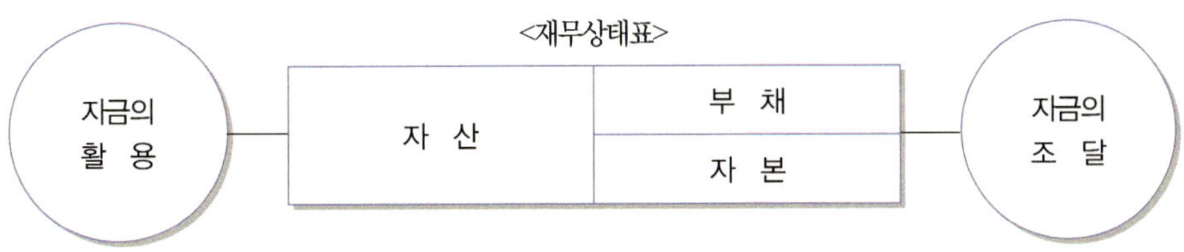

8) 이 부분에 대해서는 5장에서 보다 자세히 설명될 것이다.

그러나 재무상태표는 정보전달 측면에서 몇 가지 한계가 존재한다. 먼저 재무상태표상의 자산과 부채는 주로 역사적 원가에 의해 측정되는데 이 경우 기업의 현행가치(current value)를 반영해 주지 못할 가능성이 있다. 또한 재무상태표상 자산과 부채를 결정하기 위해서는 많은 가정과 추정이 필요한데, 여기에 평가자의 자의적 평가가 개입되기 때문에 오류 및 왜곡의 가능성이 존재한다. 또한, 재무상태표에는 기업의 자산 중 재무적 가치는 있으나 그 가치를 객관적으로 측정하기가 어려운 경우 이를 제외시키는 것이 일반적인데 이로 인해 기업의 실질적 경제적 가치를 제대로 반영하지 못할 가능성이 있다.

4.2 포괄손익계산서의 유용성과 한계

포괄손익계산서는 정보이용자에게 다음과 같은 유용한 정보를 제공한다. 첫째, 포괄손익계산서는 당기의 재무적 성과에 대한 정보를 제공한다. 특히 수익과 비용에 관한 자세한 정보를 제공함으로써 재무적 성과를 평가하는데 도움을 준다. 둘째, 포괄손인계산서의 정보는 당기의 재무적 성과를 토대로 미래의 경영성과에 대한 예측을 가능하게 해준다. 이는 포괄손익계산서가 활동별 성과를 바탕으로 미래 경영성과를 합리적으로 예측할 수 있는 기초자료로서의 역할을 함을 의미하는 것이다. 셋째, 소유와 경영이 분리된 기업 경영의 성과를 평가하는 기초자료로서의 역할을 수행한다. 즉, 주주들은 포괄손익계산서를 통해 경영자의 수탁책임에 관한 성과를 평가할 수 있다. 마지막으로 포괄손익계산서의 자료는 기업의 향후 예산편성, 이익계획, 신규 사업 검토, 배당정책 수립 등에 중요한 정보를 제공한다.

하지만 포괄손익계산서는 몇 가지 면에서 그 한계를 지적받는다. 첫째, 회계이익은 발생주의 등 여러 회계원칙의 적용에 의해 산출된 이익이다. 이 이익은 경제적 이익의 개념이나 현금주의에 의한 이익과는 차이가 있으며, 이로 인해 회계적 이익이 진정한 기업의 이익인가에 대한 문제제기를 받는다. 둘째, 이익을 계산하는 과정에서 수익과 비용을 인식하게 되는데 이러한 수익과 비용의 인식에 있어서 경영자의 자의적인 판단이 개입된다. 이로 인해 보고된 이익이 향후 지속적으로 발생될 수 있는 것인지, 이 이익이 현금흐름을 동반하는 진정한 이익인지 등과 관련된 문제들이 제기된다. 마지막으로 동일한 기간에 수익과 비용으로 계상되는 항목들을 살펴보면 수익은 대체적으로 실현되는 시점의 화폐 가치를 반영하고 있음에 비해 매출원가 등 비용은 대체적으로 과거의 화폐가치를 반영하고 있어 수익과 비용의 기간별 대응에 문제가 있다는 비판을 받는다.

5 재무제표의 연계관계

5.1 재무상태표와 포괄손익계산서의 관계

재무상태표는 일정 시점의 자산 · 부채 · 자본의 상태를 나타낸다. 기초의 자산 · 부채 · 자본 등 재무상태는 기중의 경영활동으로 인하여 기말에 보고되어야 할 금액이 변동된다. 이 과정에서 포괄손익계산서의 당기순손익은 수익과 비용의 변화를 집약하여 재무상태표 자본부분의 이익잉여금에 반영된다. 만약 기중에 당기순이익이 발생하면 이익잉여금을 증가시켜 순자산의 증가를 설명하고, 당기순손실이 발생하면 이익잉여금을 감소시켜 순자산의 감소를 설명한다. 한편 총포괄손익을 구성하지만 당기순이익에는 반영되지 않은 기타포괄손익은 재무상태표 기타자본요소 부분의 기타포괄손익누계액에 반영되어 당기순이익과 이익잉여금이 반영하지 못한 영향을 반영한다. 이처럼 재무상태표의 자본과 포괄손익계산서의 이익은 연계되어 있다.

재무상태표(전기)

자산		부채·자본	
자 산	400,000	부 채	200,000
		자 본	200,000
계	400,000	계	400,000

포괄손익계산서(당기)

수 익	1,000,000
비 용	(900,000)
당 기 순 이 익	100,000

재무상태표(당기)

자산		부채·자본	
자 산	600,000	부 채	300,000
		자 본 금	200,000
		이익잉여금	100,000
계	600,000	계	600,000

위의 표는 1장에서 재무제표를 소개하기 위해 작성한 재무상태표와 포괄손익계산서이다.

이후 설명의 편의를 위해 1장의 재무상태표는 전기에 작성된 것이고 나머지 재무제표들은 당기에 작성되었으며, 전기의 자본은 모두 주주가 납입한 자본금으로만 구성되어 있었다고 가정하자. 위의 표에서 기말 재무상태표의 자본은 기초 자본 ₩200,000과 이익잉여금 ₩100,000을 합해 총 ₩300,000이다. 여기에서 이익잉여금은 당기 포괄손익계산서의 당기순이익을 옮겨온 것이다. 전기에 이익잉여금이 없었으므로 당기의 이익잉여금은 모두 당기의 당기순이익으로 구성된다. 이러한 두 재무제표관의 연계관계는 기말 재무상태표에서 대차평균의 원리에 의해 산출된 이익잉여금(₩600,000 – ₩500,000 = ₩100,000)과 포괄손익계산서에서 수익에서 비용을 차감하여 계산한 당기순이익(₩1,000,000 – ₩900,000 = ₩100,000)을 비교함으로써 이 금액들이 적절하게 계산된 것인가를 확인할 수 있게 한다.

여기에 주주와의 관계에서 출자와 배당이라는 항목을 추가로 고려해 볼 수 있다. 출자란 주주가 기업에 자본을 추가로 납입하여 자본이 증가하는 것을 의미하며, 배당이란 기업이 주주에게 잉여금을 분배하여 자본이 감소하는 것을 의미한다. 따라서 위에서 논의한 모든 사항들을 정리하면 다음과 같은 관계식을 얻을 수 있다.

기초자본 + 수익 – 비용 + 출자 – 배당 = 기말자본
(B/S) (I/S) (I/S) (B/S)

예제 1

다음은 금년도에 사업을 개시한 세 회사의 기말 자료이다. 자본은 자본금과 이익잉여금으로만 구성되며 당기에 증자나 배당이 없었다고 가정할 경우 빈 칸에 알맞은 금액들을 기입하시오.

	자 산	부 채	자본금	이익잉여금	수 익	비 용
㈜동해	10,000	5,000	2,000	(물음 1)	20,000	(물음 2)
㈜서해	(물음 3)	3,000	1,000	1,000	(물음 4)	2,000
㈜남해	5,000	(물음 5)	3,000	(물음 6)	10,000	12,000

풀 이

(물음 1): 자산(10,000) = 부채(5,000) + 자본금(2,000) + 이익잉여금
∴ 이익잉여금 = 3,000

(물음 2): 당기순이익(3,000) = 수익(20,000) − 비용
∴ 비용 = 17,000

(물음 3): 자산 = 부채(3,000) + 자본(2,000)
∴ 자산 = 5,000

(물음 4): 당기순이익(1,000) = 수익 − 비용(2,000)
∴ 수익 = 3,000

(물음 5): 자산(5,000) = 부채 + 자본(1,000)
∴ 부채 = 4,000

(물음 6): 당기순이익 = 수익(10,000) − 비용(12,000)
∴ 당기순이익 = −2,000

5.2 기타 재무제표간의 관계

현금흐름표는 기초의 현금 잔액이 기중의 영업활동, 재무활동, 투자활동 등으로 인해 기말의 잔액으로 바뀌는 것에 관한 상세한 정보를 제공한다. 현금흐름표의 기초 및 기말 현금은 재무상태표의 기초 및 기말 현금과 일치한다. 따라서 현금흐름표는 재무상태표에 표시된 현금의 변화에 관한 내역을 자세히 보여줌으로써 두 재무제표는 연계관계를 갖는 것이다. 현금흐름표에 관한 사항은 본서의 12장에 소개되어 있으며, 중급회계에서 보다 자세히 공부하게 될 것이다.

재무상태표(전기)

현 금	100,000	부 채	200,000
그 외 자산	300,000	자 본 금	200,000
계	400,000	계	400,000

재무상태표(당기)

현 금	150,000	부 채	300,000
그 외 자산	450,000	자 본 금	200,000
		이익잉여금	100,000
계	600,000	계	600,000

현금흐름표(당기)

Ⅰ. 영업활동으로 인한 현금흐름	850,000
Ⅱ. 투자활동으로 인한 현금흐름	(900,000)
Ⅲ. 재무활동으로 인한 현금흐름	100,000
Ⅳ. 현금의 증가(감소)(Ⅰ+Ⅱ+Ⅲ)	50,000
Ⅴ. 기초의 현금	100,000
Ⅵ. 기말의 현금	150,000

위의 표는 1장에서 재무제표를 소개하기 위해 작성한 재무상태표와 현금흐름표이다. 기초의 현금은 ₩100,000이고 기말의 현금은 ₩150,000으로 기중에 현금은 ₩50,000이 증가하였다. 현금흐름표는 이러한 현금 ₩50,000의 증가가 어떠한 활동으로부터 기인하는가에 대한 정보를 제공함으로써 재무상태표와 연계된다.

자본변동표는 기초의 자본 총계에서 시작하여 기말의 자본 총계를 보여주는데 이 과정에서 자본 총계의 변동이 어떠한 요인에 의해 발생했는가를 보여준다. 이처럼 재무상태표에 표시된 자본의 증감은 자본변동표를 통해 그 원인을 확인할 수 있다.

재무상태표(전기)

현 금	100,000	부 채	200,000
그 외 자 산	300,000	자 본 금	200,000
계	400,000	계	400,000

재무상태표(당기)

현 금	150,000	부 채	300,000
그 외 자 산	450,000	자 본 금	200,000
		이 익 잉 여 금	100,000
계	600,000	계	600,000

자본변동표(당기)

	납입자본	이익잉여금	기 타 자본요소	합 계
기 초	200,000	0	0	200,000
전기 이익처분(배당)	0	0	0	0
총포괄이익		100,000		100,000
기 말	200,000	100,000	0	300,000

위의 표는 1장에서 재무제표를 소개하기 위해 작성한 재무상태표와 자본변동표이다. 기초의 재무상태표에서 자본은 ₩200,000인데 이는 모두 주주가 납입한 자본금이었다. 이러한 자본은 기말에 총 ₩300,000이 되는데 이는 당기에 증가한 이익잉여금 ₩100,000 때문이다. 이처럼 자본변동표는 기초와 기말의 자본이 어떠한 요인에 의해 변화되었는지에 대한 정보를 자세히 제공함으로써 재무상태표와 연계된다. 자본변동표에 관한 사항은 본서의 11장에 소개되어 있다.

5.3 개별 재무제표와 연결 재무제표의 관계

기존의 회계기준에서는 개별 재무제표가 공시와 관련된 주된 재무제표였으나 국제회계기준에서는 연결 재무제표가 주된 재무제표로 변화되었다. 연결 재무제표는 법률적으로는 독립된 기업들이라고 하더라도 실질적으로 지배와 종속관계가 있으면 이들 회사들을 하나의 경제적 실체로 간주하여 이들을 포괄하는 재무제표를 작성하는 것을 의미한다. 여기에서 타 기업을 실질적으로 지배하는 기업을 지배기업(parent company)이라고 하고, 지배를 받는 하위 기업을 종속기업(subsidiary company)이라고 한다.[9] 연결 재무제표는 연결 재무상태표, 연결 포괄손익계산서, 연결 자본변동표, 연결 현금흐름표로 구성되며, 지배기업과 종속기업 간의 투자에 관련된 사항과 내부거래에 관련된 사항들을 조정하여 작성하게 된다. 이에 관한 사항은 고급회계에서 공부하게 된다.

9) 전자를 모회사, 후자를 자회사라 부르기도 한다.

Chapter 2 연습문제

1. 재무제표의 작성 목적에 대해 2줄 이내로 서술하시오.

2. 유용한 재무정보의 근본적 질적 특성에 대해 각각 2줄 이내로 기술하시오.

3. 유용한 재무정보의 보강적 질적 특성 네 가지를 기술하시오.

4. 수익의 인식기준 2가지를 제시하고 이에 대해 각각 2줄 이내로 설명하시오.

5. 비용의 인식기준을 제시하고 이에 대해 3줄 이내로 서술하시오.

6. 자산과 부채의 측정 기준에 대해 설명하시오.

7 다음 중 재무제표의 질적 특성에 대한 설명으로 타당하지 않은 것은? (2010, KICPA)

① 목적적합한 정보란 이용자가 과거, 현재 또는 미래의 사건을 평가하거나 과거의 평가를 확인 또는 수정하도록 도와주어 경제적 의사결정에 영향을 미치는 정보를 말한다.

② 신중성은 불확실한 상황에서 요구되는 추정에 필요한 판단을 하는 경우, 자산이나 수익이 과대평가되지 않고 부채나 비용이 과소평가되지 않도록 상당한 정도의 주의를 기울이는 것을 말한다.

③ 신뢰성이 있는 정보란 그 정보에 중요한 오류나 편의가 없고, 그 정보가 나타내고자 하거나 나타낼 것이 합리적으로 기대되는 대상을 충실하게 표현하고 있다고 이용자가 믿을 수 있는 정보를 의미한다.

④ 비교가능성이 가지는 중요한 의미는 이용자가 회계정책 및 회계정책의 변경과 그 영향에 대해 알 수 있게 함으로써, 유사한 거래나 그 밖의 사건에 대해 한 기업이 기간별로 적용한 회계정책이나 기업 간에 적용한 회계정책의 차이점을 파악할 수 있도록 하는 데에 있다.

⑤ 적시에 정보를 제공하기 위해서는 특정 거래나 그 밖의 사건의 모든 내용이 확인되기 전에 보고할 필요가 있을 수 있으며, 이로 인해 회계정보의 다른 질적 특성에 비해서 목적적합성이 크게 훼손될 수 있다.

8 다음의 자료를 바탕으로 ㈜동해의 당기순이익을 계산하라.

기초자본	500,000	기타포괄이익증가	100,000
기말자본	800,000	주주에 대한 배당금	300,000
자본금유상증자	400,000		

9 다음의 표를 보고 ㈜서해와 ㈜남해의 빈 칸의 금액을 산정하라. 단, 당기순손익과 총포괄손익은 동일하다고 가정한다.

	재무상태표(기초)		포괄손익계산서		출자 및 배당		재무상태표(기말)	
㈜서해	자 산	20,000	총수익	55,000	출 자	6,000	자 산	( )
	부 채	10,000	총비용	50,000	배 당	2,000	부 채	12,000
	자 본	( )	당순이	( )			자 본	( )
㈜남해	자 산	35,000	총수익	80,000	출 자	9,000	자 산	50,000
	부 채	( )	총비용	( )	배 당	5,000	부 채	( )
	자 본	15,000	당순이	20,000			자 본	( )

Chapter 3

회계순환과정(1): 기중의 회계처리

Chapter 3 회계순환과정(1): 기중의 회계처리

1 회계기간과 회계순환과정의 개요

1.1 회계기간

회계는 기업 활동의 기록이다. 그러한 면에서 언제부터 언제까지를 관찰 대상으로 기록하여야 하는가가 문제가 될 수 있다. 기업의 영업활동은 영업을 시작한 영업개시일로부터 영업을 영구히 종료하는 폐업일까지 이루어진다. 이 기간은 계속기업을 가정할 경우 무한대로 확장될 것이며, 이 기간 전체에 대해 재무상태나 영업의 성과를 측정하여 보고하는 것은 정보로서 무의미할 수 있다. 따라서 회계는 인위적으로 일정한 보고기간을 정하여 재무상태와 재무성과를 보고하게 되는데 이 기간을 회계기간(accounting period) 또는 재무보고기간(reporting period)이라고 한다. 회계기간은 1년을 초과하지 않는 범위 내에서 임의적으로 정해질 수 있는데 일반적으로 1년을 한 회계기간으로 한다. 회계기간의 시작점을 기초(期初)라고 하고 끝나는 시점을 기말(期末)이라고 한며, 기초와 기말 사이의 기간을 기중(期中)이라고 부른다. 또한 일반적으로 해당 회계기간을 당기(當期), 이전의 회계기간을 전기(前期), 이후의 회계기간을 차기(次期)라고 칭한다.

1.2 회계순환과정의 개요

회계순환과정(accounting cycle)이란 회계기간을 주기로 하여 거래와 사건을 인식하고 측정하는 것으로부터 이를 통해 재무상태표와 포괄손익계산서 등 재무제표를 작성하기까지의 일련의 과정이 반복되는 것을 의미한다. 회계의 순환과정은 크게 기중의 회계처리 과정과 기말의 회계처리 과정으로 구분될 수 있다. 3장에서는 이 중에서 기중의 회계처리와 관련된 사항들을 다루고, 4장에서는 기말의 회계처리와 관련된 사항들을 다루기로 한다.

다음의 그림에서와 같이 회계의 순환과정은 크게 8단계의 과정으로 나누어 분석할 수 있다. 기중의 거래를 기록하는 과정을 대략적으로 살펴보면 경제적 사건이 발생하면 이를 회계적 사건으로 인식할 것인지 아닌지의 여부를 결정하는 거래의 인식단계(1단계), 거래로 인식된 사건에 계정명칭을 부여하고 이에 해당하는 금액을 산정하여 분개장에 기록하는 분개단계(2단계), 분개장에 기록된 분개들을 계정과목별로 총계정원장에 옮겨 기록하는 전기단계(3단계), 총계정원장의 기말 잔액으로부터 시산표를 만드는 수정전시산표 작성단계(4단계)로 이루어진다.[1] 기말의 회계처리와 관련해서는 발생과 이연 등을 고려하여 발생주의 관점에서 계정과목들을 정확한 금액으로 수정하는 결산수정분개 단계(5단계), 결산수정분개 사항을 반영하여 수정후시산표를 작성하는 단계(6단계), 수정후시산표를 바탕으로 재무상태표와 포괄손익계산서 등 재무제표를 작성하는 단계(7단계), 다음 기의 회계처리를 위해 장부를 마감하는 단계(8단계)가 있다.

그림 1 **회계의 순환과정**

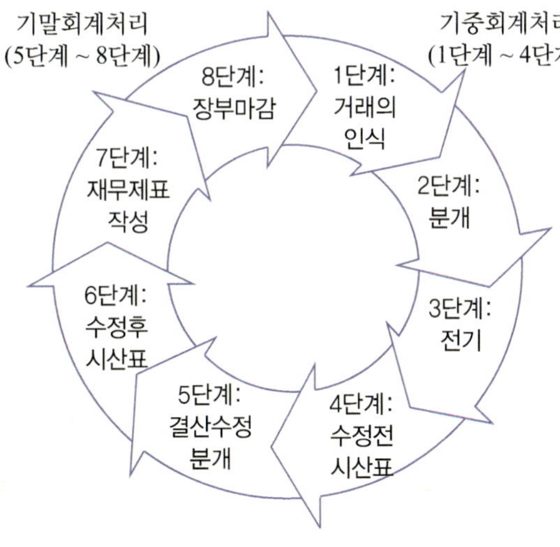

1) 일반적으로 수정전시산표의 작성은 회계기간 어느 시점에서도 필요에 따라 작성될 수 있는 것이기에, 수정전시산표를 작성하는 단계를 그림에서와 같이 회계기간 중에 수행하는 작업으로 분류할 수도 있고 회계기간 말에 수행하는 작업으로 분류할 수도 있다.

2 1단계: 거래의 인식과 측정

2.1 거래(transaction)의 의미

회계에서 이야기하는 거래는 일반적인 생활에서 등장하는 거래라는 용어와는 의미의 차이가 있다. 회계에서 거래라 함은 기업의 경영활동을 통해 자산 · 부채 · 자본 · 수익 · 비용 등 재무제표 요소에 증감을 가져오고 화폐단위로 측정이 가능한 경제적 사건들을 의미한다. 여기에서 자산 · 부채 · 자본은 재무상태표를 수익 · 비용은 포괄손익계산서를 구성하는 요소이다. 따라서 회계에서의 거래는 재무상태표나 포괄손익계산서를 구성하는 요소의 변화를 가져오는 사건을 의미한다고 할 수 있으며, 반대로 재무상태표나 포괄손익계산서에 변화를 가져오지 않는 활동들은 회계상 거래가 아닌 것으로 간주된다.

예제 1

다음의 사항들을 읽고 거래인지 아닌지 여부를 판단하라.

① 원가 ₩100,000의 상품을 도난당하다.
② 원가 ₩100,000의 상품을 ₩150,000에 사겠다는 주문을 받다.
③ 종업원 1명을 연봉 ₩2,000,000에 채용하다.
④ 종업원 1명의 지난 1년간 연봉 ₩2,000,000을 체불하다.
⑤ 1년 임대료 ₩1,200,000인 사무실을 임차하고 6개월이 경과하다.
⑥ 1년 임대료 ₩1,200,000인 사무실의 임차계약을 맺다.

풀 이

① 상품이라는 자산이 감소하였으므로 거래에 해당
② 상품의 주문만으로는 자산 · 부채 · 자본 · 수익 · 비용 등 재무제표 요소에 아무런 영향이 없으므로 거래 아님
③ 종업원 채용 자체만은 재무제표 요소에 영향이 없으므로 거래 아님
④ 임금 지불 의무라는 부채(비용)의 증가가 발생하였으므로 거래에 해당
⑤ 사무실 사용으로 이에 대한 비용이 발생하고 부채가 증가하였으므로 거래
⑥ 사무실 임차계약만으로는 재무제표 요소에 영향이 없으므로 거래 아님

이러한 개념적 차이로 인해 특정 경제적 사건이 회계의 거래인가 아닌가에 대한 판단에 혼동이 발생할 수 있다. 예를 들어, 상품의 매매계약, 토지나 건물의 임대차계약, 담보설정 등은 일상에서 거래로 간주되는 경우가 많지만 회계 상에서는 자산 · 부채 · 자본 · 수익 · 비용 등의 인식 요건을 충족시키지 않으므로 거래로 인식되지 않는 사건들이다. 반대로 건물이나 상품 등 자산의 화재, 파손, 도난 등은 일반적인 의미에서는 거래가 아니지만 자산이라는 재무제표 요소의 감소를 가져옴으로 인해 회계적 관점에서는 거래로 인식되는 사건들이다.

2.2 회계등식과 장부기록의 원리

거래가 발생하면 이를 장부에 기록하는 과정을 거쳐야 한다. 거래를 장부에 기록하는 방법과 관련해서는 15세기말 루카 파치올리(Luca Pacioli)가 제시한 기본원리가 현재까지 통용되고 있다. 2장에서 설명한 바와 같이 자산에서 부채를 차감하면 자본이 되는데, 이들의 관계식(자산 − 부채 = 자본)을 자산 · 부채 · 자본의 증가 형식으로만 표현하기 위해 부채를 우변으로 이항시키면 다음과 같이 나타낼 수 있다. 이러한 자산 · 부채 · 자본의 관계식을 회계등식(accounting equation)이라고 부른다.

$$자산 = 부채 + 자본$$

자본은 기업의 주주들이 출자한 자본뿐만 아니라 영업활동에서 발생하는 이익까지도 포함하는 개념이다. 이익은 수익에서 비용을 차감하여 계산되므로 위의 회계등식은 다음과 같이 확장될 수 있으며, 구성요소의 증가 형식으로만 표현하면 비용을 좌변으로 이항하여 다음과 같이 확장된 회계등식을 얻을 수 있다.

$$\triangle자산 + 비용 = \triangle부채 + \triangle자본 + 수익$$

장부기록의 원리는 위의 회계등식의 개념을 장부기록의 규칙으로 만든 것이다. 루카 파치올리에 의하면 거래가 발생하면 자산이나 부채가 변동되어 이들의 관계에서 결정되는 자본도 영향을 받는다. 즉, 기업에서 거래가 발생하면 좌변이나 우변의 구성 항목들이 변화하는데 이를 회계등식의 등호를 유지하면서 기록하는 것이 장부기록의 원리인 것이다.

2.3 거래의 이중성, 복식부기, 거래요소의 결합관계

회계상의 거래는 회계등식 상에서 자산 · 부채 · 자본 · 수익 · 비용 등 재무제표 항목 중에서 반드시 두 가지 이상의 항목에 영향을 미치게 되는데 이를 거래의 이중성(duality of transactions)이라고 한다.[2] 예를 들어, 은행으로부터 현금을 차입하면 현금이라는 자산이 증가하고 차입금이라는 부채가 증가하게 된다. 또, 건물을 대여하고 임대료를 받게 되면 현금이라는 자산이 증가하고, 임대료(賃貸料)라는 수익이 발생한다. 이처럼 거래를 자산 · 부채 · 자본 · 수익 · 비용 등에 변화를 가져오는 기업의 활동이라고 보았을 때, 거래라는 것은 결국 자산의 증가와 감소, 부채의 증가와 감소, 자본의 증가와 감소 및 수익의 발생, 비용의 발생으로 요약될 수 있을 것이다. 이와 같은 거래의 형태들을 흔히 거래의 8요소라고 부르는데, 거래라는 것은 결과적으로 이들 요소가 어떻게 조합을 이루는가의 문제라고 할 수 있다.

그림 2 거래 8요소의 이중성과 결합관계

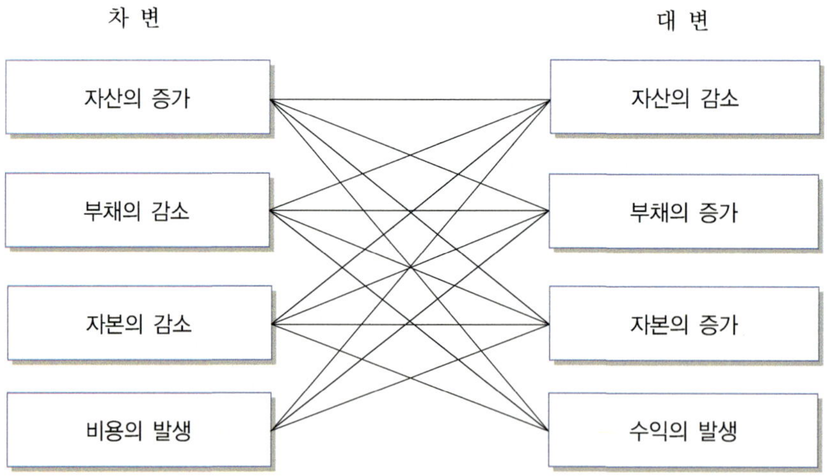

2) 여기에서 두 개 이상의 항목이라 함은 동일한 재무제표 요소에 두 번 영향을 미치는 것을 포함하는 표현이다. 예를 들어, 특정 거래가 하나의 자산은 증가시키고 다른 자산은 감소시킨다면 이것도 두 개 이상의 항목에 포함되는 개념인 것이다.

위의 그림은 복식부기의 공간을 나타내고 있다. 그림의 두 세로 축 중에서 왼쪽 축을 차변(debtor, debit, Dr.)이라고 칭하고 오른쪽 축을 대변(creditor, credit, Cr.)이라 칭한다. 이처럼 부기의 공간을 둘로 나눈 것은 거래의 이중성을 체계적으로 반영하여 재무제표를 작성하는 복식부기(double entry bookkeeping)를 사용하기 위한 것이다. 부기는 기록방법에 따라 위의 그림처럼 세로축을 대변과 차변으로 나누는 복식부기와 이를 나누지 않고 하나의 축에 기록하는 단식부기(single entry bookkeeping)가 있다. 단식부기는 경제주체의 재산에 증 · 감이 발생할 때 이를 개별 항목의 증감변화 단독으로 기록하고 계산하는 방법이다. 이는 간편하기는 하지만 위의 그림에서와 같이 거래요소의 결합관계를 표현하지 못하므로 재산이나 손익의 현재 상태 측정이나 그 변화가 어디에서 기인하는 것인지를 알 수가 없다는 한계가 있다. 복식부기는 이러한 단점을 극복하기 위해 것으로 자산 · 부채 · 자본 · 수익 · 비용 등의 변화를 일정한 원칙에 따라 기록하여 개별 항목의 변동뿐만 아니라 관련된 항목까지도 동시에 유기적으로 기록하는 방법이다.

결국 복식부기라는 것은 거래가 발생하면 차변과 대변에 각각 하나 이상의 기록을 해 나가는 과정이다. 따라서 복식부기 체계 하에서는 모든 거래가 이중으로 기록되므로 차변의 합계와 대변의 합계는 항상 일치하게 되는데 이를 대차평균의 원리(principle of equilibrium)라고 부른다. 대차가 일치되면 각 거래는 장부에 기장되었음을 뜻하고, 그렇지 않으면 오류가 있었음을 의미한다. 이를 통해 복식부기를 통한 회계는 자기검증의 기능을 갖게 된다.

이상의 내용을 토대로 회계등식을 통해 거래의 발생을 분석해 보기로 하자. 우선 자본금 ₩100,000을 출자하여 회사를 설립하였다고 가정해 보자. 이 거래는 자산 ₩100,000이 증가하는 동시에 자본도 ₩100,000이 증가하는 거래이다. 이를 회계등식을 통해 기록하면 다음과 같을 것이다.

	자 산	+	비 용	=	부 채	+	자 본	+	수 익
거래 1	₩100,000						₩100,000		
계	₩100,000						₩100,000		

다음으로 사무실을 임차하고 임차료 ₩30,000이 발생했는데 이를 아직 지급하지 않았

다고 가정해 보자. 이는 비용 ₩30,000 증가와 부채 ₩30,000의 증가로 구성된 거래이다. 이를 위의 형식에 연속하여 기록해 보기로 한다.

	자 산	+	비 용	=	부 채	+	자 본	+	수 익
거래 1	₩100,000			=			₩100,000		
거래 2			₩30,000	=	₩30,000				
계	₩100,000	+	₩30,000	=	₩30,000	+	₩100,000		

마지막으로 용역서비스를 제공하고 현금 ₩50,000을 받았다고 가정해 보자. 이는 자산 ₩50,000의 증가와 수익 ₩50,000의 증가로 구성된 거래이다. 따라서 이를 위의 형식에 나타내면 다음과 같을 것이다.

	자 산	+	비 용	=	부 채	+	자 본	+	수 익
거래 1	₩100,000			=			₩100,000		
거래 2			₩30,000	=	₩30,000				
거래 3	₩50,000			=					₩50,000
계	₩150,000	+	₩30,000	=	₩30,000	+	₩100,000	+	₩50,000

이상의 내용을 통해 우리는 거래의 발생이 회계등식에 미치는 영향을 확인할 수 있다. 즉, 매 거래가 발생할 때마다 해당 재무제표 요소의 변동을 기록하면 항상 좌변과 우변의 합계금액이 일치해 회계등식이 유지됨을 관찰할 수 있는 것이다.

다음의 표는 거래의 결과를 간단한 양식의 재무상태표와 포괄손익계산서를 통해 정리해 본 것이다. 먼저 이 표를 통해 포괄손익계산서에서 수익에서 비용을 차감하여 ₩20,000(₩50,000－₩30,000)의 당기순이익이 보고됨을 관찰할 수 있다. 재무상태표의 자본은 주주가 출자한 자본(₩100,000)에 영업으로부터 창출된 수익(₩20,000)을 합한 개념이므로 ₩120,000으로 표현된다.[3] 이는 자산(₩150,000)에서 부채(₩30,000)를 차감한 금액과 일치한다. 그러나 이처럼 작성된 재무상태표와 포괄손익계산서는 자산 · 부채 · 자본 · 수익 · 비용만으로 표현되기 때문에 그 세부적인 구성항목들을 파악하기 어렵다. 따라서

3) 2장에서 공부한 재무상태표와 포괄손익계산서의 연계관계를 참조하길 바란다.

다음 절에서는 이러한 항목들을 좀 더 세부적으로 표현하기 위한 방법을 공부해 보기로 한다.

재무상태표				포괄손익계산서	
자 산	150,000	부 채	30,000	수 익	50,000
		자 본	120,000	비 용	(30,000)
계	150,000	계	150,000	당기순이익	20,000

3 2단계: 분개장에 분개

3.1 계 정(account)

계정이란 회계기록의 최소단위로 회계상 각 거래를 기록하는 명칭을 의미한다. 이는 회계 기간 중에 발생한 거래들을 동일한 성격의 단위들로 구분 기록하기 위한 분류단위로 이해할 수 있다. 계정과목은 계정의 내용이 분명히 나타나도록 표시해야 하며, 기업의 업종과 규모, 해당 과목의 발생빈도 등을 고려하여 결정되어야 한다.[4)]

계 정	계 정 과 목
자 산	현금, 매출채권, 미수금, 재고자산 등
부 채	매입채무, 미지급금, 차입금, 사채 등
자 본	자본금, 이익잉여금 등
수 익	매출, 임대료수익, 이자수익 등
비 용	매출원가, 임차료비용, 이자비용 등

위의 표에서 제시된 계정과목의 의미들에 대해 간단히 살펴보자. 현금은 용어 그대로 현금을 의미한다. 매출채권은 기업이 주된 영업활동인 재화나 용역을 외상으로 공급했을

4) 재무제표에 표시되는 계정이 기업마다 다르면 정보이용자에게 혼선을 줄 수 있으므로 되도록 통일된 계정명칭을 사용해야 하나, 회계기준 등에 제시되지 않은 항목들에 대해서는 기업특성에 맞게 만들어 사용하는 것이 가능하다.

때 나중에 이에 대해 받을 대가를 기록하는 계정이다. 반면 미수금은 주된 영업활동이 아닌 재화나 용역을 외상으로 공급했을 때 이에 대해 받을 금액을 기록하는 계정이다. 재고자산은 기업이 정상적인 영업과정에서 판매를 목적으로 보유중이거나 생산중인 자산, 또는 원재료 등을 의미한다.

부채와 관련해서 매입채무는 기업이 주된 영업활동과 관련하여 판매하는 재화나 용역을 외상으로 공급받을 경우 이에 대한 거래금액을 기록하는 계정이다. 반면 미지급금은 주된 영업활동이 아닌 재화나 용역을 외상으로 공급받을 경우 이에 해당하는 거래금액을 기록하는 계정이다. 차입금은 기업이 필요한 자금을 외부로부터 빌려오고 이를 기록하는 계정이다. 사채는 기업이 필요한 자금을 이자와 원금의 지급을 명시한 채권을 발행하여 조달한 채무를 나타내는 계정이다.

자본과 관련된 계정 중에서 자본금은 발행주식의 액면금액을 나타내는 계정이다. 이익잉여금은 기업의 설립시점부터 영업을 통해 창출한 순이익의 누적액 중에서 배당이나 자본으로 대체되지 않고 기업에 유보되어 있는 금액을 의미한다.

다음으로 수익 및 비용과 관련된 계정의 의미를 간단히 살펴보자. 매출액은 기업의 주된 영업활동으로부터 발생한 재화나 용역의 대가를 나타내는 계정이다. 임대료수익은 건물 등의 임대로부터 발생한 수익을 의미하고, 이자수익은 자금의 대여로 인해 발생한 이자에 대한 수익을 의미한다. 한편, 기타수익은 기업의 경상적인 영업활동 이외의 활동으로부터 발생한 수익으로 이자수익이나 임대료수익 등을 포함하는 개념이다. 매출원가는 매출과 대응하는 상품 및 제품 등의 매입원가 또는 제조원가를 의미한다. 임차료비용은 건물이나 토지를 임차하고 이에 대한 거래금액을 기록하는 계정이다. 이자비용은 자금을 차입하고 이에 대해 지급하는 이자에 대한 비용을 기록하는 계정이다.

이외에도 거래를 나타내는 계정은 매우 다양하다. 이들에 대해서는 시간을 두고 회계학을 공부하며 하나하나 익혀나가게 될 것이다.

3.2 분 개(journalizing)

분개란 거래를 기입하기 위한 계정을 선택하고 그에 해당되는 금액을 결정하여 차변과 대변에 나누어 기록하는 행위를 의미한다. 자산 · 부채 · 자본 · 수익 · 비용 등의 변화를 차변과 대변 중 어디에 기록해야 하는가의 문제와 관련해서는 회계등식과 장부기록의 원칙에서 설명을 한 바와 있는데, 이를 분개의 원칙이라고 부르기도 한다. 이를 다시 한 번 정리하여 표로 나타내면 다음과 같다.

	차 변	대 변
자 산 계 정	증 가	감 소
부 채 계 정	감 소	증 가
자 본 계 정	감 소	증 가
수 익 계 정	감 소	발 생
비 용 계 정	발 생	감 소

이처럼 기업의 분개를 지속적으로 기입하는 장부를 분개장이라고 한다. 분개장은 거래의 발생순서에 따라 거래일자와 이에 따른 회계처리를 기입하는 장부로 거래가 최초로 기록된다는 이유로 원시기입장이라고 칭하기도 한다.[5)]

우리는 지금부터 몇 가지의 상황을 가정하고 이를 바탕으로 분개와 관련된 문제들을 하나씩 접근해 보기로 한다. 기업의 경영과 관련된 활동들은 대개 주주나 채권자로부터 자본의 조달, 영업과 관련된 자산의 구입이나 임차, 주된 영업활동이나 영업활동 이외의 부수적 활동을 통한 수익 창출, 매출을 이루기 위한 제품의 제조나 상품의 구입 등 매출원가와 관련된 사항, 급여 · 보험료 · 이자비용 등 여러 가지 비용의 지급 등으로 대별해 볼 수 있다. 분개란 이러한 활동들 중에서 거래에 해당하는 사건이 발생하면 이들을 하나하나 일자별로 분개장에 기록하는 것이다.

이제 좀 더 본격적인 공부를 위해 새로운 사례를 가정해 보자. 20X1년 1월 1일 김단군이 자본금 ₩1,000,000을 출자하여 컨설팅 용역을 제공하는 것을 주된 영업활동으로 삼는 ㈜한국이라는 회사를 설립하였다고 가정해 보자. 분개를 위해서는 먼저 이 활동이 거래인지 여부를 판단하고 거래라면 재무제표 요소의 결합관계가 어떠한가를 분석해야 한다. 이 활동으로 인해 ㈜한국이라는 경제적 실체에는 자산과 자본이 증가하였으므로

5) 일반적으로 회계장부는 주요장부와 보조장부로 분류된다. 주요장부에는 분개장과 총계정원장 등이 있으며, 보조장부에는 총계정원장의 항목들을 자세히 기록한 보조원장, 특정 유형의 빈번한 거래들을 기록해 두는 보조기입장, 기타 보조부 등이 있다.

이 활동은 거래로 분류될 수 있다. 거래의 결합관계 측면에서는 자산 ₩1,000,000이 증가하고 동시에 자본 ₩1,000,000이 증가한 것으로 파악하면 될 것이다. 다음으로 이러한 관계에 해당하는 적당한 계정 명칭을 식별하고 계정에 해당하는 금액을 결정해야 한다. 이 거래에서는 현금이라는 자산이 증가하였으므로 차변에 현금을 인식하고 그에 해당하는 금액 ₩1,000,000을 기입한다. 다음으로 자본금이라는 자본이 ₩1,000,000만큼 증가하였으므로 이를 대변에 기입하면 이 거래에 대한 분개가 완료되는 것이다.[6)]

(차) 현 금	1,000,000	(대) 자 본 금	1,000,000

다음으로 20X1년 2월 1일 ㈜한국이 서울은행으로부터 현금 ₩500,000을 차입했다고 가정해 보자. 이는 역시 현금이라는 자산 ₩500,000 증가와 차입금이라는 부채 ₩500,000의 증가로 구성된 거래이다.[7)] 자산의 증가는 차변에 기록하고 부채의 증가는 대변에 기록하므로 이러한 원칙에 따라 분개를 한다면 다음과 같을 것이다.

(차) 현 금	500,000	(대) 차 입 금	500,000

한편, ㈜한국이 영업을 위해 20X1년 3월 1일 건물을 ₩800,000에 현금으로 구입하였다고 가정해 보자. 이는 현금이라는 자산이 ₩800,000만큼 감소하고 대신 건물이라는 새로운 자산이 ₩800,000만큼 증가하는 거래의 결합이라고 해석될 수 있을 것이다. 건물과 관련해서는 자산의 증가이므로 차변에 이를 기록하고 현금과 관련해서는 자산의 감소이므로 이를 대변에 기록해야 할 것이다. 따라서 이를 분개한다면 다음과 같이 표현할 수 있을 것이다.

(차) 건 물	800,000	(대) 현 금	800,000

6) 회계에서 자본(shareholders' equity)은 기업의 총자산에서 총부채를 차감한 주주의 지분을 의미하며, 자본금(capital stock)은 자본의 구성요소로서 발행주식의 액면금액 합계액을 의미한다.

7) 계정명칭과 관련하여 자금을 타인으로부터 빌려오는 것을 차입금(借入金)이라 하고, 타인에게 빌려주는 것을 대여금(貸與金)이라 한다.

㈜한국이 20X1년 4월 1일 ㈜중국에 컨설팅서비스를 제공하고 이에 대한 대가로 ₩1,000,000을 현금으로 지급받았다고 해보자. 이는 현금이라는 자산을 ₩1,000,000만큼 증가시키고 매출이라는 수익을 ₩1,000,000만큼 발생시키는 거래이다. 자산의 증가는 차변에 수익의 발생은 대변에 기록하므로 이를 분개하면 다음과 같을 것이다.[8)]

(차) 현 금	1,000,000	(대) 매 출	1,000,000

㈜한국은 20X1년 5월 1일 직원들에게 ₩600,000의 급여를 현금으로 지급하였다고 가정해 보자. 이는 현금이라는 자산을 ₩600,000만큼 감소시키고 급여라는 비용을 ₩600,000만큼 발생시키는 거래에 해당된다. 자산의 감소는 대변에 비용의 발생은 차변에 기록하므로 이를 분개하면 다음과 같을 것이다.[9)]

(차) 급 여	600,000	(대) 현 금	600,000

기중의 분개는 이상에서와 같이 거래가 발생하면 거래의 결합관계와 계정 명칭, 금액 등을 반영하여 분개장에 기록하는 것을 의미한다. 지금까지 수행한 일련의 분개의 대변 합계액과 차변 합계액은 모두 ₩3,900,000으로 대변과 차변의 금액이 일치한다. 이는 앞서 설명한 대차평균의 원리를 확인시켜 주는 것이며 이를 통해 거래기록의 적절성을 확인할 수 있다.

예제 2

다음은 20×1년 영업을 개시한 ㈜대한배송의 영업과 관련된 20×1년 거래 내역들이다. 아래의 사항들을 읽고 분개를 수행하시오.

① 1월 1일 : 기업이 설립을 위해 액면가 ₩500의 주식을 1,000주 발행하여 현금 ₩500,000을 조달하였다.

---

8) 이와 관련하여 수익의 감소 상황에 대해서도 생각해 볼 수 있을 것이다. 수익의 발생을 수익의 증가라고 해석하여 수익의 감소는 차변에 기록한다.

9) 이와 관련하여 비용의 감소 상황에 대해서도 생각해 볼 수 있을 것이다. 비용의 발생을 비용의 증가라고 해석하여 비용의 감소는 대변에 기록한다.

② 2월 1일 : 투자를 위해 은행으로부터 현금 ₩200,000을 연 이율 10%에 차입하였다. 이 중 ₩100,000은 당좌계좌를 신설하고 입금하였다.

③ 3월 1일 : 본사로 사용할 건물을 ₩300,000에 현금으로 구입하였다.

④ 4월 1일 : 업무에 사용할 비품들을 ₩50,000에 외상으로 구입하였다.

⑤ 5월 1일 : ㈜현대에 배송용역을 제공하고 ₩600,000을 받기로 하였다. 이 중 ₩400,000은 현금으로 수령하였으나 ₩200,000은 차후에 받기로 하였다.

⑥ 6월 1일 : 건물에 대한 보험료 ₩12,000을 수표로 지급하였다.

⑦ 7월 1일 : ㈜SK에 ₩500,000의 배송용역을 제공하기로 계약을 체결하였다.

⑧ 8월 1일 : 2월 1일에 차입한 금액 중에서 원금 ₩100,000과 총 차입금 ₩200,000에 대한 6개월 분 (2/1~8/1) 이자 ₩10,000을 현금으로 상환하였다.

⑨ 9월 1일 : 종업원에 대한 급여 ₩100,000을 현금으로 지급하였다.

⑩ 10월 1일 : 건물의 일부를 ㈜일본에게 임대하고 임대료 ₩36,000을 현금으로 수령하였다.

⑪ 11월 1일 : 소모품 ₩50,000을 수표로 구입하고 자산으로 처리하였다.

⑫ 12월 1일 : 5월 1일 매출액 ₩200,000이 은행에 입금되었다.

풀이

①	(차) 현금	500,000	(대) 자본금	500,000
②	(차) 당좌예금	100,000	(대) 차입금	200,000
	현금	100,000		
③	(차) 건물	300,000	(대) 현금	300,000
④	(차) 비품	50,000	(대) 미지급금	50,000
⑤	(차) 현금	400,000	(대) 매출	600,000
	매출채권	200,000		
⑥	(차) 보험료	12,000	(대) 당좌예금	12,000
⑦	분개없음			
⑧	(차) 차입금	100,000	(대) 현금	110,000
	이자비용	10,000		
⑨	(차) 급여	100,000	(대) 현금	100,000
⑩	(차) 현금	36,000	(대) 임대료수익	36,000
⑪	(차) 소모품	50,000	(대) 당좌예금	50,000
⑫	(차) 당좌예금	200,000	(대) 매출채권	200,000

4 3단계: 총계정원장에 전기

전기(posting)란 거래가 발생할 때마다 분개장에 분개된 거래들을 계정별로 분리하여 총계정원장(general ledger)상의 각 계정에 기록하는 것을 의미한다.[10] 총계정원장은 모든 계정기록을 집합해 놓은 장부로서 각 계정별로 관련된 분개의 결과들이 집계된다. 따라서 여기에는 해당 계정의 변화를 유발하는 거래의 발생 일자, 대응되는 계정과목, 금액 등이 기록된다. 이와 같이 분개장의 기록들을 원장에 전기하는 목적은 각 계정과목별로 증감내역과 합계액을 명확하게 하여 재무제표 작성과정의 오류를 방지하기 위해서이다.

총계정원장과 각 계정별로 사용하는 장부의 양식은 기업마다 다를 수가 있다. 따라서 거래를 실제로 장부에 기입하는 것이 아닌 경우 즉, 기장연습을 한다든가 혹은 교과서에서 해설하는 경우에는 장부형식을 사용하지 않고 아래와 같은 표준식 계정모형을 주로 이용한다. 이 모양이 T자처럼 생겼기 때문에 이를 일반적으로 T계정(T-account)이라고 부른다.

○ ○ 계 정

(차 변)	(대 변)

T계정(T account)을 이용해서 각 계정을 나타내는 방법은 다음과 같다. 당해 계정이 다음 중에서 속하는 범주에 따라 각각의 증감을 나타내면 된다.

자산계정

증가	감소
(+)	(−)

부채계정

감소	증가
(−)	(+)

자본계정

감소	증가
(−)	(+)

수익계정

감소	발생
(−)	(+)

비용계정

발생	감소
(+)	(−)

10) 총계정원장을 원장이라고 부르기도 한다.

앞서 2단계에서 수행한 분개 사항을 계정별로 T계정에 전기하면 다음과 같다. 여기에서는 일자와 대응되는 항목들도 일목요연하게 정리하였지만, 교과서나 수업시간에는 시간관계상 금액만을 적는 경우가 많다. 또한, 계정의 합계 및 잔액에 대해서도 아래의 현금계정에서와 같이 집계를 해두는 것이 유용하지만 지면이나 시간의 절약을 위해 많은 경우 기재를 생략하며 본서에서도 이후 간략히 기재하기로 한다.

현 금

1월 1일	자 본 금	1,000,000	3월 1일	건 물	800,000
2월 1일	차 입 금	500,000	5월 1일	급 여	600,000
4월 1일	매 출	1,000,000			
	합 계	2,500,000		합 계	1,400,000
	잔 액	1,100,000			

건 물

3월 1일	현 금	800,000			

차 입 금

			2월 1일	현 금	500,000

자 본 금

			1월 1일	현 금	1,000,000

매 출

			4월 1일	현 금	1,000,000

급 여

			5월 1일	현 금	600,000

예제 3

<예제 2>의 분개를 계정별로 전기하시오.

풀이

현 금			
1월 1일	500,000	3월 1일	300,000
2월 1일	100,000	8월 1일	110,000
5월 1일	400,000	9월 1일	100,000
10월 1일	36,000		

자 본 금			
		1월 1일	500,000

당좌예금			
2월 1일	100,000	6월 1일	12,000
12월 1일	200,000	11월 1일	50,000

차 입 금			
8월 1일	100,000	2월 1일	200,000

매출채권			
5월 1일	200,000	12월 1일	200,000

미지급금			
		4월 1일	50,000

건 물			
3월 1일	300,000		

매 출			
		5월 1일	600,000

비 품			
4월 1일	50,000		

임대료수익			
		10월 1일	36,000

소 모 품			
11월 1일	50,000		

보 험 료			
6월 1일	12,000		

급 여			
9월 1일	100,000		

이자비용			
8월 1일	10,000		

5 4단계: 수정전시산표(trial balance)의 작성

전기의 다음 단계로 시산표를 작성하게 되는데 이는 분개장에 기입된 모든 거래의 분개가 총계정원장에 정확하게 전기되었는가를 확인하기 위하여 작성되는 표이다. 따라서 시산표는 매 결산기에만 작성되는 것이 아니라 매일, 매주, 매월 등 필요에 따라 항시 작성될 수 있다. 수정분개가 아직 반영되지 않았다는 측면에서 4단계에서 작성되는 시산표를 수정전시산표라고 부르고, 5단계의 결산수정분개를 반영하여 다시 작성되는 6단계의 시산표를 수정후시산표라고 부른다.

시산표는 작성하는 방법에 따라 합계잔액시산표, 잔액시산표, 합계시산표 등이 있다. 실무적 관점에서는 검증의 목적을 달성하기 위해 일반적으로 합계잔액시산표를 사용하나 일부 교과서에서는 논의를 단순히 하기 위해 잔액시산표를 사용하기도 한다. 합계잔액시산표에서는 총계정원장의 각 계정을 하나의 축에 세로로 기입한 후 해당 계정의 차변합계와 대변합계 및 양 변의 잔액을 구하여 기입한다. 이렇게 하면 합계잔액시산표의 잔액 부분에는 차변의 경우 자산과 비용의 잔액이 대변에는 부채, 자본, 수익의 잔액이 기록되게 된다. 이와 같이 계정별로 합계금액과 잔액을 모두 기록하는 시산표의 양식을 합계잔액시산표라고 하고, 계정별 잔액만 보고하는 시산표를 잔액시산표, 합계금액만을 표시하는 시산표를 합계시산표라고 한다.

수정전시산표

20×1년 12월 31일

㈜한 국 (단위: 원)

차변잔액	차변합계	계정과목	대변합계	대변잔액
1,100,000	2,500,000	현 금	1,400,000	
800,000	800,000	건 물		
		차 입 금	500,000	500,000
		자 본 금	1,000,000	1,000,000
		매 출	1,000,000	1,000,000
600,000	600,000	급 여		
2,500,000	3,900,000		3,900,000	2,500,000

위의 표는 3단계에서 수행된 계정별 T계정의 대변과 차변의 합계액과 잔액을 바탕으로 이에 대한 수정전시산표를 작성한 것이다. 이 표를 통해 계정과목별로 대변의 합계와 차변의 합계가 ₩3,900,000으로, 계정별 잔액의 합계액이 ₩2,500,000으로 일치함을 관찰할 수 있다. 이와 같이 대변과 차변의 합계가 일치하는 것을 확인함으로써 분개와 전기, 합산의 정확성 등을 검증할 수 있다.

예제 4

<예제 3>의 내용을 바탕으로 수정전시산표를 작성하시오.

풀이

합계잔액시산표

20×1년 12월 31일

㈜대한배송 (단위 : 원)

차변잔액	차변합계	계정과목	대변합계	대변잔액
526,000	1,036,000	현금	510,000	
238,000	300,000	당좌예금	62,000	
	200,000	매출채권	200,000	
300,000	300,000	건물		
50,000	50,000	비품		
50,000	50,000	소모품		
	100,000	차입금	200,000	100,000
		미지급금	50,000	50,000
		자본금	500,000	500,000
		매출	600,000	600,000
		임대료수익	36,000	36,000
12,000	12,000	보험료		
10,000	10,000	이자비용		
100,000	100,000	급여		
1,286,000	2,158,000		2,158,000	1,286,000

Chapter 3 연습문제

1 회계의 순환과정을 기중과 기말로 나누어 설명하시오.

2 회계등식과 루카 파치올리(Luca Pacioli)가 제시한 장부기장의 원리에 대해 설명하시오.

3 다음의 각 사항들이 회계상의 거래에 해당하면 T, 해당하지 않으면 F로 표시하시오.

(1) 직원을 채용하다. ( )
(2) 거래처에 상품을 판매하였다. ( )
(3) 대주주가 은행으로부터 대출을 받다. ( )
(4) 대출을 위해 사옥을 담보로 제공하였다. ( )
(5) 홍수로 상품이 분실되었다. ( )
(6) 상품을 본사의 창고에서 지사의 창고로 이전하였다. ( )
(7) 차입금에 대한 이자를 지급하다. ( )
(8) 화재의 발생으로 본사 건물이 소실되었다. ( )
(9) 상품을 매입하고 대금을 내년에 지급하기로 하다. ( )
(10) 차입금의 이자기일이 경과되다. ( )

4 다음 계정과목들이 재무제표의 구성요소인 자산 · 부채 · 자본 · 수익 · 비용 중 어느 항목에 속하는지 괄호 안에 기재하시오.

(1) 임 차 료 ( )	(2) 매입채무 ( )	(3) 자 본 금 ( )
(4) 매 출 액 ( )	(5) 임 대 료 ( )	(6) 대 여 금 ( )
(7) 매출채권 ( )	(8) 미지급금 ( )	(9) 비 품 ( )
(10) 차 입 금 ( )	(11) 보 험 료 ( )	(12) 이자수익 ( )

5 다음은 ㈜동해운송의 거래와 관련된 사항들이다. 이를 읽고 아래의 물음에 답하시오.

(1) 1/1: 현금 ₩300,000을 출자하여 ㈜동해운송을 설립하다.
(2) 1/2: 영업용 차량을 ₩50,000에 외상으로 구입하다.
(3) 1/3: 차량에 대한 보험료 ₩12,000을 현금으로 지급하다.
(4) 1/4: ㈜미국에게 운송 용역을 제공하고 ₩100,000을 받기로 하였는데, 이 중 ₩50,000은 현금으로 받고, ₩50,000은 6개월 후에 받기로 하였다.
(5) 1/5: 종업원에 대한 급여 ₩30,000을 현금으로 지급하였다.
(6) 1/6: 독도은행에서 현금 ₩200,000을 차입하였다.

(물음 1) 위의 거래들이 아래의 회계등식에 미친 영향을 다음의 양식에 기입하시오.

일 자	자 산	+	비 용	=	부 채	+	자 본	+	수 익
1/1									
1/2									
1/3									
1/4									
1/5									
1/6									
계									

(물음 2) 위의 표를 이용하여 재무상태표와 포괄손익계산서를 작성하시오.

6 다음의 분개를 보고 거래를 추정하시오.

		차변 계정	금액		대변 계정	금액
1)	(차)	현금	500,000	(대)	자본금	500,000
2)	(차)	현금	300,000	(대)	차입금	300,000
3)	(차)	매출채권	400,000	(대)	매출	600,000
		현금	200,000			
4)	(차)	급여	100,000	(대)	현금	100,000
5)	(차)	차입금	200,000	(대)	현금	200,000
6)	(차)	현금	700,000	(대)	토지	500,000
					유형자산처분이익	200,000

7 ㈜서해컨설팅의 20×1년 3월의 영업활동은 다음과 같다. 이를 일자별로 분개 한 후, 예시된 T계정에 전기(posting)하시오.

3월 1일 : 현금 ₩500,000을 출자하여 영업을 개시하다.
4일 : 업무용 비품을 외상으로 ₩100,000에 구입하다.
9일 : 컨설팅 용역을 제공하고 3개월 후 ₩200,000을 받기로 하다.
12일 : 종업원에 대한 급여 ₩50,000을 현금으로 지불하다.
17일 : 은행에서 현금 ₩100,000을 차입하다.
25일 : 3/4 외상으로 구입한 비품 대금 ₩100,000을 현금으로 지급하다.

현 금 | 자 본 금

비 품 | 미지급금

매출채권 | 매 출

급 여 | 차 입 금

8 다음은 금년에 영업을 시작한 ㈜남해수송의 거래내역이다. 합계잔액시산표를 작성하시오.

(1) 4/1: 현금 ₩500,000을 출자하여 영업을 개시하다.
(2) 4/2: 영업에 사용할 선박 2척을 1척당 ₩200,000에 외상으로 구입하다.
(3) 4/3: 종업원 20명을 채용했다.
(4) 4/4: 운송용역을 제공하고 대가로 ₩300,000을 받기로 하였다.
(5) 4/5: 선박에 대한 보험료 ₩20,000을 현금으로 지급하였다.
(6) 4/6: 4/4 운송용역에 대한 대가 ₩200,000을 현금으로 수취하였다.
(7) 4/7: 종업원에 대한 급여 ₩100,000을 현금으로 지급하였다.
(8) 4/8: 선박 1척을 현금 ₩150,000에 매각하였다(감가상각은 고려하지 말 것).

9 20×1년 장보고는 이사업체인 ㈜북해통운을 설립하였다. 20×1년말 재무상태표가 다음과 같을 때 아래의 요구사항에 답하시오.

재무상태표

㈜북해통운　　20×1년 12월 31일 현재　　(단위: 원)

차변	금액	대변	금액
현금	900,000	차입금	1,500,000
당좌예금	800,000	미지급금	500,000
매출채권	200,000		
토지	800,000	자본금	1,500,000
건물	800,000		
자산총계	3,500,000	부채와 자본 총계	3,500,000

20×2년 영업과 관련된 다음의 활동들이 발생하였다.

1/1 취득원가 ₩400,000의 토지를 ₩500,000에 매각하였다.
2/1 건물 중 일부를 ㈜한강에 임대하고 ₩240,000을 현금으로 받았다.
3/1 사무용 비품 ₩50,000을 외상으로 구입하였다.
4/1 ㈜삼성에 이사용역을 제공하고 ₩800,000은 즉시 현금 수령하고 ₩400,000은 연말에 그 대가를 받기로 하였다.

5/1	차입금 중에서 원금 ₩500,000과 이자 ₩10,000을 현금으로 상환하였다.
6/1	건물에 대한 보험료 ₩120,000을 당좌수표를 발행해 지불하였다.
7/1	㈜SK에 향후 1년간 용역을 공급하기로 계약을 체결하였다.
8/1	종업원에 대한 급여 ₩200,000을 현금으로 지급하였다.
9/1	6개월 전에 외상 매출대금 중 ₩200,000이 은행에 입금되었다.
10/1	투자를 위해 액면가 ₩500의 주식을 1,000주 발행하여 현금 ₩500,000을 조달하였다.

(물음 1) 위에 제시된 20×2년 거래와 관련된 사항들을 분개하시오.

(물음 2) 위의 분개사항들을 계정별로 전기하시오.

(물음 3) 수정전합계잔액시산표를 작성하시오.

Chapter 4

회계순환과정(2): 기말의 회계처리

Chapter 4 회계순환과정(2): 기말의 회계처리

1 5단계: 결산수정분개

기중의 회계처리가 주로 거래의 발생시 이를 식별하고 기록하는 과정이었다면 기말의 회계처리는 회계기간 내에서 자산 · 부채 · 자본 · 수익 · 비용에 발생주의를 반영하여 정확한 금액으로 조정하고 이를 재무제표에 반영하는 과정이다. 이는 결산일에 결산수정분개를 수행함으로써 계정별로 발생주의를 반영한 정확한 금액을 산정하고, 수정전시산표에 결산수정분개를 반영하여 수정후시산표를 작성하며, 이를 바탕으로 재무제표를 작성하고, 다음 기의 회계처리를 위해 장부를 마감하는 것으로 구성된다.

기말 회계처리의 첫 단계로 결산수정분개(adjusting entry)에 대해 먼저 알아보기로 한다. 3장에서 공부한 기중의 회계처리는 주로 실질적인 거래를 기록하는데 중점이 두어진다. 그러나 회계기간을 인위적으로 정하고 이 기간에 대한 발생주의 재무제표를 작성하기 위해서는 이러한 회계처리만으로는 한계가 있다. 이처럼 기말 결산시점에 발생주의 관점에서 기중의 회계처리를 보완해 계정과목과 잔액을 재무제표에 정확하게 기재하기 위해 수행하는 회계처리를 결산수정분개라고 한다.

회계원리 과정에서 주로 다루어지는 결산수정분개 사항은 일반적으로 발생과 이연에 대한 사항 및 매출원가, 소모품, 감가상각비 등에 대한 것이다. 이 중 매출원가와 관련된 부분은 5장의 상품매매기업의 회계처리에서 자세히 다루게 될 것이므로 이하에서는 이를 제외한 항목들에 대해 살펴보기로 한다.

1.1 발생과 이연항목의 결산수정분개

결산수정분개와 관련하여 먼저 발생과 이연항목에 대한 조정이 필요하다. 발생과 이연은 기본적으로 거래의 인식시점과 현금의 수수시점이 다름으로 인해 야기된다. 일반적으로 발생항목은 경제적 사건이 인식된 이후에 현금의 수수가 이루어지는 경우에, 이연항목은 현금의 수수가 발생한 이후에 사건이 인식되는 경우에 발생된다.

(1) 발생항목의 결산수정분개

발생항목에는 미수수익(accrued revenue)과 미지급비용(accrued expense)이 있다. 먼저 미수수익은 기중에 발생조건을 충족하여 당기의 수익으로 인식되어야 할 항목임에도 현금의 수취가 이루어지지 않아 기중에 이를 인식하지 않고 있던 수익을 의미한다. 따라서 기말에는 이를 추가로 인식하여야 적절한 회계처리가 가능해 진다. 기말에 미수수익이 인식되면 대변에 수익을 기록하고, 이에 대응하여 미수수익이라는 자산계정을 차변에 기록한다.[1)] 대표적인 미수수익에는 미수이자, 미수수수료, 미수임대료[2)] 등이 있다.

〈수정분개 : 당기에 수익과 자산 인식〉

(차) 미 수 수 익	×××	(대) 수 익	×××

이해의 편의를 돕고자 3장에서 설명하던 ㈜한국의 사례를 4장에서도 계속 적용하여 설명하기로 한다. ㈜한국의 회계기간은 매년 1월 1일부터 12월 31일까지인데, ㈜한국은 20X1년 7월 1일 보유하고 있는 건물의 일부를 향후 1년간 ㈜일본에 임대해 주기로 하고 20X2년 6월 30일에 ₩120,000을 수령하기로 하였다고 하자. 이 경우 ㈜한국은 20X1년 7월 1일부터 20X1년 12월 31일까지 6개월간의 건물의 임대 수익이 발생했음에도 불구하고 기중에 이를 인식하지 않았다. 만약 이 상태에서 20X1년의 회계처리가 마무리 된다면 ㈜한국은 임대료수익을 ₩60,000만큼 적게 계상한 동시에 수취해야할 현금 ₩60,000에 대한 권리(자산)를 인식하지 않는 결과를 초래할 것이다. 따라서 ㈜한국은

---

1) 차변의 미수수익이라는 계정에서 해당 수익의 내용이 이자면 미수이자, 임대료면 미수임대료 등이 되는 것이며, 대변의 수익이라는 계정도 그 내용이 무엇인지를 반영해 이자수익, 임대료수익 등으로 기록하면 된다.

2) 부동산을 빌려주고 받는 대가를 임대료(賃貸料)라고 하며, 부동산을 빌리고 지불하는 대가는 임차료(賃借料)라고 한다.

다음과 같은 추가적인 회계처리를 결산수정분개에서 수행함으로써 이를 반영하여야 할 것이다.

(차)	미 수 임 대 료	60,000 *	(대) 임 대 료 수 익	60,000

$* ₩60{,}000 = ₩120{,}000 \times \frac{6}{12}$

미지급비용은 기중에 발생조건을 충족하여 당기에 비용으로 인식되어야 할 항목임에도 현금의 지급이 이루어지지 않아 기중에 이를 인식하지 않고 있던 비용을 의미한다. 따라서 기말에는 이를 추가로 인식하여야 발생주의에 의한 회계처리가 가능해 진다. 미지급비용이 존재하면 대변에 미지급비용이라는 부채를 인식하고, 해당 비용을 차변에 기록한다.[3)] 대표적인 미지급비용에는 미지급이자, 미지급급여, 미지급임차료, 미지급보험료 등이 있다.

〈수정분개 : 당기에 비용과 부채 인식〉

(차)	비 용	×××	(대) 미 지 급 비 용	×××

3장의 사례에서 ㈜한국이 20X1년 2월 1일 차입한 차입금 ₩500,000은 1년 후에 상환하기로 한 것이며 이는 연 12%의 이자를 지불해야 하는 것이라고 가정해 보자. 기중의 분개에서는 이와 관련된 이자비용을 인식하지 않았으므로, 만약 이 상태에서 20X1년의 회계처리가 마무리 된다면 ㈜한국은 이자비용 ₩55,000을 적게 계상한 동시에 지불해야할 현금 ₩55,000에 대한 의무(부채)를 인식하지 않는 결과를 초래할 것이다. 따라서 ㈜한국은 다음과 같은 추가적인 회계처리를 결산수정분개에서 수행함으로써 이를 반영하여야 할 것이다.

(차)	이 자 비 용	55,000 *	(대) 미 지 급 이 자	55,000

$* ₩55{,}000 = ₩500{,}000 \times 12\% \times \frac{11}{12}$

3) 대변의 미지급비용이라는 계정에서 해당 비용의 내용이 이자면 미지급이자, 임차료면 미지급임차료 등이 되는 것이며, 차변의 비용이라는 계정도 그 내용이 무엇인지를 반영해 이자비용, 임차료비용 등으로 기록하면 된다.

(2) 이연항목의 결산수정분개

이연항목이란 수익이나 비용이 발생되기 이전에 현금의 수수가 먼저 이루어진 항목들을 의미한다. 이는 발생항목들과 대조적인 것이다. 이연항목들은 기중에 현금의 수수가 이루어졌기 때문에 그 시점에서 이와 관련된 분개를 한 번 수행하고 기말 수정분개를 통해 당기에 귀속될 금액을 조정한다. 이러한 이연항목에는 선수수익(unearned revenue)과 선급비용(prepaid expense)이 있다.

선수수익은 수익이 발생하기 이전에 현금을 미리 수취한 것을 의미한다. 선수수익은 현금 수취당시 차변에 현금이라는 자산의 증가를, 대변에 수취금액 만큼의 수익을 선수수익이라는 부채의 증가로 기록한다. 그리고 결산수정분개에서 해당 기간 동안 인식해야 할 수익이 발생했을 경우 그 해당 금액만큼을 대변에 수익으로, 차변에 선수수익으로 기록해 선수수익이라는 부채를 줄여준다. 선수수익에는 선수임대료, 선수이자 등이 있다.

〈수익 발생 시점〉

(차) 현 금	×××		(대) 선 수 수 익	×××

〈수정분개 : 당기 수익 인식〉

(차) 선 수 수 익	×××		(대) 수 익	×××*

* 수익 = 선수수익 × $\frac{\text{경과기간}}{\text{전체기간}}$

㈜한국은 3장에서 제시됐던 거래 외에 20X1년 10월 1일 향후 1년간 건물의 일부 사무실을 추가적으로 ㈜미국에 임대하고 1년분 임대료 ₩480,000을 20X1년 10월 1일 수취하였다고 가정해 보자. 이를 20X1년 10월 1일의 분개만 반영된 상태에서 회계처리가 종료된다면 ㈜한국은 20X1년 10월 1일부터 20X1년 12월 31일까지 3개월간의 사무실 임대 수익이 발생했음에도 불구하고 기중에 이를 인식하지 않아 임대료수익을 ₩120,000 만큼 적게 계상한 동시에 선수임대료라는 부채 ₩120,000을 과대 계상하는 결과를 초래하게 된다. 따라서 ㈜한국은 다음과 같은 추가적인 회계처리를 결산수정분개에서 수행함으로써 이를 조정하여야 할 것이다.

〈수익 발생 시점: 20X1년 10월 1일〉

(차)	현 금	480,000	(대) 선 수 임 대 료	480,000

〈수정분개: 20X1년 12월 31일〉

(차)	선 수 임 대 료	120,000 *	(대) 임 대 료 수 익	120,000

$* ₩120,000 = ₩480,000 \times \frac{3}{12}$

선수수익과는 반대로 선급비용은 비용이 발생하기 이전에 현금을 미리 지급한 것을 의미한다. 선급비용은 현금의 지급당시 차변에 선급비용이라는 자산의 증가를, 대변에 현금을 기록한다. 그리고 기말 수정분개에서 해당 기간 동안 인식해야할 비용을 차변에 기록하고, 대변에 선급비용을 기록하여 자산을 줄여준다. 이러한 선급비용에는 선급보험료, 선급임차료, 선급이자비용 등이 있다.

〈비용의 지출 시점〉

(차)	선 급 비 용	×××	(대) 현 금	×××

〈수정분개 : 당기 비용 인식〉

(차)	비 용	××× *	(대) 선 급 비 용	×××

$* 비용 = 선급비용 \times \frac{경과기간}{전체기간}$

㈜한국은 3장에서 제시됐던 거래 외에 20X1년 3월 1일 향후 2년간 건물에 대한 보험료로 ₩24,000을 지급하였다고 가정해 보자. 이를 20X1년 3월 1일 회계처리만 반영하고 회계처리가 종료된다면 ㈜한국은 20X1년 3월 1일부터 20X1년 12월 31일까지 10개월간의 보험료와 관련된 비용 ₩10,000을 과소계상하고 이와 관련된 선급보험료라는 자산 ₩10,000을 과대 계상하는 결과를 초래하게 된다. 따라서 ㈜한국은 다음과 같은 추가적인 회계처리를 결산수정분개에서 수행함으로써 이를 조정하여야 할 것이다.

〈비용의 지출 시점: 20X1년 3월 1일〉

(차)	선 급 보 험 료	24,000	(대) 현 금	24,000

〈수정분개 : 당기 비용 인식: 20X1년 12월 31일〉

(차)	보 험 료	10,000 *	(대) 선 급 보 험 료	10,000

$* ₩10,000 = ₩24,000 \times \frac{10}{24}$

이연항목과 관련하여 한 가지 더 생각해 볼 사항은 이연항목의 발생시점에 현금의 수수에 대응하는 과목을 무엇으로 하였는가에 따라 기말의 결산수정분개가 달라질 수 있다는 점이다. 즉, 선급비용의 경우 만약 기중에 현금을 지출하는 시점에 이를 선급비용이라는 자산이 아닌 비용으로 인식했다면 기말에는 남아있는 자산의 가치만큼을 선급비용으로 인식하고 이에 해당하는 금액을 비용에서 차감해야 할 것이다. 반면 선수수익의 경우 만약 현금을 수취하는 시점에 이를 선수수익이라는 부채가 아닌 수익이라는 이익으로 인식했다면 기말에 남아있는 부채의 가치만큼을 선수수익으로 인식하고 이에 해당하는 금액을 수익에서 차감해야 할 것이다.

1.2 소모품의 결산수정분개

기업이 업무를 위해 비치하고 소모하는 사무용품 등을 소모품이라고 하며, 이를 구입한 때에는 일반적으로 자산계정인 소모품계정에 기입한다. 그리고 기말결산 시점에 당기 소모품의 소모분을 비용계정인 소모품비 계정으로 차변에 기입하고, 이에 해당하는 금액만큼을 자산의 감소라는 의미에서 소모품 계정으로 대변에 기록한다. 이러한 회계처리의 결과 기말에 소모품은 남은 잔액만큼이 자산으로 계상되고, 사용분만큼이 소모품비라는 비용으로 계상되는 결과를 가져온다.

〈소모품 취득시점〉

(차)	소 모 품	×××	(대) 현 금	×××

〈수정분개 : 소모품 재고조사 시점〉

(차) 소 모 품 비	×××	(대) 소 모 품	×××

한편, 소모품은 그 금액이 소액이기 때문에 구입즉시 비용처리하는 회계처리도 가능하다. 이 경우 소모품의 취득시점에 차변에 소모품비를 인식하고, 대변에는 현금 등 대가로 지불한 자산의 감소를 기록한다. 그리고 결산수정분개에서 남은 금액만큼을 소모품이라는 자산으로 차변에 기록하고, 대변에는 소모품비를 줄여준다. 이러한 회계처리는 결과적으로 기말에 남아있는 소모품 잔액만큼이 자산으로 계상되고, 사용분만큼이 소모품비라는 비용으로 계상되는 결과를 가져온다.

〈소모품 취득시점〉

(차) 소 모 품 비	×××	(대) 현 금	×××

〈수정분개 : 소모품 재고조사 시점〉

(차) 소 모 품	×××	(대) 소 모 품 비	×××

이상에서 설명한 두 가지 방법은 모두 재무상태표와 포괄손익계산서에 최종적으로 기재되는 금액이 동일하다. 즉, 기중에 소모품의 구입을 자산으로 인식하든 비용으로 인식하든 기말의 수정분개를 통해 동일한 결과를 이끌어 낼 수 있다. 이는 최종적인 재무제표 요소의 인식이 결산수정분개를 통해 조정될 수 있음을 보여주는 것으로 이러한 원리는 발생과 이연, 오류수정 등에 적용가능하다.

이와 관련하여 3장의 사례를 계속하여 적용하여 보면, ㈜한국은 20X1년 8월 1일 소모품 ₩60,000을 구입하였는데 기말에 이 소모품은 ₩40,000만큼 남아있었다고 가정해보자. 3장에서는 20X1년 8월 1일 소모품 구입과 관련해서 이를 자산으로 계상하기로 하였으므로 일반적인 자산의 구입과 동일하게 회계처리를 수행하였다. 다음으로 기말에는 본 소모품이 ₩40,000만큼만 남아 있으므로 자산의 감소를 나타내기 위해 ₩20,000만큼 소모품을 대변에 기록하고, 이에 대응하여 소모품비라는 비용의 발생을 차변에 기록하면 될 것이다.

〈소모품 취득시점: 20X1년 8월 1일〉

(차)	소 모 품	60,000	(대) 현 금	60,000

〈수정분개 : 20X1년 12월 31일〉

(차)	소 모 품 비	20,000	(대) 소 모 품	20,000

한편, 소모품의 구입시에 이를 소모품비라는 비용계정으로 처리하기로 하였다면 이는 일반적인 비용의 지출과 동일하게 처리하면 될 것이다. 그리고 기말에 소모품이라는 자산이 ₩40,000만큼 남아 있으므로 이를 반영하기 위해 차변에 소모품 ₩40,000을 기재하여 자산의 증가를 표시하고, 대변에 소모품비 ₩40,000을 계상하여 비용의 감소를 표시하면 될 것이다.

〈소모품 취득시점: 20X1년 8월 1일〉

(차)	소 모 품 비	60,000	(대) 현 금	60,000

〈수정분개 : 20X1년 12월 31일〉

(차)	소 모 품	40,000	(대) 소 모 품 비	40,000

결과적으로 소모품을 기중에 자산으로 처리한 경우나 비용으로 처리한 경우 모두 수정분개를 통해, 최종적으로는 자산 ₩40,000, 비용 ₩20,000으로 재무제표에 보고되게 되어 동일한 결과를 가져오게 됨을 확인할 수 있다.

1.3 감가상각비에 대한 결산수정분개

감가상각이란 건물이나 기계장치 등 유형자산의 가치가 시간의 경과에 따라 지속적으로 감소하므로 이를 합리적인 기간으로 나누어 비용을 배분하는 과정을 의미한다.[4] 감가상각에 대한 회계처리 방법에는 감가상각액을 감가상각비라는 비용계정으로 차변에 기입하고 동시에 당해 자산 계정을 대변에 기입하여 직접 해당 자산의 가액을 감소시키는 직접법과 대변에 감가상각누계액을 설정하여 이후 해당 자산에서 차감하여 간접적으로 해당 자산의 가액을 감소시키는 간접법이 있다. 간접법을 사용하게 되면 해당 자산의 취득원가와 가치의 감소분 및 현재의 가치를 쉽게 파악할 수 있는 장점이 있으므로 일반적으로는 간접법을 사용하며, 이에 대한 분개 형식은 다음과 같다.

〈수정분개 : 기말 수정분개 시점〉

(차) 감 가 상 각 비	×××	(대) 감 가 상 각 누 계 액	×××

3장의 ㈜한국의 사례에서 건물에 대한 감가상각비가 20X1년에 ₩100,000이라고 가정해 보자. 이는 건물의 기말 가치가 취득원가 ₩800,000이 아닌 ₩700,000임을 의미하는 것으로 가치의 감소분만큼 감가상각비라는 비용으로 인식해야 한다.

〈수정분개 : 20X1년 12월 31일〉

(차) 감 가 상 각 비	100,000	(대) 감 가 상 각 누 계 액	100,000

한편 감가상각누계액은 대변계정이기 때문에 시산표 등에 기입할 때 대변에 위치하여야 한다. 하지만 이를 차변계정에 마이너스 형식으로 표시하는 것도 가능하다. 이는 감가상각누계액에 독립적인 계정이 아니라 결과적으로는 감가상각대상의 대상이 되는 자산의 취득원가에서 차감해 줄 계정이기 때문이다.

재무제표의 표시에 있어서도 감가상각누계액은 독립적으로 표시되지 않는다. 이는 감가상각 대상자산을 표시할 때 해당 자산이 취득원가에서 감가상각누계액을 차감한 순액으로 표시되기 때문이다. 다만 이와 관련된 사항들은 아래와 같이 주석으로 설명된다.

4) 감가상각비의 개념과 금액 산정 논리 등은 7장의 유형자산에서 자세하게 다루게 된다.

〈재무상태표에 표시〉

재무상태표

건　물	700,000*	

* 건물(₩700,000) = 취득원가(₩800,000) - 감가상각누계액(₩100,000)

예제 1

다음은 ㈜대한배송의 영업과 관련하여 기말에 파악된 사항들이다. 이를 통해 결산수정분개를 수행하시오. 기초 및 기중 자료는 3장 <예제 2>의 자료를 이용한다.

① 10월 1일 수취한 임대료수익 ₩36,000은 향후 2년간 받아야 할 금액을 미리 받은 것이다.
② 6월 1일 건물에 대해 지급한 보험료 ₩12,000은 향후 1년간 지불해야 할 금액을 미리 지급한 것이다.
③ 2월 1일 차입한 ₩200,000은 중 아직 상환하지 않은 원금 ₩100,000과 이에 대한 이자는 20X2년 1월 31일에 상환하여야 한다.
④ 20X1년 7월 1일 건물의 일부를 ㈜몽고에 1년간 임대하고 ₩24,000을 20X2년 6월 30일에 수령하기로 하였다.
⑤ 12월 31일 현재 11월 1일 구입한 소모품은 ₩20,000 남아있다.
⑥ 3월 1일 취득한 건물의 20X1년 감가상각비는 30,000이 발생하였다.

풀이

① (차) 임대료수익　31,500　(대) 선수임대료　31,500

$₩31,500 = ₩36,000 \times \frac{21}{24}$

② (차) 선급보험료　5,000　(대) 보　험　료　5,000

$₩5,000 = ₩12,000 \times \frac{5}{12}$

③ (차) 이자비용　4,167　(대) 미지급이자　4,167

남은 원금에 대한 이자지급 조건

$₩4,167 = ₩10,000 \times 10\% \times \frac{5}{12}$

④ (차) 미수임대료　12,000　(대) 임대료수익　12,000

$₩12,000 = ₩24,000 \times \frac{6}{12}$

⑤ (차) 소 모 품 비	30,000	(대) 소 모 품	30,000
⑥ (차) 감 가 상 각 비	30,000	(대) 감가상각누계액(건물)	30,000

2 6단계: 수정후시산표

2.1 수정전시산표의 수정

수정전시산표는 발생주의에 의한 재무제표를 정확히 작성하기 위한 결산수정분개가 반영되기 전의 시산표이다. 따라서 결산수정분개가 이루어진 후에는 수정전시산표에 수정분개의 결과를 반영하여 재작성 하여야 한다. 이를 수정후시산표라고 하며 최종적인 재무제표는 이를 바탕으로 작성된다. 수정후시산표는 수정전시산표의 계정들과 수정으로 새로이 등장한 계정들을 모두 모아 작성되며, 수정후시산표의 모든 계정의 차변과 대변 합계액이 일치하는가를 확인함으로써 자기검증기능을 발휘한다.

아래에서는 3장에서 작성된 수정전시산표를 바탕으로 4장 1절의 결산수정분개 사항을 반영하여 수정후시산표를 작성해 보기로 한다. 먼저 수정후시산표를 작성하기 위해서는 결산수정분개에서 새로이 등장한 계정들을 반영해야 한다. 그리고 이들의 수정분개 결과를 기존의 관련 계정 금액들에 가감하여 수정된 금액들을 기록한다.

수정전시산표

20×1년 12월 31일

㈜한국 (단위: 원)

차변잔액	차변합계	계정과목	대변합계	대변잔액
1,100,000	2,500,000	현 금	1,400,000	
800,000	800,000	건 물		
		차 입 금	500,000	500,000
		자 본 금	1,000,000	1,000,000
		매 출	1,000,000	1,000,000
600,000	600,000	급 여		
2,500,000	3,900,000		3,900,000	2,500,000

아래의 표는 ㈜한국의 수정전시산표에 결산수정분개사항을 반영하여 수정한 결과이다. 이 표에서 수정전시산표와 차이가 나는 부분들을 파란색으로 표시하였다. 재무제표 작성자는 수정후시산표의 대변과 차변의 합계 및 잔액이 일치함을 확인하여야 한다. 이 표에서 계정별 대변과 차변의 합계금액은 ₩4,829,000로, 잔액의 합계 금액은 ₩3,195,000로 일치함을 관찰할 수 있다.

수정후시산표

20×1년 12월 31일

㈜한국 (단위: 원)

차변잔액	차변합계	계정과목	대변합계	대변잔액
1,496,000	2,980,000	현금	1,484,000	
800,000	800,000	건물		
		감가상각누계액	100,000	100,000
60,000	60,000	미수임대료		
40,000	60,000	소모품	20,000	
14,000	24,000	선급보험료	10,000	
		차입금	500,000	500,000
		미지급이자	55,000	55,000
	120,000	선수임대료	480,000	360,000
		자본금	1,000,000	1,000,000
		매출	1,000,000	1,000,000
		임대료수익	180,000	180,000
600,000	600,000	급여		
55,000	55,000	이자비용		
10,000	10,000	보험료		
20,000	20,000	소모품비		
100,000	100,000	감가상각비		
3,195,000	4,829,000		4,829,000	3,195,000

2.2 정산표의 이용

앞서 설명한 바와 같이 기말의 회계처리과정은 수정전시산표에 수정분개를 반영하여 수정후시산표를 만들고 이를 다시 재무상태표와 포괄손익계산서에 반영하는 일련의 과정이다. 이와 같은 과정은 실제로는 매우 다양한 계정항목들에 걸쳐 수행되므로 작업 중에 오류가 발생할 가능성이 높다. 따라서 이러한 과정을 보다 간결하고 일목요연하게 정리할 수 있는 방법이 필요한데 이 때 자주 이용되는 것이 정산표(work sheet)이다. 정산표의 작성은 결산과정의 필수적인 절차는 아니나, 이를 통해 회계의 순환과정을 하나의 표로 정리할 수 있기 때문에 회계의 순환과정을 설명하는데 자주 등장한다. 일반적인 교과서에서 정산표에 대한 설명은 재무제표 작성부분에서 설명되기도 하는데, 정산표를 수정분개를 반영하는 단계부터 활용하면 보다 편리하게 작업을 진행할 수 있기 때문에 본서에서는 수정후시산표 작성 부분에 포함하였다.

정산표의 가장 왼쪽 축은 수정전시산표의 계정과목과 수정분개에서 새로 등장한 계정과목들로 구성된다. 그리고 다음 축에는 수정전시산표, 결산수정분개, 수정후시산표, 재무상태표, 포괄손익계산서 등 다섯 가지의 영역을 반영하고 이에 대해 각각 차변과 대변으로 나누어 해당 금액을 기입하도록 되어 있다. 다섯 가지 축을 모두 기록하는 것을 10위식 정산표라고 하고, 이 중에서 수정후시산표를 제외한 것을 8위식 정산표라고 한다. 재무상태표와 포괄손익계산서를 제외한 수정후시산표만을 기록하는 것을 6위식 정산표라고 한다. 이들 양식은 작성자의 편의에 의해 선택될 수 있으나 일반적으로는 8위식 정산표가 가장 많이 사용된다. 8위식 정산표의 형식은 다음과 같다. 한편, 각 축의 대변과 차변에는 해당 계정의 잔액을 기록한다.

정 산 표

20×1년 12월 31일

㈜○○ (단위: 원)

계정과목	수정전시산표		수정 분개		포괄손익계산서		재무상태표	
	차 변	대 변	차 변	대 변	차 변	대 변	차 변	대 변

다음은 앞의 예를 반영하여 ㈜한국의 정산표를 작성한 것이다. 이 표에서는 포괄손익계산서와 재무상태표의 차변과 대변 합계이 일치하도록 만드는 과정에서 당기순이익 ₩395,000을 산출할 수 있으며 것이며, 이 금액이 포괄손익계산서와 재무상태표에서 일치하는가를 확인함으로써 검증의 기능을 발휘할 수 있다.

정 산 표

20×1년 12월 31일

㈜한국 (단위: 원)

계정과목	수정전시산표		수정 분개		포괄손익계산서		재무상태표	
	차 변	대 변	차 변	대 변	차 변	대 변	차 변	대 변
현 금	1,100,000		480,000	84,000			1,496,000	
건 물	800,000						800,000	
감가상각누계액				100,000			(100,000)	
미수임대료			60,000				60,000	
소 모 품			60,000	20,000			40,000	
선급보험료			24,000	10,000			14,000	
차 입 금		500,000						500,000
미지급이자				55,000				55,000
선수임대료			120,000	480,000				360,000
자 본 금		1,000,000						1,000,000
매 출		1,000,000				1,000,000		
임대료수익				180,000		180,000		
급 여	600,000				600,000			
이자비용			55,000		55,000			
보 험 료			10,000		10,000			
소모품비			20,000		20,000			
감가상각비			100,000		100,000			
합 계	2,500,000	2,500,000	929,000	929,000	785,000	1,180,000	2,310,000	1,915,000
당기순이익					395,000			395,000
합 계					1,180,000	1,180,000	2,310,000	2,310,000

예제 2

3장의 <예제 4>와 4장의 <예제 1>의 결산수정분개 결과를 이용하여 8위식 정산표를 작성하시오.

풀이

정 산 표

㈜대한배송 20×1년 12월 31일 (단위 : 천원)

계정과목	잔액시산표		수정분개		포괄손익계산서		재무상태표	
	차변	대변	차변	대변	차변	대변	차변	대변
현금	526,000						526,000	
당좌예금	238,000						238,000	
선급보험료			5,000				5,000	
미수임대료			12,000				12,000	
건물	300,000						300,000	
감누액(건물)				30,000				30,000
비품	50,000						50,000	
소모품	50,000			30,000			20,000	
차입금		100,000						100,000
미지급금		50,000						50,000
선수임대료				31,500				31,500
미지급이자				4,167				4,167
자본금		500,000						500,000
매출		600,000				600,000		
임대료수익		36,000	31,500	12,000		16,500		
보험료	12,000			5,000	7,000			
이자비용	10,000		4,167		14,167			
급여	100,000				100,000			
소모품비			30,000		30,000			
감가상각비			30,000		30,000			
합계	1,286,000	1,286,000	112,667	112,667	181,167	616,500	1,151,000	715667
당기순이익					435,333			435,333
합계					616,500	616,500	1,151,000	1,151,000

3 7단계: 재무제표 작성

3.1 재무상태표의 작성

재무상태표는 재무제표일 현재의 자산 · 부채 · 자본의 내용을 기재하여 기업의 재무상태를 보여주는 재무제표이다. 이상의 단계에서 수행해 온 결과를 바탕으로 ㈜한국의 재무상태표를 보고식으로 나타내 보기로 한다. 본 예제에서는 20×1년이 개업 연도이고 배당금이 없기 때문에 당기순이익이 이익잉여금이 된다.

재무상태표

㈜한국	20×1년 12월 31일	(단위: 원)
자 산:		
현 금		1,496,000
미수임대료		60,000
선급보험료		14,000
소 모 품		40,000
건 물		700,000
자 산 총 계		2,310,000
부 채:		
차 입 금		500,000
미지급이자		55,000
선수임대료		360,000
부 채 총 계		915,000
자 본:		
자 본 금		1,000,000
이익잉여금		395,000
자 본 총 계		1,395,000
부채와 자본총계		2,310,000

예제 3

<예제 2>를 이용하여 보고식 재무상태표를 작성하시오.

풀이

재무상태표

㈜대한배송	20×1년 12월 31일 (단위: 원)
자 산:	
현 금	526,000
당 좌 예 금	238,000
선 급 보 험 료	5,000
미 수 임 대 료	12,000
건 물	270,000
비 품	50,000
소 모 품	20,000
자산총계	1,121,000
부 채:	
차 입 금	100,000
미 지 급 금	50,000
선 수 임 대 료	31,500
미 지 급 이 자	4,167
부채총계	185,667
자 본:	
자 본 금	500,000
이 익 잉 여 금	435,333
자본총계	935,333
부채와 자본총계	1,121,000

3.2 포괄손익계산서의 작성

포괄손익계산서는 한 회계기간에 발생한 모든 수익 · 비용을 기재하여 일정기간의 경영성과를 명백히 하기 위해서 작성되는 재무제표이다. 포괄손익계산서의 목적을 효과적으로 달성하기 위해서 수익과 비용을 발생 원인별로 구분하여 수익과 관련된 비용을 대응시켜 표시한다.

아래는 이상의 단계에서 수행해온 결과를 바탕으로 ㈜한국의 포괄손익계산서를 하나의 보고서 형태로 작성해 보기로 한다. 본 사례에서는 기타포괄손익에 해당하는 항목이 없으므로 다음과 같이 표시된다.

포괄손익계산서

20×1년 1월 1일 ~ 12월 31일

㈜한국 (단위: 원)

수익(매출액)	1,000,000
기타수익	180,000
급여	(600,000)
이자비용	(55,000)
보험료	(10,000)
소모품비	(20,000)
감가상각비	(100,000)
법인세비용차감전이익	395,000
법인세비용	0
당기순이익	395,000
기타포괄손익	0
총포괄이익	395,000

예제 4

<예제 2>를 이용하여 보고식 포괄손익계산서를 작성하시오.

풀이

포괄손익계산서

㈜대한배송 20×1년 1월 1일 ~ 12월 31일 (단위: 원)

수익(매출액)	600,000
기타수익	16,500
보험료	(7,000)
이자비용	(14,167)
급여	(100,000)
소모품비	(30,000)
감가상각비	(30,000)
법인세비용차감전이익	435,333

법 인 세 비 용	0
당 기 순 이 익	435,333
기 타 포 괄 손 익	0
총 포 괄 이 익	435,333

4 8단계: 장부의 마감

장부의 마감(closing the books)은 한 회계기간의 기록과 다음 회계기간의 기록을 구분하고 다음 회계기간의 기록을 준비하기 위한 과정으로 회계의 순환과정에서 가장 마지막에 이루어지는 작업이다.[5] 이는 크게 재무상태표 관련 계정의 마감과 포괄손익계산서 계정의 마감으로 나누어 살펴 볼 수 있다.

4.1 재무상태표 계정의 마감

재무상태표를 구성하는 계정들은 한 회계기간이 종료되더라도 그 잔액이 존재하며 이것이 차기로 이월되어 존속된다. 이러한 계정들을 영구계정(permanent account) 또는 실질계정이라고 부른다. 따라서 이러한 계정들의 마감은 분개없이 각 계정 내에서 이월기입의 형태로 수행된다. 재무상태표 계정의 마감을 위해서는 각 계정의 잔액이 있는 반대변에 차기이월이라는 계정명칭을 기재하고 잔액을 기입한다. 그러면 차변과 대변의 금액이 일치할 것이고 이 합계를 최종적으로 기재한다. 다음기의 첫 일자에 전기이월이라는 계정명칭을 기재하고 해당 계정의 전기말 차기이월 잔액을 기입한다.

5) 교과서에 따라서는 장부의 마감을 7단계에서 다루고 8단계에서 재무제표 작성을 다루기도 한다.

[재무상태표계정의 마감 절차]

자 산

	×××		×××
	×××	차기이월	×××
계	×××	계	×××
전기이월	×××		

부 채

	×××		×××
차기이월	×××		×××
계	×××	계	×××
		전기이월	×××

자 본

	×××		×××
차기이월	×××		×××
계	×××	계	×××
		전기이월	×××

다음은 ㈜한국의 재무상태표와 관련된 계정의 마감절차를 정리한 것이다.

현 금

1월 1일	500,000	3월 1일	300,000
2월 1일	100,000	8월 1일	110,000
5월 1일	400,000	9월 1일	100,000
10월 1일	36,000	차기이월	526,000
계	1,036,000	계	1,036,000
전기이월	526,000		

자 본 금

차기이월	500,000	1월 1일	500,000
계	500,000	계	500,000
		전기이월	500,000

당좌예금

2월 1일	100,000	6월 1일	12,000
12월 1일	200,000	11월 1일	50,000
		차기이월	238,000
계	300,000	계	300,000
전기이월	238,000		

차 입 금

8월 1일	100,000	2월 1일	200,000
차기이월	100,000		
계	200,000	계	200,000
		전기이월	100,000

매출채권

5월 1일	200,000	12월 1일	200,000
		차기이월	0
계	0	계	0
전기이월	0		

미지급금

차기이월	50,000	4월 1일	50,000
계	50,000	계	50,000
		전기이월	50,000

건 물

3월 1일	300,000	차기이월	300,000
계	300,000	계	300,000
전기이월	300,000		

감가상각누계액

차기이월	30,000	12월 31일	30,000
계	30,000	계	30,000
		전기이월	30,000

비 품

4월 1일	50,000	차기이월	50,000
계	50,000	계	50,000
전기이월	50,000		

선수임대료

차기이월	4,500	12월 31일	4,500
계	4,500	계	4,500
		전기이월	4,500

소모품

11월 1일	50,000	12월 31일	20,000
		차기이월	30,000
계	50,000	계	50,000
전기이월	30,000		

미지급이자

차기이월	4,167	12월 31일	4,167
계	4,167	계	4,167
		전기이월	4,167

선급보험료

12월 31일	5,000	차기이월	5,000
계	5,000	계	5,000
전기이월	5,000		

미수임대료

12월 31일	12,000	차기이월	12,000
계	12,000	계	12,000
전기이월	12,000		

4.2 포괄손익계산서 계정의 마감

수익과 비용계정은 한 회계연도 동안의 영업성과를 나타내는 정보이므로 다음 회계연도의 수익과 비용에 영향을 미치지 않도록 해야 한다. 이를 위해 한 회계연도가 끝나면 포괄손익계산서와 관련되는 계정의 잔액들은 모두 '0'으로 만들어져야 한다. 왜냐하면 이들 계정의 잔액이 재무상태표의 계정에서와 같이 차기로 이월되면 차기의 수익과 비용은 전기의 영향을 받게 되어 차기 당기순이익을 계산함에 있어 오류가 발생하기 때문이다.

이를 위해서 포괄손익계산서를 구성하는 모든 수익과 비용 잔액들을 임시적으로 대체하는 집합손익이라는 계정을 만든다. 비용계정의 차변잔액들을 대변에 옮겨 적고 차변에는 이에 대응하는 금액만큼을 집합손익계정으로 기입한다. 수익계정의 대변잔액들은 차변에 옮겨 적고 대변에는 이에 대응하는 금액만큼을 집합손익계정으로 기입한다. 이처럼 수익 · 비용계정과 집합손익 계정간의 대체 분개를 마감분개(closing entries)라고 한다. 집합손익 계정도 임시계정이므로 최종적으로는 '0'이 되어야 하는데 집합손익계정의 최종 잔액을 '0'으로 만들기 위해 당해 계정을 이익잉여금 계정과 대체한다. 이와 관련된 일련의 회계처리를 나타내면 다음과 같다.

〈포괄손익계산서 계정의 마감분개〉

(차)	집합손익	×××	(대)	제비용	×××
(차)	제수익	×××	(대)	집합손익	×××

〈제수익이 제비용보다 큰 경우: 당기순이익 발생〉

(차)	집합손익	×××	(대)	이익잉여금	×××

〈제수익이 제비용보다 작은 경우: 당기순손실 발생〉

(차)	이익잉여금	×××	(대)	집합손익	×××

㈜한국의 사례를 통해 이를 정리하자면 먼저 비용과 관련된 계정의 잔액들을 정리하여 대변에 기입하고, 이들의 합계에 해당하는 금액을 대변에 집합손익계정으로 기입하여 대체한다. 이러한 분개의 결과 비용의 잔액들은 모두 '0'이 될 것이며 대변에 집합손익 ₩785,000만 남게 될 것이다.

(차)	집합손익	785,000	(대)	급여	600,000
				이자비용	55,000
				보험료	10,000
				소모품비	20,000
				감가상각비	100,000

다음으로 수익과 관련된 계정의 잔액들을 정리하여 차변에 기입하고, 이들의 합계에 해당하는 금액을 차변에 집합손익계정으로 기입하여 대체한다. 이러한 분개의 결과 수익의 잔액들은 모두 '0'이 될 것이며 차변에 집합손익 ₩1,180,000만 남게 될 것이다.

(차)	매출	1,000,000	(대)	집합손익	1,180,000
	임대료수익	180,000			

마지막으로 집합손익계정도 임시계정이므로 이를 ‘0’으로 만들기 위해 재무상태표의 영구계정인 이익잉여금으로 대체하는 분개를 수행한다. 이 때 수익이 비용보다 크다면 집합손익계정이 차변에 위치할 것이고, 수익이 비용보다 작다면 집합손익계정이 대변에 위치할 것이다. 이러한 일련의 회계처리 결과 모든 수익과 비용의 잔액은 ‘0’이 될 것이며, 이 과정에서 당기의 재무상태표에 이입될 이익잉여금이 계산되게 된다. 이 이익잉여금은 전기의 이익잉여금 잔액과 합산되어 재무재표에 최종적으로 기입될 금액이 계산된다.

(차) 집 합 손 익	395,000	(대) 이 익 잉 여 금	395,000

예제 5

<예제 4>에서 포괄손익계산서계정에 대한 마감분개를 하시오.

풀 이

① 비용계정의 집합손익계정 대체

(차) 집 합 손 익	185,333	(대) 보 험 료	7,000
		이 자 비 용	18,333
		급 여	100,000
		소 모 품 비	30,000
		감 가 상 각 비	30,000

② 수익계정의 집합손익계정 대체

(차) 수 익(매출액)	600,000	(대) 집 합 손 익	616,500
기 타 수 익	16,500		

③ 이익의 자본계정 대체

(차) 집 합 손 익	431,167	(대) 이 익 잉 여 금	431,167

Chapter 4 연습문제

1 기말 결산시점에 수정분개(adjusting entries)가 필요한 이유를 설명하시오.

2 발생과 이연에 대해 각각 2줄 이내로 설명하고, 이와 관련된 계정과목들의 예를 2가지씩 들어 설명하시오.

3 다음의 결산정리사항에 대한 수정분개를 수행하시오.

(1) 차입금에 대한 이자가 ₩500,000 발생했으나 기중에 이를 처리하지 않았다.
(2) 사무실을 임대하고 6개월이 경과해 ₩600,000의 임대료 수익이 발생했으나, 기중회계처리에서 이를 반영하지 않고 있다.
(3) 건물에 대한 감가상각비가 ₩200,000 발생했다.
(4) 기중에 소모품을 구입하고 자산으로 ₩100,000 계상하였으나 기말에 ₩50,000만큼만 남아있었다.
(5) 기중에 대여금에 대한 이자로 ₩300,000을 수취하고 전액 이자수익으로 처리했으나, 기말에 이에 대한 기간 미경과분이 ₩100,000 존재함을 발견하였다.
(6) 기중에 선박에 대한 보험료 ₩600,000을 지급하고 이를 전액 비용으로 처리하였으나, 기말에 이에 대한 기간 미경과분이 ₩200,000 존재함을 발견하였다.

4 다음은 ㈜동해컨설팅의 수정전시산표 잔액과 기말정리사항이다.

<수정전시산표 잔액>

계정	금액	계정	금액
현 금	150,000	자 본 금	200,000
매 출 채 권	50,000	차 입 금	100,000
건 물	300,000	미 지 급 금	50,000
소 모 품	100,000	임 대 료 수 익	24,000
이 자 비 용	12,000	이 자 수 익	36,000
보 험 료	24,000	매 출	226,000

<기말정리사항>

(1) 건물에 대한 당기 감가상각비는 ₩50,000이다.
(2) 차입금에 대한 당기분 이자 발생액은 ₩50,000이다.
(3) 임대료 수익 중 ₩12,000은 기간 미경과분이다.
(4) 소모품 미사용액은 ₩40,000이다.
(5) 보험료의 기간 미경과액은 ₩6,000이다.
(6) 급여에 대한 미지급액이 ₩50,000 존재한다.

(물음 1) 위의 사항들을 검토하여 결산수정분개를 수행하시오.

(물음 2) (물음 1)의 사항을 바탕으로 수정후시산표를 작성하시오.

5 다음은 ㈜남해항공의 20×1년 재무상태와 경영성과에 대한 자료들이다.

(기초 재무상태)			
현금	300,000	건물	500,000
항공기	700,000	비품	200,000
차입금	600,000	미지급금	800,000
(기말 재무상태)			
현금	800,000	건물	450,000
항공기	600,000	비품	100,000
차입금	400,000	미지급금	700,000
(당기 경영성과)			
급여	850,000	감가상각비	150,000
이자비용	200,000	매출액	1,000,000
수수료수익	(　　)	임차료	200,000

(물음 1) 이 자료를 바탕으로 수수료 수익을 구하고 재무상태표, 포괄손익계산서를 작성하시오. 단, 배당과 증자 및 감자 등으로 인한 자본의 변동은 없다고 가정한다.

(물음 2) 포괄손익계산서 계정에 대한 장부마감 분개를 수행하시오.

6 다음은 20×1년 영업을 개시한 ㈜서해운송의 20×1년 기중의 거래를 정리한 수정전시산표이다. 기말정리사항을 참조하여 다음의 물음에 답하시오.

차변		계정과목	대변	
잔액	합계		합계	잔액
140,000	290,000	현금	150,000	
210,000	300,000	매출채권	90,000	
500,000	500,000	건물		
50,000	50,000	선급보험료		
	130,000	차입금	190,000	60,000
	300,000	미지급금	400,000	100,000
		자본금	200,000	200,000
		매출액	600,000	600,000
10,000	10,000	이자비용		
50,000	50,000	소모품비		
960,000	1,630,000	합계	1,630,000	960,000

<기말정리사항>

(1) 건물에 대한 감가상각비가 ₩200,000 발생하였다.

(2) 당기에 비용처리 한 소모품이 ₩20,000만 소비되었다.

(3) 당기에 건물 임대에 따른 임대료가 ₩24,000 발생하였다.

(4) 당기에 차입금에 대한 이자가 ₩60,000 발생했으나, 기중에 ₩10,000만 현금으로 지급했으며 이에 대해서만 비용처리 하였다.

(5) 건물에 대한 보험료 ₩50,000을 지급하고 이를 자산처리 하였는데 당기에 보험기간의 절반이 경과하였다.

(물음 1) 이상의 사항들에 대해 결산수정분개를 수행하시오.

(물음 2) 수정분개를 반영한 수정후시산표를 작성하시오.

(물음 3) 이를 바탕으로 20×1년 기말 재무상태표 및 포괄손익계산서를 작성하시오.

(물음 4) 손익계산서 계정들에 대해서 마감분개를 수행하시오.

7 ㈜동해택배는 20×1년 기말에 다음과 같은 사항을 인식하였으며, 수정사항을 반영하기 전의 시산표는 정산표에 제시된 것과 같다. 다음의 사항들을 읽고 아래의 물음에 답하라. 단, 전기까지 발생한 ㈜동해택배의 이익잉여금은 없었다.

- 건물에 대한 당기의 감가상각비 150,000원이 발생했다.
- 보험료 중에서 40,000원은 기간미경과분이다.
- 당기 결산일까지 차입금에 대한 이자가 총 90,000원이 발생하였다.
- 소모품 중에서 기말 미사용액은 20,000원이다

정 산 표

20×1년 12월 31일

㈜동해택배 (단위: 원)

계정과목	수정전시산표		수정분개		포괄손익계산서		재무상태표	
	차변	대변	차변	대변	차변	대변	차변	대변
현금	1,300,000							
건물	1,200,000							
감누액(건물)		200,000						
선급보험료								
소모품	100,000							
차입금		500,000						
미지급이자								
자본금		1,000,000						
매출		1,000,000						
소모품비								
이자비용	40,000							
감가상각비								
보험료	60,000							
당기순이익								
합계금액	2,700,000	2,700,000						

(물음 1) 이상의 사항들에 대해 결산수정분개를 수행하시오.

(물음 2) 수정분개를 반영하여 위의 정산표를 완성하시오.

(물음 3) 이를 바탕으로 20×1년 기말 재무상태표 및 포괄손익계산서를 작성하시오.

(물음 4) 손익계산서 계정들에 대해서 마감분개를 수행하시오.

Chapter 5

상품매매기업의 회계처리

Chapter 5 상품매매기업의 회계처리

1 상품매매기업 거래의 특징과 상품계정의 분할

1.1 상품매매기업 거래의 특징

기업은 주된 영업활동이 무엇인가에 따라 용역제공기업, 상품매매기업, 제조기업 등으로 분류된다. 용역제공기업은 회계법인이나 법무법인, 병원 등 용역의 제공을 주된 영업의 목적으로 하는 기업들을 의미한다. 상품매매기업은 백화점, 할인점, 편의점 등 상품의 판매를 주된 영업의 대상으로 삼는 기업들을 의미한다. 마지막으로 제조기업이라 함은 원재료·부품 등을 가공하여 완제품을 생산하고 이를 판매하는 기업들을 의미한다.[1)]

대부분의 재무회계 교과서들은 이러한 기업들 중에서 상품매매기업의 회계처리에 대해서 주로 다루고 있다. 이는 용역제공기업의 회계처리는 상품매매기업의 회계처리에서 상품과 관련된 계정을 제외하면 실질적으로 동일한 회계처리로 구성되고, 제조기업의 회계처리를 위해서는 제품의 생산과 관련된 제품의 원가를 계산하여야 하는데 이는 원가회계(cost accounting)의 영역에서 주로 다루어지기 때문이다. 따라서 재무회계에서 다루어지는 기업은 특별한 언급이 없는 한 상품매매기업에 대한 것이며, 이는 이후 본서에서도 동일하다.

상품매매기업의 가장 큰 특징은 상품의 매매를 영업의 주된 목적으로 하기 때문에 상품의 거래가 빈번하고 수익을 결정하는데 있어 상품의 매매 거래가 매우 중요한 비중을 차지한다는 점이다. 이는 상품매매기업에 있어서 회계정보가 상품매매에 대한 정보를 보다 상세하고 정확하게 제공해야할 필요가 있음을 의미하는 것이다. 이로 인해 상품매매기업의 회계처리는 용역제공기업에 비해 몇 가지 특별한 구성요소를 가지고 있다.

---

1) 동일한 판매의 대상이라도 상품매매기업이 판매하는 것은 상품이라고 부르고, 제조기업이 생산하여 판매하는 것은 제품이라고 부른다.

그렇다면 상품의 매매는 기업이 보유하고 있는 자산의 매각이라는 측면에서 일반적인 유형자산의 처분과도 유사한 면이 많음에도 이를 왜 특별히 처리해야 하는가에 대한 의문이 생길 수 있다. 이는 회계가 제공하는 정보의 유용성과 관련이 있다. 일반적인 유형자산의 처분은 회사의 주된 영업활동이 아니므로 발생빈도가 낮고 이에 대해 총액 개념으로 수익과 비용 및 이에 따른 이익에 대한 정보를 제공하는 것이 큰 의미를 갖지 않는다. 그러나 상품매매기업의 경우 상품의 매매에 대한 정보는 기업의 재무성과를 보고하는데 있어 매우 중요하고 큰 비중을 차지하는 것이기 때문에 이를 총액으로 인식하여 처리할 필요가 있다. 즉, 단지 상품의 매매를 통해 얻은 이익에 대한 순액정보만으로는 정보의 유용성이 부족하고 매출로 인한 수익과 매출에 소요된 비용, 그리고 이 과정에서 얻게 된 이익을 구분해서 보고해야 기업의 수익성과 관련된 여러 가지 분석을 가능하게 해서 정보의 유용성을 높일 수 있는 것이다.

예를 들어 ㈜한국상사가 20X1년 5월 1일 토지를 ₩100,000에 취득하고 이를 20X1년 8월 1일에 ₩200,000에 처분하였다고 가정해 보자.[2] 이러한 거래의 회계처리는 다음과 같이 수행될 수 있을 것이다.

〈토지 취득시점: 20X1년 5월 1일〉

(차)	토 지	100,000	(대)	현 금	100,000

〈토지 판매시점: 20X1년 8월 1일〉

(차)	현 금	200,000	(대)	토 지	100,000
				유형자산처분이익	100,000

이러한 회계처리를 통해 기말에 재무제표로 보고되는 사항은 재무상태표에 현금이라는 자산 ₩100,000의 증가와 포괄손익계산서에 유형자산처분이익이라는 수익 ₩100,000이 전부일 것이다. 이 정보를 통해 정보이용자는 판매된 유형자산이 무엇인지 그 자산의 취득원가와 판매가는 얼마였는지에 대한 정보를 얻을 수가 없다. 즉 유형자산처분이익이라는 순액 성격의 이익에 대한 정보만을 알 수 있을 뿐 그와 관련된 수익과 비용에 대한 정보는 알 수가 없는 것이다. 이는 유형자산의 처분이라는 일시적이고 비반복적인 활

2) 토지를 예로 든 것은 감가상각 등 보유에 따른 가치의 감소를 배제하기 위한 것이다.

동에 대해서는 큰 문제가 없을 수 있으나, 상품의 매매를 주업으로 삼는 기업에게 있어서는 정보의 유용성을 크게 저하시키는 회계처리인 것이다.

1.2 상품계정의 분할

그렇다면 상품의 매매를 기록함에 있어서 매출로 인한 이익에 대한 정보뿐만 아니라 매출액과 매출원가까지도 효율적으로 집계되도록 만들 수 있는 방법은 무엇일까? 이는 상품이라는 재고자산 계정을 몇 가지로 분할함으로써 가능하다. 상품과 관련된 사건은 상품을 매입하는 매입활동, 판매하는 매출활동, 판매되지 않고 남아있는 재고상품 등에 대한 것으로 나누어 생각해 볼 수 있다. 이러한 활동을 구분하여 회계처리하기 위하여 상품계정을 매입계정, 매출계정, 상품계정으로 나누어 인식할 수 있다. 여기서 매입계정은 당기의 상품 매입액을 표현하기 위해, 매출은 당기의 상품 판매액을 기록하기 위해, 상품계정은 기초와 기말의 상품 재고액을 표현하기 위해 사용되는 것이다. 이와 같은 상황에서 상품계정을 매출계정과 상품계정의 두 가지로 분할하여 회계처리 하는 방법을 2분법이라고 하며, 상품계정을 매입계정, 매출계정, 상품계정의 세 가지 계정으로 분할하여 회계처리 하는 방법을 3분법이라고 한다. 2분법과 3분법은 재무제표에 최종적으로 보고되는 정보는 같지만 상품을 당기에 매입한 것과 전기에 매입한 것으로 나누어 인식할 것인가 말 것인가라는 측면에서 차이가 있다.

7장에서 자세히 설명이 되겠지만 기초재고에 당기 매입을 더한 것을 판매가능재고라고 하는데 이를 매출원가(cost of goods sold)와 기말재고로 배분하는 방법에 있어서 계속기록법과 실지재고조사법이 있다. 여기에서 매출원가는 회계기간 중에 판매된 상품의 취득원가를 의미한다. 계속기록법은 판매된 수량을 먼저 계산하고 이를 판매가능재고에서 차감하여 기말재고를 계산하는 방식인 반면 실지재고조사법은 결산일에 창고에 존재하는 기말재고자산(미판매분)의 수량을 실제로 조사하고 이렇게 파악된 기말재고자산의 수량을 판매가능재고수량에서 차감하여 당기판매수량을 역으로 산출하는 방식이다. 계속기록법 하에서는 판매수량에 관한 정보가 판매 될 때마다 확인되므로 판매시점에 매출원가를 인식하며, 실지재고조사법에서는 판매수량에 관한 정보가 기말에 창고의 수량을 실제 측정함으로써 확인되므로 기말에 가서 매출원가를 계산한다. 이하에서는 2분법을 이용한 계속기록법과 3분법을 이용한 실지재고조사법을 통해 상품매매기업의 회계처리에 대해 살펴보기로 한다.[3)]

㈜한국상사는 20X1년 기초 상품재고액 ₩500,000을 가지고 있었으며 상품의 매매와 관련하여 20X1년 5월 1일 ₩1,000,000에 상품을 외상으로 매입하였고, 20X1년 8월 1일 원가 ₩900,000의 상품을 ₩1,500,000에 외상으로 판매하였다고 가정해 보자. 기말 상품의 재고액은 ₩600,000인 것으로 파악되었다고 하자. 이를 바탕으로 회계처리를 수행하여 보자.

먼저 상품계정을 분할하지 않는 경우를 살펴보자. 이 경우 회계처리는 아래에서와 같을 것이며 이를 통해 최종적으로 포괄손익계산서에는 상품의 매매와 관련하여 상품매출이익 ₩600,000만이 보고될 것이다. 이는 앞서 설명한 바와 같이 수익과 비용에 대한 정보를 제공하지 못해 상품매매기업의 회계처리 방법으로는 적절하지 않다.

〈상품 매입시점: 20X1년 5월 1일〉

(차)	상 품	1,000,000	(대)	매 입 채 무	1,000,000

〈상품 매출시점: 20X1년 8월 1일〉

(차)	매 출 채 권	1,500,000	(대)	상 품	900,000
				상 품 매 출 이 익	600,000

다음으로 상품계정을 상품과 매출계정으로 나누어 회계처리를 하는 2분법의 경우를 살펴보자. 2분법은 주로 계속기록법 하의 회계처리에서 사용된다. 이 경우 기중의 회계처리는 다음과 같을 것이며, 매출원가가 기중에 파악되었으므로 이를 계산하기 위한 결산수정분개는 필요하지 않다. 회계처리결과 포괄손익계산서에는 매출 ₩1,500,000과 매출원가 ₩900,000, 그리고 이로 인한 매출총이익 ₩600,000이 보고될 것이다. 이는 이전의 회계처리와 비교하여 매출(수익)과 매출에 대한 원가(비용) 그리고 이로 인한 이익 등 상품매매기업의 영업에 관련된 정보를 보다 상세히 보고함으로써 정보이용자에게 유용한 정보를 제공함을 관찰할 수 있다.

---

3) 2분법에 의한 실지재고조사법이나 3분법에 의한 계속기록법도 상정할 수 있지만 논의의 실익이 크지 않아 실무에서 많이 다루어지는 대표적인 두 방법을 통해 상품매매기업의 회계처리에 대해 정리하기로 한다.

〈상품 매입시점: 20X1년 5월 1일〉

	차변	금액		대변	금액
(차)	상품	1,000,000	(대)	매입채무	1,000,000

〈상품 매출시점: 20X1년 8월 1일〉

	차변	금액		대변	금액
(차)	매출채권	1,500,000	(대)	매출	1,500,000
	매출원가	900,000		상품	900,000

마지막으로 상품계정을 상품, 매출, 매입 계정으로 나누어 회계처리를 하는 경우를 생각해 보자. 3분법은 주로 실지재고조사법 하의 회계처리에서 사용된다. 실지재고조사법에서는 기중 상품의 매출시점에 매출원가를 인식하지 않기 때문에 기말에 매출원가를 추정하기 위한 수정분개를 수행한다. 이와 관련된 일련의 회계처리는 다음과 같을 것이다. 이를 통해 최종적으로 포괄손익계산서에는 매출 ₩1,500,000과 매출원가 ₩900,000, 그리고 이로 인한 매출총이익 ₩600,000이 보고될 것이며 이는 2분법의 회계처리와 동일한 결과이다.

〈상품 매입시점: 20X1년 5월 1일〉

	차변	금액		대변	금액
(차)	매입	1,000,000	(대)	매입채무	1,000,000

〈상품 매출시점: 20X1년 8월 1일〉

	차변	금액		대변	금액
(차)	매출채권	1,500,000	(대)	매출	1,500,000

〈결산수정분개: 20X1년 12월 31일〉

	차변	금액		대변	금액
(차)	매출원가	500,000	(대)	상품	500,000
	매출원가	1,000,000		매입	1,000,000
	상품	600,000		매출원가	600,000

예제 1

㈜대한상사의 다음 거래를 2분법을 통한 계속기록법과 3분법을 이용한 실지재고조사법을 이용하여 일련의 회계처리를 수행하라.

① 기초 상품재고액은 ₩50,000이다.
② 당기에 상품 ₩800,000을 외상 매입하였다.
③ 당기에 ㈜중국에 상품 ₩900,000을 외상매출 하였으며, 이 상품의 원가는 ₩600,000이었다.
④ 기말 상품재고액은 ₩250,000이다.

풀이

<2분법을 이용한 계속기록법>

상품구입시

(차)	상품	800,000	(대)	매입채무	800,000

상품판매시

(차)	매출채권	900,000	(대)	매출	900,000
	매출원가	600,000		상품	600,000

결산수정분개시

(분개 없음)

<3분법을 이용한 실지재고조사법>

상품구입시

(차)	매입	800,000	(대)	매입채무	800,000

상품판매시

(차)	매출채권	900,000	(대)	매출	900,000

결산수정분개시

(차)	매출원가	50,000	(대)	상품	50,000
(차)	매출원가	800,000	(대)	매입	800,000
(차)	상품	250,000	(대)	매출원가	250,000

2 매출총이익과 보고의 형식

2.1 매출총이익

상품의 매출로 인해 생성된 이익을 매출총이익이라고 부른다. 매출과 관련된 이익은 매출액에서 매출원가를 차감하여 계산하며 매출액이 매출원가보다 클 때 매출총이익이 발생하고, 작을 때는 매출총손실이 발생한다.

매출총손익 = 매출액 - 매출원가

(1) 매출액

상품매매기업의 매출액은 회계기간 중에 판매된 상품가격의 총계를 통해 산출된다. 여기에 판매된 상품에 파손이나 결함 등의 원인이 있어 가격을 할인해 준 매출에누리(sales allowances), 파손·결함 등이 있어 판매된 상품을 반환해 주는 매출환입(sales returns)을 차감한다. 매출할인(sales discount)은 상품을 구입한 거래처가 매매대금을 조기에 지급하는 경우 가격을 할인하여 주는 것을 의미하는데 이도 역시 매출액에서 차감해야 할 항목이다.[4] 결과적으로 상품매매기업의 회계처리에 있어서 매출액은 회계기간 중의 총매출액에서 매출에누리, 매출환입, 매출할인을 제외한 순액이 되는 것이다.

매출액 = 총매출액 - 매출에누리 - 매출환입 - 매출할인

앞서 ㈜한국상사가 계상한 매출액 ₩1,500,000과 관련하여 다음의 사실이 추가로 발생했다고 하자. 매출된 상품 중 일부에 품질의 하자가 있어 ₩50,000만큼 할인을 해주었고, 파손으로 인해 ₩80,000만큼 반품되었다. 외상매출금 중에서 ₩500,000이 조기결제됨에 따라 ₩25,000을 깎아 주었다고 하자. 나머지 매출채권 ₩870,000은 정상적으로 수취하기로 한 날짜에 현금으로 수령했다고 하자. 이와 관련된 일련의 기중회계처리는 다음과 같을 것이다.

4) 매출할인이나 매입할인을 회계처리하는 방법에는 총액법과 순액법이 있으며, 본서에서는 설명의 편의를 위해 총액법을 적용하여 회계처리하기로 한다.

(차)	매출채권	1,500,000	(대)	매출	1,500,000
(차)	매출에누리	50,000	(대)	매출채권	50,000
(차)	매출환입	80,000	(대)	매출채권	80,000
(차)	현금	475,000	(대)	매출채권	500,000
	매출할인	25,000			
(차)	현금	870,000	(대)	매출채권	870,000

위의 분개를 수행하면 기말에 매출과 관련하여 매출액과 매출에누리, 매출환입, 매출할인 등의 계정이 발생하게 된다. 이를 모두 재무상태표에 반영해 순매출액을 구하는 것은 번거로운 일이므로 일반적으로 결산수정분개를 통해 순매출액을 구한다. 이에 관련된 기말의 회계처리는 다음과 같이 수행하면 될 것이다.

(차)	매출	155,000	(대)	매출에누리	50,000
				매출환입	80,000
				매출할인	25,000

위의 수정분개를 통해서 재무상태표에 보고되는 매출액은 총매출액 ₩1,500,000에서 매출에누리, 매출환입, 매출할인 등의 합계인 ₩155,000을 차감한 ₩1,345,000이 될 것이다. 이러한 일련의 회계처리 과정을 관찰하면 기중 회계처리 시점에서 매출에누리, 매출환입, 매출할인 등이 발생했을 때 이들 계정대신 매출계정을 사용해도 동일한 결과를 얻을 수 있음을 알 수 있다. 그러나 이 경우 매출에누리나 환입 등에 대한 정보를 집계할 수 없게 되는 단점이 있다.[5)]

(2) 매출원가

매출원가를 산정하는 방법에 대해서는 1절에서 살펴본 바와 같이 계속기록법과 실지재고조사법이 있다. 계속기록법에서 매출원가는 매출이 발생할 때마다 추적하여 반영하

5) 매출에누리나 환입 등에 대한 정보는 품질과 관련하여 외부 실패원가에 대한 정보 등을 제공함으로써 관리적인 측면에서 유용하게 쓰일 수 있다.

고, 실지재고조사법에서 매출원가는 기초상품재고액에 당기상품매입액을 더한 판매가능 상품 재고액에서 기말상품재고액을 차감하여 계산된다. 따라서 이 부분에 대한 결산수정 분개가 필요함을 살펴보았다.

매출원가 = 기초상품재고액 + 당기상품매입액 - 기말상품재고액

실지재고조사법에 의해 위의 식에서처럼 매출원가를 산정하기 위해서는 기초상품재고액과 당기상품매입액, 기말상품재고액에 대한 정보를 알아야 할 것이다. 이 중에서 기초상품재고액과 기말상품재고액은 실지 재고조사 업무를 통해 그 금액이 제시될 것이므로, 회계적으로는 당기상품매입액에 대한 산정을 하여야 할 것이다. 여기에서 당기상품매입액은 당기총매입액에서 매입한 상품의 파손·결함 등의 사유로 할인받은 매입에누리(purchase allowances), 파손·결함 등의 사유로 반환한 매입환출(purchase returns), 상품매입 대금의 조기 결제로 인한 매입할인(purchase discount) 등을 차감한 순액으로 계산된다.

매입액 = 총매입액 - 매입에누리 - 매입환출 - 매입할인

㈜한국상사는 20×1년 매입과 관련하여 다음의 사실이 추가로 발생했다고 하자. 매입상품 중에서 일부에 품질의 하자가 있어 ₩50,000만큼 할인을 받았고, 파손으로 인해 ₩64,000만큼 반품하였다. 외상매입금 중에서 ₩400,000을 조기 결제함에 따라 매입처에서 ₩20,000을 깎아 주었으며 나머지 금액 ₩486,000은 정상적인 일자에 결제되었다고 하자. 이와 관련된 일련의 기중회계처리는 다음과 같이 수행될 수 있을 것이다.

(차)	매입	1,000,000	(대) 매입채무	1,000,000
(차)	매입채무	50,000	(대) 매입에누리	50,000
(차)	매입채무	64,000	(대) 매입환출	64,000
(차)	매입채무	400,000	(대) 현금	380,000
			매입할인	20,000
(차)	매입채무	486,000	(대) 현금	486,000

위의 분개를 수행하면 기말에 매입과 관련하여 매입액과 매입에누리, 매입환출, 매입할인 등의 계정이 발생하게 될 것이다. 이들을 모두 재무상태표에 반영해 순매입액을 구하는 것은 번거로운 일이므로 일반적으로 결산수정분개를 통해 순매입액을 구한다. 이에 관련된 기말의 회계처리는 다음과 같이 수행하면 될 것이다.

(차)	매 입 에 누 리	50,000	(대)	매 입	134,000
	매 입 환 입	64,000			
	매 입 할 인	20,000			

위의 수정분개를 통해서 매입액은 총매입액 ₩1,000,000에서 매출에누리, 매출환입, 매출할인 등의 합계인 ₩134,000을 차감한 ₩866,000이 될 것이다. 이러한 일련의 회계처리 과정을 관찰하면 매출에서와 마찬가지로 기중 회계처리 시점에서 매입에누리, 매입환출, 매입할인 등이 발생했을 때 이들 계정 대신 매입계정을 사용해 직접 차감해도 동일한 결과를 얻을 수 있음을 알 수 있다. 그러나 이 경우 매입에누리나 환출 등에 대한 정보를 집계할 수 없게 되는 단점이 있다.[6)]

예제 2

다음의 사항들을 읽고 ㈜대한상사의 상품매매와 관련된 일련의 회계처리를 수행하라. 단, 상품매매와 관련해서는 3분법에 의한 실사법을 적용한다.

① 1/ 1 : 기초상품재고는 개당 ₩10,000의 상품 5개가 있다.
② 2/ 5 : 상품 80개를 개당 ₩10,000에 외상 매입하였다.
③ 3/ 1 : 당기 매입상품에 불량품이 있어 ₩10,000을 깎아 주었다.
④ 4/ 6 : 상품 60개를 개당 ₩15,000에 외상 매출하였다.
⑤ 5/ 7 : 판매한 상품에 하자가 있어 ₩20,000을 깎아 주었다.
⑥ 12/31 : 기말상품재고는 개당 ₩10,000의 상품 25개가 있다.

6) 매입에누리나 환출 등에 대한 정보는 거래처에 대한 품질과 관련된 정보를 제공함으로써 비부가치 활동에 대한 분석을 가능하게 하여 관리적인 측면에서 유용하게 쓰일 수 있다.

풀이

<기중의 회계처리>

2/ 5	(차)	매입	800,000	(대)	매입채무	800,000
3/ 1	(차)	매입채무	10,000	(대)	매입에누리	10,000
4/ 6	(차)	매출채권	900,000	(대)	매출	900,000
5/ 7	(차)	매출에누리	20,000	(대)	매출채권	20,000

<기말의 회계처리>

12/31	(차)	매입에누리	10,000	(대)	매입	10,000
12/31	(차)	매출	20,000	(대)	매출에누리	20,000
12/31	(차)	매출원가	50,000	(대)	상품	50,000
	(차)	매출원가	790,000	(대)	매입	790,000
	(차)	상품	250,000	(대)	매출원가	250,000

2.2 보고의 형식

국제회계기준에서는 포괄손익계산서를 표시함에 있어서 성격별표시방법(classification by nature)과 기능별표시방법(classification by function) 중에서 선택할 수 있도록 하였다. 성격별표시방법은 기업이 지출하는 비용을 회계처리에서 제시된 성격별로 그대로 집계하여 보고하는 방법이다. 예를 들어, 종업원에 대한 급여, 감가상각비 등 분개에서 사용된 비용들을 계정별로 집계하여 보고하는 것이다. 이 방법에 있어서 매출원가와 관련하여 주목할 점은 상품의 매출과 관련된 매출원가를 보고함에 있어서도 기중의 분개를 통해 얻어진 정보인 상품의 변동과 상품에 대한 매입액을 통해 간접적으로 매출원가 정보를 제공한다는 점이다. 이는 매출원가가 기초 상품 재고액에 당기 매입액을 더하고 기말 상품 재고액을 차감하여 산출되는 구조를 이용하여 매출원가를 간접적으로 제시함을 의미하는 것이다.

기능별표시방법은 비용을 집계함에 있어서 기업의 활동을 기준으로 분류하여 제시하는 방법이다. 예를 들어, 비용을 마케팅 활동과 관련된 비용, 일반관리 활동과 관련된 비용, 물류 활동과 관련된 비용 등으로 분류하여 보고하는 것이다. 이 방법에서는 매출원가를 직접적으로 제시한다. 이와 같은 비용의 분류는 정보의 이용자에게 기업의 활동과 이에 따른 비용을 제시함으로써 보다 목적적합한 정보를 제공할 가능성이 높다. 그러나 이는 기업의 입장에서 비용의 재분류를 위한 비용 등이 발생하고 분류과정에서 자의성이 개입될 수 있는 단점이 존재한다.

㈜한국상사의 20×1년 이자비용을 제외한 비용과 관련된 자료가 다음과 같다고 해보자.[7] 이 표를 통해 보면 어떤 방법을 적용하든 최종적으로 집계되는 비용은 ₩730,000으로 동일하나 이를 세부적으로 구성하는 항목에만 차이가 있음을 알 수 있다.

	판매활동	일반관리활동	물류활동	기타 활동	합 계
급 여	200,000	200,000	100,000	100,000	600,000
감가상각비	30,000	40,000	20,000	10,000	100,000
기타 비용	5,000	10,000	5,000	10,000	30,000
합 계	235,000	250,000	125,000	120,000	730,000

먼저 이 자료를 통해 성격별표시방법의 포괄손익계산서를 작성하면 다음과 같다. 매출과 관련해 ㈜한국상사는 상품매매가 주된 영업이므로 상품판매를 통한 매출액과 주된 영업이 아닌 활동으로부터의 수익을 구분하여 표시한다. 앞의 예제로부터 매출액은 ₩1,345,000이므로 이를 기록하고, 주된 영업이 아닌 활동으로부터 발생한 수익은 없으므로 이를 기록하지 않는다. 다음으로 매출원가와 관련하여 상품의 변동과 상품의 매입을 차감한다. 여기에서 상품의 변동과 관련하여 상품의 증가는 매출원가를 감소시키는 역할을 한다. 즉, 당기 매입분 ₩866,000 중에서 상품의 재고가 증가하였다는 것은 매출원가로 계상되어야 할 금액이 ₩866,000이 아니라 재고의 증가로 분류된 ₩100,000을 제외한 매입분 ₩766,000임을 의미한다. 그 외의 비용들은 분개시 발생했던 항목들을 반영하면 될 것이다. 이러한 과정을 거쳐 ㈜한국상사의 수익에서 비용을 차감하면 법인세비용차감전손익이 산출된다. 당기순손익은 여기에 법인세를 반영하여 계산된다. 여기에 기타포괄손익을 반영하여 최종적으로 총포괄손익을 산출한다.

7) 국제회계기준은 이자비용에 대해서는 별도로 보고하도록 하고 있다.

포괄손익계산서(성격별표시방법)
20×1년 1월 1일 ~ 12월 31일

㈜한국상사	(단위: 원)
수 익(매출액)	1,345,000
기 타 수 익	0
상 품 의 변 동	100,000
상 품 의 매 입	(866,000)
급 여	(600,000)
이 자 비 용	(55,000)
보 험 료	(10,000)
소 모 품 비	(20,000)
감 가 상 각 비	(100,000)
법인세비용차감전손익	(206,000)
법 인 세 비 용	0
당 기 순 손 익	(206,000)
기 타 포 괄 손 익	0
총 포 괄 손 익	(206,000)

다음으로 기능별표시방법에 의한 포괄손익계산서를 작성해 보기로 한다. 기능별 분류에 의한 비용은 아래의 양식과 같으며 중요한 것은 매출원가와 관련된 것으로, 기능별 분류방법에서는 매출원가가 직접적으로 집계된다. 즉, 본 사례에서 관찰할 수 있듯이 기능별표시방법에 의한 포괄손익계산서에서는 매출원가가 ₩766,000으로 명시적으로 드러나게 하는 반면, 성격별표시방법에 의한 포괄손익계산서에서는 매출원가가 상품의 증감 ₩100,000에서 당기상품매입액 ₩866,000을 차감하여 계산되는 형식으로 표현되는 차이만 있다.

<u>포괄손익계산서(기능별표시방법)</u>
20×1년 1월 1일 ~ 12월 31일

㈜한국상사	(단위: 원)
수 익(매출액)	1,345,000
기 타 수 익	0
매 출 원 가	(766,000)
이 자 비 용	(55,000)
판 매 비	(235,000)
일 반 관 리 비	(250,000)
물 류 비	(125,000)
기 타 비 용	(120,000)
법인세비용차감전손익	(206,000)
법 인 세 비 용	0
당 기 순 손 익	(206,000)
기 타 포 괄 손 익	0
총 포 괄 손 익	(206,000)

이 두 방법은 실질적으로 비용의 총계로 집계되는 금액이 동일하여 이로 인해 전체적인 손익도 ₩206,000 손실로 동일하다. 국제회계기준에서는 기능별표시방법에 의해 포괄손익계산서를 보고하는 경우 비용의 성격별 분류에 의한 비용정보에 대해서도 주석으로 공시하도록 하고 있다.

❖ 예제 3

<예제 2>와 다음의 비용 자료를 통해 ㈜대한상사의 20×1년 성격별 포괄손익계산서와 기능별 포괄손익계산서를 작성하라.

	판매활동	일반관리활동	물류활동
급 여	50,000	10,000	10,000
감 가 상 각 비	10,000	5,000	5,000

풀이

포괄손익계산서(성격별)
20×1년 1월 1일 ~ 12월 31일

㈜대한상사	(단위: 원)
매 출 액	880,000
상품의 변동	200,000
상품의 매입	(790,000)
급 여	(70,000)
감가상각비	(20,000)
당기순손익	200,000

포괄손익계산서(기능별)
20×1년 1월 1일 ~ 12월 31일

㈜대한상사	(단위: 원)
수 익(매출액)	880,000
매 출 원 가	(590,000)
판 매 비	(60,000)
일반관리비	(15,000)
물 류 비	(15,000)
당기순손익	200,000

3 상품매매기업의 회계순환

상품매매기업은 상품의 판매로 인한 정보를 총액개념으로 도출하기 위해 매출과 매출원가를 따로 집계해 매출총이익을 보고하는 구조를 갖는다. 본 절에서는 이러한 특징들이 전반적인 회계순환과정에서는 어떻게 적용되는지를 간단한 사례를 통해 정리해 보기로 한다.

㈜서울상사는 20×0년 설립되었으며, 20×1년 상품과 관련해 다음과 같은 사항들이 발생했었다고 가정해 보자. 논의를 단순화하기 위해 전기의 재무제표에는 상품 ₩400,000과 이에 대한 매입채무 ₩400,000이 전부라고 가정한다. 20×1년에 발생한 거래는 다음과 같다. 1) 3월 5일: 상품 130개를 개당 ₩10,000에 외상으로 매입하였다. 2) 6월 4일: 1월 5일 매입 중 일부가 품질에 하자가 있어 ₩60,000만큼 할인 받았으며, 파손으로 10

개는 반품하였다. 3) 9월 6일: 상품 100개를 개당 ₩15,000에 외상으로 판매하였다. 4) 12월 5일: 9월 6일 매출 중 5개는 품질에 하자가 있어 반품되었다. 5) 실지재고조사결과 기말의 상품재고는 ₩600,000이다. 상품과 관련된 회계처리는 실지재고조사법에 의하며 상품계정은 3분법을 통해 회계처리하기로 한다. 또한, 매입과 매출의 에누리·환입·할인과 관련해서 별도의 계정을 사용해 회계처리하기로 한다.

이상의 상황을 반영해 재무제표를 작성하기 위해 가장 먼저 수행해야할 작업은 기중에 발생한 사건들을 분개장에 분개를 하는 것이다. 실지재고조사법을 사용하기로 하였으므로 기중의 상품 판매 시에는 이와 관련된 매출원가를 인식하지 않는다.

날짜		차변 계정	금액		대변 계정	금액
3/5	(차)	매입	1,300,000	(대)	매입채무	1,300,000
6/4	(차)	매입채무	160,000	(대)	매입에누리	60,000
					매입환출	100,000
9/6	(차)	매출채권	1,500,000	(대)	매출	1,500,000
12/5	(차)	매출환입	75,000	(대)	매출채권	75,000

다음 단계는 이상의 분개사항을 계정별로 총계정원장에 전기하는 것이다. 전기에 상품과 매입채무의 이월 잔액이 있으므로 이를 반영하여 T계정에 옮겨 적으면 다음과 같은 결과를 얻을 수 있다.

매입

차변		대변	
3월 5일	1,300,000		

매출

차변		대변	
		9월 6일	1,500,000

매출채권

차변		대변	
9월 6일	1,500,000	12월 5일	75,000

매입채무

차변		대변	
6월 4일	160,000	전기이월	400,000
		3월 5일	1,300,000

매출환입

차변		대변	
12월 5일	75,000		

매입에누리

차변		대변	
		6월 4일	60,000

상품

차변		대변	
전기이월	400,000		

매입환출

차변		대변	
		6월 4일	100,000

위의 총계정원장으로부터 합계잔액시산표를 작성하면 다음과 같다. 이 단계까지가 기중에 수행해야 할 회계처리에 해당한다.

수정전시산표

㈜서울상사 20×1년 12월 31일 (단위: 원)

차변잔액	차변합계	계정과목	대변합계	대변잔액
1,425,000	1,500,000	매출채권	75,000	
400,000	400,000	상품		
	160,000	매입채무	1,700,000	1,540,000
		매출	1,500,000	1,500,000
75,000	75,000	매출환입		
1,300,000	1,300,000	매입		
		매입에누리	60,000	60,000
		매입환출	100,000	100,000
3,200,000	3,435,000		3,435,000	3,200,000

다음으로 기말의 결산 수정분개와 관련하여 두 가지 사항에 대한 조정 작업을 수행해야 한다. 첫째는 매입과 매출에 대해 발생한 에누리·환입·할인을 반영하여 순매입과 순매출을 구하는 작업이고, 둘째는 기말 상품재고가 ₩600,000라는 정보를 이용해 매출원가를 구하는 작업이다. 이를 수행하면 다음과 같다.

12/31	(차)	매입에누리	60,000	(대)	매입	160,000
		매입환출	100,000			
	(차)	매출	75,000	(대)	매출환입	75,000
12/31	(차)	매출원가	940,000	(대)	상품	400,000
		매출원가	1,140,000		매입	1,140,000
		상품	600,000		매출원가	600,000

다음은 이상의 결산수정분개를 반영해 수정후시산표를 만드는 단계이다. 본 사례에서는 정산표를 이용해 계정의 변화를 일목요연하게 파악해 보기로 한다.

정 산 표

㈜서울상사 20×1년 12월 31일 (단위: 원)

계정과목	수정전시산표		수정분개		포괄손익계산서		재무상태표	
	차 변	대 변	차 변	대 변	차 변	대 변	차 변	대 변
매출채권	1,425,000						1,425,000	
상 품	400,000		600,000	400,000			600,000	
매입채무		1,540,000						1,540,000
매 출		1,500,000	75,000			1,425,000		
매출환입	75,000			75,000				
매 입	1,300,000			1,300,000				
매입에누리		60,000	60,000					
매입환출		100,000	100,000					
매출원가			940,000		940,000			
합 계	3,200,000	3,200,000	1,775,000	1,775,000				
당기순이익					485,000			485,000
합 계					1,425,000	1,425,000	2,025,000	2,025,000

정산표에서 매출계정을 살펴보면 매출환입계정이 수정분개를 거쳐 매출계정과 상계되어 사라지고 최종적으로 매출계정은 순매출을 표현하게 됨을 관찰할 수 있다. 매입계정도 매입에누리와 매입환출 계정이 매입과 상계되어 없어지고 매입계정은 최종적으로 순매입을 나타냄을 관찰할 수 있다. 또한, 매출원가의 산정과 관련하여 기초의 상품과 당기의 매입이 매출원가로 대체 되었다가 기말에 남아있는 상품만큼 줄어드는 과정을 관찰할 수 있을 것이다. 이는 어떤 면에서 이해하기 쉽지 않을 수도 있는데 이러한 회계처리의 논리를 기초의 상품과 당기의 매입분이 모두 판매되었다고 가정하고 매출원가를 집계한 후에 기말의 상품만큼이 팔리지 않았다고 보고 이를 매출원가에서 다시 줄여주는 회계처리를 수행했다고 이해해도 무방할 것이다.

다음 단계로 정산표의 결과를 이용해 당기의 재무상태표와 포괄손익계산서를 작성한다. 재무상태표에 보고되는 이익잉여금은 재무상태표의 다른 계정들을 기입하고 대차평균의 원리(₩2,025,000 − ₩1,540,000 = 485,000)를 이용해 구할 수 있다. 이는 전기에 이익잉여금이 없었으므로 당기의 포괄손이계산서에 보고되는 당기순이익(₩485,000)과 동일해야 할 것이다. 포괄손익계산서에서는 다른 수익과 비용 요소가 없으므로 매출에서 매출원가를 차감한 매출총이익이 당기순이익이 된다.

재무상태표

㈜서울상사	20×1.12.31		(단위: 원)
매 출 채 권	1,425,000	매 입 채 무	1,540,000
상　　품	600,000	이 익 잉 여 금	485,000
계	2,025,000	계	2,025,000

포괄손익계산서(기능별)

㈜서울상사 20×1.1.1 ~ 20×1.12.31	(단위: 원)
매　　출	1,425,000
매 출 원 가	(940,000)
당 기 순 이 익	485,000

포괄손익계산서(성격별)

㈜서울상사 20×1.1.1 ~2 0×1.12.31	(단위: 원)
매　　출	1,000,000
상품의 변동	200,000
상품의 매입	(1,140,000)
당 기 순 이 익	485,000

마지막으로 다음 기의 회계처리를 위하여 포괄손익계산서 계정에 대한 마감분개를 수행한다. 아래와 같은 마감분개를 수행함으로써 매출과 매출원가라는 포괄손익계산서의 수익·비용 항목은 모두 '0'이 되고, 상품의 매매로 인한 이익잉여금 ₩485,000만 최종적으로 남아 차기에 영향을 미치게 된다.

(차)	매　　출	1,425,000	(대)	집 합 손 익	1,425,000
(차)	집 합 손 익	940,000	(대)	매 출 원 가	940,000
(차)	집 합 손 익	485,000	(대)	이 익 잉 여 금	485,000

Chapter 5 연습문제

1. 상품매매기업에서 상품계정을 상품과 매출의 2가지 계정 또는 상품, 매출, 매입의 3가지 계정으로 분할하는 이유를 설명하시오.

2. 성격별 포괄손익계산서와 기능별 포괄손익계산서의 차이점을 설명하시오.

3. 당기순이익, 기타포괄손익, 총포괄손익의 개념적 차이를 설명하시오.

4. 다음의 자료를 통해 당기의 매출총이익을 구하시오.

기초상품재고액	250,000	매입액	700,000
매출액	1,000,000	매입에누리	60,000
매출환입	100,000	매입할인	40,000
매출할인	50,000	기말상품재고액	150,000

5 다음 기업들의 포괄손익계산서를 보고 빈칸을 채워 넣으시오.

	㈜동해	㈜서해	㈜남해
매출액	1,500,000	(4)	(7)
매출원가	(1)	(5)	1,800,000
기초상품재고액	200,000	300,000	(8)
당기매입액	800,000	(6)	2,000,000
판매가능상품	(2)	1,000,000	2,500,000
기말상품재고액	400,000	100,000	(9)
매출총이익	(3)	500,000	200,000

6 다음의 자료를 통해 상품의 판매를 주된 영업활동으로 하는 ㈜동해상사의 20×1년 성격별 포괄손익계산서와 기능별 포괄손익계산서를 작성하시오.

<상품관련사항>

기초상품재고액	300,000	매입액	900,000
기말상품재고액	200,000	매입에누리	50,000
매출액	1,400,000	매입할인	50,000
매출에누리	100,000	매출환입	50,000

<기타사항>

① 당기에 기타포괄이익이 ₩500,000 발생했다.

② 컨설팅 활동을 통해 ₩150,000의 수익을 창출했다.

③ 당기에 차입금과 관련하여 이자비용이 ₩150,000 발생했다.

④ 당기에 비용과 관련된 사항은 다음과 같다.

	판매활동	일반관리활동	물류활동	합계
급여	50,000	30,000	20,000	100,000
감가상각비	20,000	10,000	20,000	50,000
기타비용	10,000	30,000	50,000	90,000
합계	80,000	70,000	90,000	240,000

7 20×1년 홍길동은 ㈜서해를 설립하였으며, 영업과 관련된 다음의 활동들이 당해 연도에 발생하였다(상품매매와 관련해서는 3분법을 이용한 실사법을 적용한다(거래 대금에 대해 당좌예금이라고 명기한 것을 제외하고는 현금으로 수수된 것으로 처리하시오).

- 1/ 1 액면 ₩500의 주식을 액면가로 10,000주 발행하였다.
- 1/ 2 강남은행으로부터 ₩3,000,000을 차입하였다.
- 1/ 3 상품 ₩500,000을 외상으로 매입하였다.
- 1/ 4 홍길동도 강남은행으로부터 ₩1,000,000을 차입하였다.
- 1/ 5 사무실에 비품을 ₩200,000에 외상으로 구입하였다.
- 1/ 6 ㈜삼성에 상품 ₩250,000을 현금 매출하였다.
- 1/ 7 주주로부터 ₩1,000,000어치의 상품을 추가로 출자 받았다.
- 1/ 8 수원에 토지 1,000평과 본사건물을 각각 ₩1,000,000과 ₩1,200,000에 현금으로 구입하였다. 또한, 건물에 대한 화재보험료 ₩60,000을 현금 지불하였다.
- 1/ 9 은행에 당좌예금계좌를 개설하고 현금 ₩900,000을 예입하였다.
- 1/10 ㈜LG가 상품 ₩200,000을 구입하기로 계약을 체결하였다.
- 1/11 ㈜현대에 용역을 제공하고 ₩500,000을 현금으로 받았다(매출로 인식할 것).
- 1/12 상품 ₩800,000을 ₩500,000은 현금으로 ₩300,000은 외상으로 매입하였다.
- 1/13 1/2일 차입금 중에서 원금 ₩1,000,000과 이자 ₩10,000을 상환하였다.
- 1/14 ㈜SK에 상품 ₩1,500,000을 외상으로 팔았다.
- 1/15 본사 건물 중 일부를 ㈜아주에 임대하고 ₩480,000을 받았다.
- 1/16 서울에 사무실을 임차하고 임차료 ₩120,000을 당좌수표를 발행해 지불하였다.
- 1/17 사무실 소모품 ₩50,000을 당좌수표로 구입하고 즉시 비용처리 하였다.
- 1/18 1/14 외상매출 중 ₩800,000을 현금으로 회수했다.
- 1/19 상품판매의 중개를 하고 수수료 ₩100,000을 현금으로 받았다.
- 1/20 종업원에 대한 급여 ₩30,000을 현금으로 지급하였다.

(물음 1) 20×1년 위의 거래와 관련된 사항들을 분개하시오.

(물음 2) 총계정원장에 전기하시오.

(물음 3) 수정전시산표를 작성하시오.

※ ㈜서해는 기말에 다음의 사항들을 인식하였다.

- 기말상품의 재고를 조사하니 ₩750,000이었다.
- 건물에 대한 당기의 감가상각비 ₩200,000이 발생했다.
- 보험료 중에서 ₩20,000은 기간미경과분이다.
- 임대료 중에서 ₩150,000은 기간미경과분이다.
- 임차료 중에서 ₩60,000은 기간미경과분이다.
- 당기 은행예금에 대한 이자가 총 ₩12,000 발생하였다.
- 당기 차입금에 대한 이자가 총 ₩60,000이 발생하였다.
- 소모품 중에서 기말 미사용액은 ₩30,000이다.
- 사무용 책상 등 비품을 추가로 ₩300,000 구입하였는데 이를 기록하지 않았다.

(물음 4) 이상의 사항들에 대해 결산수정분개를 수행하시오.

(물음 5) 수정분개를 반영한 수정후시산표를 작성하시오.

(물음 6) 이를 바탕으로 20×1년 기말 재무상태표 및 포괄손익계산서를 작성하시오.

(물음 7) 손익계산서 계정들에 대해서 마감분개를 수행하시오.

8 다음은 ㈜남해의 20×0년 기말 재무상태표이다. 자본금은 액면가 ₩5,000의 주식 600주로 구성되어 있다.

재무상태표
20×0년 12월 31일 현재

㈜남해 (단위: 원)

현 금	1,500,000	매 입 채 무	1,500,000
당 좌 예 금	150,000	차 입 금	500,000
매 출 채 권	300,000	부채 총계	2,000,000
상 품	800,000		
토 지	1,500,000	자 본 금	3,000,000
건 물	750,000	자본 총계	3,000,000
자산 총계	5,000,000	부채와 자본 총계	5,000,000

※ 20×1년 ㈜남해에는 다음과 같은 영업활동들이 발생하였다(상품매매와 관련해서는 3분법을 이용한 실사법을 적용한다. 거래 대금에 대해 당좌예금이라고 명기한 것을 제외하고는 현금으로 수수된 것으로 처리하시오).

- 1/ 1 토지 중 일부를 ㈜중국에 임대하고 2년치 임대료 ₩720,000을 현금으로 받았다.
- 2/ 2 1인당 월급여 ₩15,000을 주기로 하고 종업원 20명을 추가로 채용하였다.
- 2/ 3 3개월 전에 판매한 상품대금 ₩90,000을 현금으로 회수하였다.
- 2 /4 사무실 소모품 ₩50,000을 현금으로 구입하고 자산처리 하였다.
- 2/ 5 토지 중 일부를 ₩700,000에 매각하고 대금은 추후에 받기로 하였다.
- 2/ 6 ㈜제주에 상품 ₩900,000을 외상으로 판매하였다.
- 2/ 7 ㈜경상의 자본금 ₩500,000을 현금 ₩500,000을 주고 취득하여 즉시 소각하였다.
- 2/ 8 매출채권 중 ₩300,000이 은행에 입금되었다.
- 2/ 9 보험료 ₩240,000을 당좌수표를 발행해 지불하였다.
- 2/10 영업용 차량을 ₩200,000에 외상으로 구입하였다.
- 2/11 종업원에 대한 출장여비 ₩10,000을 수표로 지급하였다.
- 2/12 강북은행으로부터 ₩1,000,000을 대출받아, 매입채무 ₩800,000을 상환하고 현금 ₩200,000은 회사에 보관하였다.
- 2/13 은행예금에 대한 이자 ₩5,000이 당좌예금 계좌로 이체되었다.
- 2/14 상품판매를 중개하고 수수료 ₩100,000을 현금으로 받았다.
- 2/15 종업원에 대한 급여 ₩180,000을 현금으로 지급하였다.

- 2/16 차입금 중에서 원금 ₩900,000과 이자 ₩20,000을 현금 상환하였다.
- 2/17 사무용 책상 ₩70,000을 외상으로 구입하였다(비품으로 처리).
- 2/18 상품 ₩900,000을 ₩500,000은 현금으로 ₩400,000은 외상으로 매입하였다.
- 2/19 광고선전비 ₩35,000을 수표를 발행하여 지급하였다.
- 2/20 건물에 대한 수선유지비 ₩3,000이 발생하여 현금으로 지급하였다.

(물음 1) 20×1년 위의 거래와 관련된 사항들을 분개하시오.

(물음 2) 총계정원장에 전기하시오.

(물음 3) 수정전시산표를 작성하시오.

※ ㈜남해는 기말에 다음의 사항들을 인식하였다.

- 기말상품의 재고를 조사하니 ₩500,000이었다
- 건물에 대한 감가상각비 ₩300,000과 차량에 대한 감가상각비 ₩5,000이 발생했다.
- 당기에 종업원에 대한 급여는 총 ₩300,000이 발생했다.
- 보험료 중에서 ₩60,000은 기간미경과분이다.
- 2/5에 용역을 제공하고 현금 ₩100,000을 받았는데 이를 기록하지 않았다(매출로 인식).
- 결산일까지 발생한 차입금 이자비용은 ₩40,000이다.
- 당기 예금에 대한 이자가 ₩30,000이 발생되었다.
- ₩100,000의 통신비 청구서가 나왔는데 아직 납부하지 못했다.
- 소모품 중에서 기말 미사용액은 ₩15,000이다.

(물음 4) 이상의 사항들에 대해 결산수정분개를 수행하시오.

(물음 5) 수정분개를 반영한 수정후시산표를 작성하시오.

(물음 6) 이를 바탕으로 20×1년 기말 재무상태표 및 포괄손익계산서를 작성하시오.

(물음 7) 손익계산서 계정들에 대해서 마감분개를 수행하시오.

Chapter 6

금융자산 Ⅰ

Chapter 6 금융자산 I

1 현금및현금성자산

1.1 현금및현금성자산

현금이란 회사의 거래 및 회사의 자산 중에서 유동성이 가장 큰 자산이다. 현금은 여러 거래에서 빈번히 사용되므로 오류 및 사고의 가능성이 높기 때문에 철저한 현금 관리를 위하여 은행을 통한 거래 및 내부통제제도 운영이 필요하다.

일반적으로 현금은 통화증권을 의미하나, 회계에서는 현금성자산을 포함한 현금및현금성자산이라는 계정으로 재무제표에 표시한다.

① 현금 : 통화(화폐, 지폐), 통화대용증권 및 요구불예금을 포함한다.

- 통화대용증권 : 타인발행당좌수표, 타인발행가계수표, 자기앞수표, 송금수표, 일람출급어음, 우편환증서, 배당금영수증, 기일도래 공사채 이자표 등
- 요구불예금 : 보통예금, 당좌예금

② 현금성자산 : 유동성이 매우 높은 단기투자자산으로, 확정된 금액의 현금으로 전환이 용이하고 가치변동의 위험이 중요하지 않은 자산이다. 현금성자산의 예는 다음과 같다.

- 취득당시 만기가 3개월 이내인 채무증권 및 상환우선주
- 3개월 이내 환매 조건의 환매채

③ 단기금융상품 : 취득당시 만기가 3개월 이내 도래하는 금융상품을 제외한 단기금융상품은 현금및현금성자산이 아닌 '단기금융상품'으로 분류한다. 단, 만기가 재무제표 작성일로부터 1년을 초과하는 금융상품은 '장기금융상품'으로 하여 비유동자

산으로 분류한다.[1]

- 양도성예금증서, 정기예금, 정기적금 등의 금융상품

예제 1

다음 거래를 분개하라.

① 4월 5일 : ㈜남문에 상품 ₩90,000을 매출하고 대금은 다음과 같이 받았다.

통 화	₩20,000
자 기 앞 수 표	₩30,000
우 편 환 증 서	₩15,000
㈜수원 발행수표	₩25,000

② 4월 7일 : ㈜동문에서 사무용계산기 한대를 구입하고, 그 대금 ₩30,000은 자기앞수표로 지급하다.

풀이

①	(차)	현금및현금성자산	90,000	(대)	매 출	90,000
②	(차)	비 품	30,000	(대)	현금및현금성자산	30,000

1.2 현금과부족

회사가 보유하고 있는 현금의 실재액과 장부잔액이 일치하지 않는 경우가 있는데, 그것은 기입이 누락되었거나 기타 오류가 있기 때문이다. 이러한 경우에는 현금과부족 계정을 설정하여 기록한 뒤 추후 원인을 파악하여 적절한 계정으로 대체하게 된다.

현금이 부족할 때에는 현금과부족 계정을 차변에, 현금이 남을 때에는 대변에 각각 기입했다가 그 원인을 조사하여 판명되면 해당 각 계정에 대체한다. 만일 결산일까지 그 원인이 밝혀지지 않을 때에는 부족액은 잡손실, 과잉액은 잡이익에 대체하여 처리한다.

---

1) 한국채택국제회계기준에서 정의 내리고 있는 금융상품에는 현금및현금성자산, 추후 나오는 수취채권 등이 모두 포함된다. 즉, 기준에서 규정하고 있는 금융상품은 넓은 의미의 금융상품을 의미한다. 본 절에서 언급하는 금융상품은 금융회사가 취급하는 상품이라는 의미로 좁은 의미의 금융상품이라 할 수 있다.

예제 2

다음 거래를 분개하라.

① 현금 시재액이 ₩5,000 부족함을 발견하다.
② 위의 부족액을 조사한 바 통신비 ₩3,000의 지급이 기입 누락되었음이 판명되다.
③ 결산일까지 위의 나머지 부족액을 판명할 수가 없다.

풀이

	차변	금액	대변	금액
①	(차) 현금과부족	5,000	(대) 현금	5,000
②	(차) 통신비	3,000	(대) 현금과부족	3,000
③	(차) 잡손실	2,000	(대) 현금과부족	2,000

1.3 당좌예금과 당좌차월

회사는 운영자금을 은행에 예입하고 영업상의 현금수취와 지급을 은행에 위탁하여 현금수급의 착오나 도난을 방지할 목적으로 당좌예금을 이용한다. 예를 들어, A라는 회사가 B은행과 당좌거래 계약을 체결하면 현금을 B은행에 예입하게 된다. A회사가 거래처 C에게 현금을 지급해야 할 때, 회사는 현금을 직접 지급하는 대신 B은행에 개설한 계좌에 대한 당좌수표를 발행한다. 거래처 C는 당좌수표를 B은행에 제시하고 A의 계좌에 예입해 놓은 현금을 수령하게 되는 것이다.

당좌예금의 인출은 예금 잔액의 범위 내에서 행해지나, 만일 그 잔액 이상으로 수표를 발행하면 부도수표로서 지급이 거절된다. 그러나 처음부터 은행과 계약을 체결하여 초과한도액을 정해 두면 예금 잔액을 초과하여도 그 한도액까지는 수표를 발행하여 은행으로 하여금 지급하게 할 수 있다. 이것을 당좌차월계약(은행으로서는 당좌대월계약)이라 하는데, 당좌차월은 회사의 차입금으로 회계처리한다.

한편, 당좌예금 계정을 별도로 운영하더라도 기말 재무제표 작성시에는 현금및현금성자산의 계정에 통합하여 공시한다.

예제 3

㈜서울은 경기은행과 당좌계약(당좌차월계약포함)을 체결하고 있다. 다음 거래를 분개하라.

① 4월 1일 : 당좌예금의 전월이월액은 ₩100,000이다.
② 4월 2일 : 기계장치 ₩150,000을 취득하고, 대금은 당좌수표를 발행하여 지급하다.
③ 4월 5일 : 현금 ₩50,000과 당사 소지 자기앞수표(신안은행발행) ₩30,000을 경기은행에 예금하다.

풀 이

① 분개없음

	차변	금액	대변	금액
②	(차) 기계장치	150,000	(대) 당좌예금	100,000
			단기차입금	50,000
③	(차) 단기차입금	50,000	(대) 현금	80,000
	당좌예금	30,000		

1.4 은행계정조정표

일정시점에서 회사측의 당좌예금잔액과 은행측의 장부상예금잔액(은행잔액증명서)이 회사측 혹은 은행측 기록시점의 불일치 또는 오류로 인하여 차이가 발생할 수 있다. 따라서 이들 양자 간의 차이를 조사하여 수정하여야 하는데, 이 수정을 위해 활용하는 것이 은행계정조정표이다. 은행계정조정표의 작성원리는 다음과 같다.

회사측	은행측	조정	항목
입금으로 올바르게 회계처리	아직 입금 처리되지 않음	은행측 가산	은행미기입예금
출금으로 올바르게 회계처리	아직 출금 처리되지 않음	은행측 차감	은행미인출수표
아직 입금 회계처리를 하지 않음	입금되었음	회사측 가산(즉, 당좌예금계정의 증가를 회계처리)	미통지예금, 이자수익 등
아직 출금 회계처리를 하지 않음	출금되었음	회사측 차감(즉, 당좌예금계정의 감소를 회계처리)	부도수표, 이자비용, 은행수수료 등

(1) 은행측 원인

은행미기입예금은 회사에서 당좌예금 계좌에 입금을 하고 회계처리를 하였으나, 은행측에서는 아직 입금처리를 하지 않은 경우이다. 은행 업무시간 마감 후에 입금한 경우가 대표적인 예가 될 수 있다. 이러한 은행미기입예금은 조만간 은행측에서 제대로 입금처리하여 반영하게 되지만, 그 이전에 회사측 잔액과 은행측 잔액을 비교하여 정확한 금액을 확인하고자 한다면, 현재로선 은행측의 금액이 잘못된 것이므로 은행측 잔액에 가산해야 할 것이다.

은행미인출수표는 회사가 당좌수표를 발행하고 회계처리를 하였으나, 당좌수표가 은행에서 제시되지 않아 아직 출금되지 않은 경우이다. 이 경우에도 회사측 잔액이 올바른 것이므로 은행측 잔액을 차감조정한다.

(2) 회사측 원인

미통지예금은 거래처에서 은행측에 직접 외상대금을 입금한 경우 또는 은행이 추심의뢰를 받고 회사대신 채권금액을 수취하였으나 이러한 사실이 회사측에 통지가 안 된 경우이다. 이 경우는 은행측 금액이 올바른 것이므로 회사측 잔액에 가산해야 한다. 또한 회사가 예금한 금액에 대해 이자수익이 발생하여 예금잔액이 증가하였으나 회사측에 통지가 안 된 경우에도 회사측 잔액에 가산해야 할 것이다.

타인이 발행한 당좌수표를 당좌예금에 입금하고 회계처리를 하면, 회사측과 은행측 금액이 모두 증가했을 것이다. 그러나 과거 시점에 입금한 당좌수표가 현재 부도처리되면 은행측 금액에서는 차감된다. 이러한 부도사실이 회사측에 통지되지 않으면 회사측 잔액과 은행측 잔액은 불일치하게 된다. 이 경우는 은행측 잔액이 올바른 것이므로 회사측 잔액에서 차감해야 할 것이다.

그 외 은행측에 지급해야 하는 이자비용이나 은행수수료가 당좌예금에서 인출되었으나 그 사실이 회사측에 통지되지 않은 경우에도 회사측 잔액에서 차감해야 할 것이다.

한편, 회사측에 가산하거나 차감한다는 것은 당좌예금 계정의 금액을 조정한다는 것을 의미한다. 회계계정 금액의 변화는 반드시 분개를 거쳐야 한다. 따라서 은행계정조정표 상에서 회사측 조정금액에 대해서는 반드시 수정분개가 수반되어야 한다.

〈가산조정〉

(차) 당 좌 예 금	×××	(대) 가 산 항 목	×××

〈차감조정〉

(차) 차 감 항 목	×××	(대) 당 좌 예 금	×××

예제 4

㈜서울의 20X4년 12월 31일(결산일) 은행에 당좌예금잔액을 조회한 결과 ₩307,500이었으며, 회사의 장부잔액은 ₩310,000이었다. 조사의 결과 차이의 원인은 다음과 같다. 은행계정조정표를 작성하고 회사측이 기말 결산시에 행할 수정분개를 하시오.

① 거래처로부터 송금해온 매출채권 ₩8,000이 당좌이체 되었으나, 회사에서는 아직 모르고 있다.
② ㈜서울이 발행한 당좌수표 중 12월 31일까지 은행에서 인출되지 않은 수표는 ₩47,500이다.
③ 은행측에서 당좌거래수수료 ₩3,000을 부과하고 이를 당좌예금계좌에서 차감하였는데, 회사에서는 아직 미정리 상태이다.
④ 12월 31일 늦게 예입한 수표 ₩30,000이 은행에서는 1월 4일에 입금처리 되었다.
⑤ 거래처로부터 받아 예입한 수표 ₩25,000이 부도되었다는 사실을 발견하였다.

풀 이

<u>은 행 계 정 조 정 표</u>

20X4년 12월 31일

㈜서울

회사측				은행측		
수정전 잔액		310,000	≠	수정전 잔액		307,500
+ 가 산 항 목	미 통 지 예 금	8,000		+ 가 산 항 목	은행 미기입예금	30,000
− 차 감 항 목	은 행 수 수 료	3,000		− 차 감 항 목	은행 미인출수표	47,500
	부 도 수 표	25,000				
수정후 잔액		290,000	=	수정후 잔액		290,000

수 정 분 개

① 당 좌 예 금	8,000	매 출 채 권	8,000
② 은 행 수 수 료	3,000	당 좌 예 금	3,000
③ 부 도 수 표	25,000	당 좌 예 금	25,000

2 수취채권

2.1 수취채권의 정의

수취채권은 타인에 대한 현금청구권을 의미하는 자산으로 통상적인 영업활동(일반적으로 상품의 외상거래)에서 발생하는 매출채권, 영업활동 이외에서 발생하는 미수금, 대여금 등이 있다.

상품의 외상거래로부터 발생하는 매출채권은 어음의 발행을 통하여 이루어지는 받을어음과 어음이 발행되지 않는 외상매출금으로 구분될 수 있으나 재무제표 작성 시에는 받을어음과 외상매출금을 통합하여 매출채권으로 공시한다.

2.2 매출채권

기업은 주된 영업과 관련하여 외상으로 거래한 매출 등의 수익을 인식하는 시점(판매시)에서 다음과 같은 회계처리를 한다.

(차) 매 출 채 권	×××	(대) 매 출	×××

해당 매출채권을 회수하는 경우에는 다음과 같은 회계처리를 한다.

(차) 현 금	×××	(대) 매 출 채 권	×××

예제 5

다음 거래를 분개하라.

① ㈜인천은 서울상사에 상품을 ₩50,000에 외상 판매하였다.
② 위의 외상대금 중 ₩30,000을 현금으로 회수하였다.

풀 이

	차변	금액	대변	금액
①	(차) 매 출 채 권	50,000	(대) 매 출	50,000
②	(차) 현 금	30,000	(대) 매 출 채 권	30,000

매출거래에 대해 향후 다음과 같은 상황의 발생하는 경우 그 금액의 조정이 발생한다.

① 매출환입 : 제품의 문제로 인하여 거래처로부터 반품 받은 것
② 매출에누리 : 제품에 문제가 있어서 가격을 깎아 주는 것[2)]
③ 매출할인 : 매출채권의 신속한 회수를 위하여 일정기한 안에 결제하는 경우 결제 대금의 일부를 할인하는 것
(ex) 2/10, n/30 ⇒ 10일 안에 상환하면 2% 할인, 늦어도 30일 이내에는 상환

한편, 이러한 매출환입 및 에누리, 매출할인은 수정분개를 통해 매출액 계정에서 차감되거나 포괄손익계산서 상의 매출액에서 차감하여 표시된다.

예제 6

다음 자료를 보고 물음에 답하라.

① ㈜인천은 서울상사에 원가 ₩3,000의 상품 10개를 개당 ₩5,000에 외상 판매하였다.
② 위 상품 가운데 2개가 하자발생으로 반품되었다.
③ 위 상품 가운데 1개에 대하여 하자가 발생하여, 외상대금을 깎아주었다.
④ 위의 외상대금 중 ₩30,000을 현금으로 회수하였다.

(물음 1) 각 거래별로 분개를 하라. 단, 재고자산에 대해서 계속기록법을 적용한다.
(물음 2) ㈜인천이 인식하는 매출액은 얼마인가?

2) 제7장 재고자산의 매입환출, 에누리, 할인계정 내용 참조

풀이

(물음 1)

① (차)	매 출 채 권	50,000	(대) 매 출	50,000
	매 출 원 가	30,000	상 품	30,000
② (차)	매출환입및에누리	10,000	(대) 매 출 채 권	10,000
	상 품	6,000	매 출 원 가	6,000
③ (차)	매출환입및에누리	5,000	(대) 매 출 채 권	5,000
④ (차)	현 금	30,000	(대) 매 출 채 권	30,000

(물음 2)

순 매출액 = 50,000 − 10,000 − 5,000 = 35,000

2.3 미수금

기업의 주요 영업활동 대상인 상품이나 제품의 상거래를 통하여 발생한 채권은 매출채권에서 처리하지만 주요 영업활동 이외의 활동을 통하여 발생한 채권은 미수금계정에서 처리한다. 예를 들어, 건물이나 유가증권같이 주영업활동의 대상이 아닌 품목의 구입 시 발생한 채권은 미수금계정으로 처리한다. 미수금은 유동자산으로 분류한다.

예제 7

다음 거래를 분개하라.

① 사용 중이던 토지(장부가액 ₩300,000)를 ₩400,000에 처분하고 대금을 나중에 받기로 하다.
② 위의 토지처분 대금을 현금으로 수령하다.

풀이

① (차)	미 수 금	400,000	(대) 토 지	300,000
			유형자산처분이익	100,000
② (차)	현 금	400,000	(대) 미 수 금	400,000

2.4 대여금

자금을 대여한 경우 발생하는 채권을 대여금계정에서 처리한다. 재무상태표일자로부터 1년을 기준으로 하여 회수기한에 따라 단기대여금 혹은 장기대여금으로 구분된다. 단기대여금은 유동자산으로 분류되며, 장기대여금은 비유동자산으로 분류된다.

예제 8

다음 거래를 분개하라.

① ㈜전주로부터 차용증서를 받고 현금 ₩50,000을 대여하다.
② 위의 대여금에 대한 1개월분 이자 ₩1,000과 함께 대여금 중 일부인 ₩30,000을 현금으로 회수하다.

풀이

		차변	금액		대변	금액
①	(차)	대여금	50,000	(대)	현금	50,000
②	(차)	현금	31,000	(대)	대여금	30,000
					이자수익	1,000

3 매출채권의 손상

기업이 보유한 금융자산과 관련하여 계약상 수취하기로 한 현금흐름보다 실제 수취할 것으로 예상되는 현금흐름이 부족한 경우, 동 현금부족액을 신용손실이라 한다. 원칙적으로, 채무상품이나 수취채권과 같이 계약상 현금흐름이 존재하는 모든 금융상품은 이러한 신용손실의 기대금액을 추정하여 비용(손상차손)과 자산의 감소(손실충당금)를 인식해야 한다. 이와 같이 손상차손과 손실충당금을 인식하는 과정을 금융자산의 손상회계라 한다. 매출채권의 경우 보유기간 전체에 대한 기대신용손실을 추정하여, 해당 금액을 비용으로 인식하고, 매출채권에 대한 차감평가계정 손실충당금을 인식한다.

(1) 손실충당금의 설정

매출채권의 발행자(지급의무자)가 유의적인 재무적 어려움에 처하는 등의 사유로 해당 매출채권으로부터 기대되는 미래현금흐름이 감소할 것으로 판단되면(즉, 매출채권의 일부가 회수되지 못할 것으로 판단되면), 동 현금부족액의 기대금액만큼 매출채권의 장부금액을 감소시키고 비용을 인식한다.

(차) 매출채권손상차손	×××	(대) 손 실 충 당 금	×××

위와 같은 회계처리에 의해 다음과 같이 포괄손익계산서에는 비용이 인식되며, 매출채권의 장부금액은 감소하게 된다.

〈포괄손익계산서〉

⋮	
매출채권손상차손	×××
⋮	

〈재무상태표〉

⋮		
매출채권	×××	
(손실충당금)	(×××)	×××
⋮		

예제 9

㈜경기의 20X5년 말 매출채권 잔액은 총 ₩340,000이며, 거래처별 내역은 다음과 같다.

거래처	매출채권
A상사	90,000
B상사	110,000
C상사	140,000
계	340,000

동 매출채권 보유기간 전체에 걸친 기대신용손실 금액은 ₩70,000이다.

풀이

(차) 매출채권손상차손	70,000	(대) 손 실 충 당 금	70,000

(2) 손실충당금의 변동

금융자산에 대한 기대신용손실을 매년 말 검토하고, 그 변동분을 재무제표에 반영해야 한다. 만약, 기대신용손실 금액이 전년도에 인식한 금액보다 증가할 경우에는 손상차손과 손실충당금을 추가로 인식한다. 반대의 경우에는 손상차손환입(수익)을 인식하며 손실충당금을 감소시킨다.

〈기대신용손실의 증가〉

(차)	매출채권손상차손	×××	(대)	손실충당금	×××

〈기대신용손실의 감소〉

(차)	손실충당금	×××	(대)	매출채권손상차손환입	×××

예제 10

<예제 9>에 이어서 다음 물음에 답하라. 다음의 물음은 각각 독립적이다.

(물음 1) 20X6년 말 보유기간 전체 기대신용손실 금액이 ₩90,000일 경우 필요한 회계처리를 하라.

(물음 2) 20X6년 말 보유기간 전체 기대신용손실 금액이 ₩40,000일 경우 필요한 회계처리를 하라.

(물음 3) 20X6년 3월 1일 C상사 매출채권에 대한 부도가 발생하여 ₩100,000만 회수하고, 매출채권에 대한 정산을 종료하였다.

풀 이

(물음 1)

12/31 (차)	매출채권손상차손	20,000	(대)	손실충당금	20,000

(물음 2)

12/31 (차)	손실충당금	30,000	(대)	매출채권손상차손환입	30,000

(물음 3)

12/31 (차)	현금	100,000	(대)	매출채권	140,000
	손실충당금	70,000		손실충당금 환입	30,000

4 기타 채권

수취채권을 제외한 기타 채권은 그와 관련된 거래의 성격에 따라 해당 계정을 설정하여 회계처리한다. 기타 채권의 종류는 다음과 같다.

선 급 금	거래대금의 일부 혹은 전부를 미리 지급한 것
가 지 급 금	현금지출이 이루어졌으나 내용이 불분명한 것
미 수 수 익	수익은 발생하였으나 현금의 수입이 이루어지지 않은 것으로 거의 대부분 수정분개의 대상이 되는 거래와 관련하여 나타난다. 예를 들어, 미수이자, 미수임대료 등이 여기에 해당한다.
선 급 비 용	비용이 발생하지 않았으나 현금의 지급이 미리 이루어진 것으로 거의 대부분 수정분개의 대상이 되는 거래와 관련하여 나타난다. 예를 들어, 선급보험료, 선급임차료 등이 여기에 해당한다.

4.1 선급금

상품이나 제품 등의 매매거래에 관한 계약의 체결 시 계약에 따른 거래의 이행을 확실히 하기 위하여 거래대금의 일부 또는 전부를 미리 지급한 경우, 이를 선급금계정에서 처리한다. 선급금은 유동자산으로 분류한다.

예제 11

다음 거래를 분개하라. 재고자산과 관련한 회계처리는 계속기록법을 적용한다.

① 상품매입계약을 체결하고 대금 ₩200,000 중 ₩10,000을 현금으로 계약금을 지급하다.
② 위의 상품을 모두 인수하고 나머지 대금은 현금으로 전액 지급하다.

풀이

	차변	금액		대변	금액
① (차)	선 급 금	10,000	(대)	현 금	10,000
② (차)	상 품	200,000	(대)	선 급 금	10,000
				현 금	190,000

4.2 가지급금

재무적 거래가 발생하여 현금의 지출이 이루어졌으나 이를 어떤 계정과목에서 처리할 지 확실하게 알 수 없는 경우나, 거래금액이 아직 확정되지 않은 경우에는 계정과목이나 금액이 확정될 때까지 임시적으로 가지급금계정에서 처리한다.

예제 12

다음 거래를 분개하라.

① 종업원이 출장을 가게 됨에 따라 여비 ₩50,000을 현금으로 지급하다.
② 종업원이 출장에서 돌아와 여비를 정산한 결과, ₩5,000이 남아서 현금으로 반환하다.

풀 이

①	(차)	가 지 급 금	50,000	(대)	현 금	50,000
②	(차)	여 비 교 통 비	45,000	(대)	가 지 급 금	50,000
		현 금	5,000			

4.3 미수수익

이미 실현이 되어 당기의 수익으로 계상하여야 할 금액 중 아직 현금수입이 이루어지지 않은 경우 해당 수익의 계상과 더불어 나타나는 채권계정을 미수수익이라 한다. 미수수익은 관련 수익을 인식하는 과정에서 나타나는 항목이라는 점에서 일반적 신용거래를 통하여 발생하는 채권인 미수금과 구별된다.[3] 미수수익은 유동자산으로 분류한다.

3) 미수수익은 수익이 이미 발생하여 이를 인식했으나 아직 그 대가인 현금을 수취하지 못해 나타나는 채권인데 반해 미수금은 수익인식 외의 거래(아울러, 정상적인 영업활동에 해당하지 않는 거래)에서 발생한 채권으로 이해될 수 있다.

예제 13

다음 거래를 일자별로 분개하라.

① 20X4년 10월 1일: ㈜부산에 ₩100,000을 연 이자율 12%에 대여해 주고 6개월 후에 원금과 이자를 받기로 했다.

② 결산 수정분개를 하다.

③ 20X5년 3월 31일: ㈜부산이 원금과 이자를 상환했다.

풀 이

		차변 계정	금액		대변 계정	금액
①	(차)	대 여 금	100,000	(대)	현 금	100,000
②	(차)	미 수 이 자	3,000	(대)	이 자 수 익	3,000
③	(차)	현 금	106,000	(대)	미 수 이 자	3,000
					이 자 수 익	3,000
					대 여 금	100,000

4.4 선급비용

현금지출은 이루어졌으나 그 중 당기의 비용과 관련한 지출로 볼 수 없고, 지출의 효과가 차기와 관련되는 부분을 선급비용이라 한다. 예컨대 그 효과가 차기에 속하는 보험료 · 지급이자 등을 미리 지급한 경우 현금지출을 인식하면서 선급비용이라는 자산을 인식한다. 선급비용은 유동자산으로 분류한다.[4]

4) 선급비용은 비용이 아직 발생하지 않았으나 미리 그 대가인 현금을 지급한 채권인데 반해 선급금은 비용인식과 무관한 채권으로 이해될 수 있다.

예제 14

다음 거래를 분개하라.

① 20X4년 9월 1일 : 1년분 화재보험료 ₩240,000을 선지급하다.

② 20X4년 12월 31일 : 기간 경과 및 미경과분 보험료에 대한 수정분개를 실시하다.

풀이

①	(차)	선급보험료	240,000	(대)	현금	240,000
②	(차)	보험료	80,000	(대)	선급보험료	80,000

또는

①	(차)	보험료	240,000	(대)	현금	240,000
②	(차)	선급보험료	160,000	(대)	보험료	160,000

Chapter 6 연습문제

1 ㈜한국은 기말에 다음과 같은 자산이 있다. 재무상태표에 표시할 현금및현금성자산은 얼마인지 계산하시오.

(1) 통　화	₩625,000		(2) 우　표	₩8,200
(3) 타인발행수표	₩1,320,000		(4) 타인발행약속어음	₩1,270,000
(5) 배당지급통지표	₩325,000		(6) 만기가 도래한 국채이자표	₩350,000
(7) 직원 A의 급료가불증	₩100,000			

2 다음 거래를 분개하시오.

(1) ㈜경기에 상품 ₩10,000을 판매하고 대금은 수표로 받다.

(2) 상품 ₩40,000을 매입하고 대금은 수표를 발행하여 지급하다. 단, 당좌예금산액은 현재 ₩30,000이며, 은행과는 당좌차월계약을 맺고 있다.

(3) ① 현금의 실제액이 장부잔액보다 ₩2,000이 부족하다는 사실을 알다.
② 상기 부족액 중 ₩1,500은 통신비를 지급하고 기입하지 않았다는 사실을 발견하다.
③ 남아있는 부족액 ₩500에 대한 원인이 결산일까지 밝혀지지 않았다.

(4) ① 현금의 실재액이 장부잔액보다 ₩3,000이 많다는 사실을 알다.
② 상기 과잉액 중 ₩2,000은 급여 ₩10,000의 지급을 ₩12,000으로 잘못 기록한 것으로 판명되다.
③ 상기 과잉액의 잔액에 대한 원이이 결산일까지 밝혀지지 않았다.

3 ㈜서대문의 20X4년 말 현재 장부상 당좌예금 잔액은 ₩900,000이었다. 은행계정조정표를 작성하기 위하여 다음의 자료를 추가로 수집하였다.

(1) 은행미기입예금	₩400,000
(2) 은행수수료 미통지액	50,000
(3) 은행미인출수표	300,000
(4) 매출채권회수 미통지액(당좌이체)	150,000
(5) 거래처로부터 수령하여 입금한 35,000이 장부에는 350,000으로 계상되었다.	
(6) 미통지 부도수표	200,000
(7) 은행기록상오류 (타회사 입금액을 우리회사에 입금시킨 금액)	250,000

(물 음) 12월 31일 현재 수정전 은행 장부상 잔액은 얼마인지 계산하시오.

4 20X4년 12월 31일에 은행에 당좌예금잔액을 조회한 결과 ₩400,000이었고, 회사의 장부잔액은 ₩405,000이었다. 이러한 잔액 차이의 원인은 다음과 같음이 밝혀졌다.

(1) 발행수표 중 12월 31일까지 은행에서 인출되지 않은 당좌수표가 ₩52,000이다.
(2) 12월 31일 늦게 예입된 수표 ₩37,000이 은행에서는 다음 해 1월 5일에 입금처리되었다.
(3) 거래처로부터 받아 예입한 수표 ₩2,700이 회사 장부에는 ₩7,200으로 잘못 기장되었다.
(4) 은행측에서 당좌거래수수료 ₩5,000을 부과하고 이를 당좌예금계좌에서 차감하였는데, 회사측에서는 아직 미정리상태이다.
(5) 거래처로부터 받아 예입한 수표 ₩42,000이 부도가 났다는 것이 밝혀졌다.
(6) 거래처로부터 송금해 온 매출채권 ₩31,500이 당좌이체되었으나 아직 회사에 통보하지 않았다.

(물 음) 위 자료를 참고하여 은행계정조정표를 작성하고 회사측의 기말결산시 수정분개를 하시오.

5 다음 거래를 분개하시오.

(1) 상품 ₩200,000을 판매하고 이 중 ₩100,000은 현금으로 받고, 나머지는 외상으로 하다.
(2) 토지 ₩500,000을 매각 처분하고 대금은 1개월 후에 받기로 하다.
(3) 매출채권 ₩100,000을 현금으로 받다.
(4) ㈜경기에 상품을 주문하고 계약금으로 ₩50,000을 지급하다.
(5) 기말 현재 이자수익이 ₩30,000 발생하였으나 이자지급일이 도래하지 않았다.
(6) 기중에 1년치 신문구독료 ₩150,000을 지급하고 비용으로 처리하였다. 기말 현재 구독기간이 4개월 남아있다.

Chapter 7

재고자산

Chapter 7 재고자산

1 재고자산의 의의와 취득원가

1.1 재고자산의 정의와 종류

재고자산(inventory)은 다음의 자산을 말한다.

① 정상적인 영업과정에서 판매를 위하여 보유중인 자산
② 정상적인 영업과정에서 판매를 위하여 생상중인 자산
③ 생산이나 용역제공에 사용될 원재료나 소모품

'창고에 보관하는 자산'이란 뜻의 재고자산은 궁극적으로 판매를 위한 자산이다. 따라서 자산의 물리적 형태에 관계없이 판매를 목적으로 보유하고 있다면 재고자산에 포함된다. 예를 들어, 일반 제조기업이 보유한 토지나 건물은 유형자산에 해당하지만 부동산 매매기업이 토지나 건물을 보유하고 있다면 이는 재고자산으로 분류된다. 이러한 재고자산의 종류에는 다음과 같은 것들이 있다.

상 품	판매를 목적으로 구매한 물건
제 품	판매를 목적으로 생산한 물건
반 제 품	자가생산한 중간제품 및 부분품(판매가능한 재공품)
재 공 품	생산과정 중에 있는 미완성 제품
원 재 료	제품 생산용 원료
저 장 품	소모품, 수선용 부품 등

1.2 재고자산의 흐름

기업은 재고자산을 판매함으로서 '매출'을 인식하게 된다. 이 때, 판매된 재고자산의 취득원가를 '매출원가'로 하여 매출에 대응하는 비용을 인식한다. 재고자산의 취득원가는 '전기에 판매되지 않고 남은 재고자산'과 '당기에 신규로 매입한 재고자산'의 취득원가로 구성된다. 이들 전기에서 이월된 기초 재고자산과 당기매입 재고자산의 합계를 '판매가능재고'라고 하며, 판매가능재고는 매출원가(판매된 부분)와 기말재고(미판매된 부분)로 배분된다.

그림 1 재고자산의 흐름과 회계처리 문제

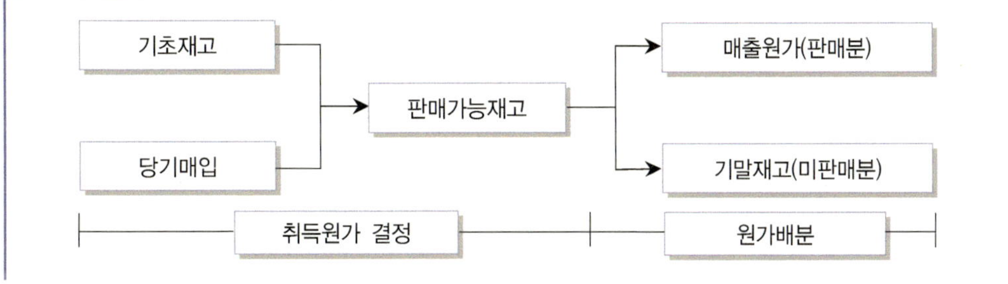

따라서 재고자산 회계처리의 중요한 주제는 크게 ①취득원가 결정과 ②원가배분 두 가지로 구분된다. 취득원가의 결정에서 기초재고는 전기에 이미 측정하여 이월된 금액이므로 결과적으로 당기매입만 다루면 된다.

1.3 재고자산의 취득원가 결정[1)]

재고자산을 취득하면 매입대가를 지불하게 된다. 재고자산의 취득원가에는 이러한 매입대가뿐만 아니라 취득과정에 직접 관련된 취득부대비용(예: 매입운임, 보험료, 수수료, 수입관세 등)이 포함된다.[2)] 한편, 재고자산을 외상으로 매입하고 정해진 기간 내에 매입

1) 본 교재에서는 상품매매기업에 대해서만 설명을 한다. 제조기업의 경우에는 제조원가가 재고자산의 취득원가를 구성하게 된다. 관련 내용은 원가관리회계에서 다룬다.

2) 금융자산의 '당기손익인식금융자산'을 제외하면 모든 자산의 경우 취득부대비용은 취득원가에 포함된다. 이러한 논리적 근거는 자산의 본래 목적대로 사용가능한 상태에 이르기까지 발생한 비용은 취득원가에 포함한다는 것이다. 예를 들면, 재고자산의 경우에는 판매가능한 상태에 이르기까지, 유형자산의 경우에는 영업에 사용가능한 상태에 이르기까지 발생한 비용을 취득원가에 포함한다.

채무를 상환할 경우 매입가격을 할인해주는 경우가 있다(매입할인). 매입할인은 재고자산의 취득원가에서 차감해야 한다. 또한 매입한 상품에 하자가 발생한 경우 해당 상품을 반품할 수도 있고(매입환출), 반품대신 가격을 낮춰 줄 수 있다(매입에누리). 매입환출 및 에누리도 재고자산의 취득원가에서 차감해야 한다.

취득원가 = 매입대가 + 취득부대비용 − 매입할인, 매입환출 및 에누리

기업이 상품을 판매하고 매출을 인식하는 경우에도 위와 유사한 상황이 발생할 수 있다. 즉, 외상으로 재고자산을 구입해 간 고객이 매출채권을 조기에 상환해서 매출할인이 발생할 수 있다. 또한 판매한 재고자산에 하자가 발생하여 반품되는 매출환입 또는 가격을 낮춰주는 매출에누리가 발생할 수 있다. 매출할인, 매출환입 및 에누리는 매출액에서 차감한다.

예제 1

다음은 ㈜공기의 재고자산 매입 및 매출에 관련한 자료이다. (단위: 원)

상품 매입대가	1,000,000	매입운임	50,000
수입관세	200,000	매입할인	20,000
매입환출 및 에누리	30,000	매출액	1,500,000
매출환입 및 에누리	70,000	매출운임	20,000

㈜공기의 재고자산 취득원가와 포괄손익계산서에 최종 계상되는 매출액은 얼마인가?

풀 이

재고자산 취득원가 = 1,000,000 + 50,000 + 200,000 − 20,000 − 30,000
= 1,200,000

매출액 = 1,500,000 − 70,000 = 1,430,000

※ 매출운임은 별도의 비용으로 인식해야 한다.

2 재고자산의 원가배분

재고자산의 취득원가가 결정되면 이를 전기에서 이월된 기초재고 금액과 합산하여 판매가능재고 금액을 구하고, 판매가능재고 금액을 다시 매출원가(판매분)와 기말재고(미판매분)로 배분해야 한다. 재고자산은 여타 자산과 달리 품목의 수와 각 품목별 수량이 매우 많다. 따라서 원가배분에 대한 회계처리를 효율적으로 수행하기 위해서는 '수량'에 대한 부분과 '단가'에 대한 부분을 구분한다. 즉, '수량'을 판매분과 미판매분으로 배분하고 배분된 수량에 대해서 '단가'를 적용함으로써 최종적인 배분의 과정이 완료된다.

'수량'에 대한 배분을 위해서는 재고자산 원가흐름에 대한 기록방법을 결정해야 한다. 그리고 '단가'를 계산하기 위해서는 원가흐름에 대한 가정을 결정해야 한다. 아래에서 원가흐름에 대한 기록방법과 가정에 대해서 구체적으로 살펴본다.

2.1 재고자산 원가흐름에 대한 기록방법

(1) 계속기록법(perpetual inventory method)

판매가능재고를 매출원가와 기말재고로 배분하는데 있어서 계속기록법은 판매된 수량을 먼저 파악하고, 파악된 판매수량에 단가를 곱함으로써 매출원가를 계속적으로 기록 및 회계처리하는 방법이다. 판매수량을 먼저 파악하기 위해서는 판매가 이루어질 때마다 판매된 수량을 계속 기록해야 한다. 즉, 계속기록법에 하에서는 판매가 이루어질 때마다 판매된 수량을 기록하고, 여기에 계산된 단가를 곱해서 매출원가 및 상품감소를 회계처리한다. 따라서 결산시점에 매출원가에 대한 별도의 회계처리가 필요 없는 방법이다. 이 방법을 식으로 표시하면 다음과 같다.

기초재고수량 + 당기매입수량 - 당기판매수량 = 장부상 기말재고수량

(2) 실사법(periodic inventory system)

실사법은 실지재고조사법이라고도 한다. 실사법은 결산일에 창고에 존재하는 기말재고자산(미판매분)의 수량을 실제로 조사하고 이렇게 파악된 기말재고자산의 수량을 판매가

능재고수량에서 차감하여 당기판매수량을 역으로 산출하는 방식이다. 따라서 재고조사가 이루어지기까지는 판매된 수량을 파악할 수 없으므로 기중 재고자산 판매시에는 매출원가 및 상품 감소에 대한 회계처리를 수행할 수 없다. 즉, 기말재고수량이 파악되는 결산일에 매출원가 및 상품 감소에 대한 회계처리를 수행한다.

기초재고수량 + 당기매입수량 − 기말재고수량 = 당기판매수량

한편, 도난, 파손, 자연감소 등의 이유로 감소한 재고수량을 파악하기 위해서는 재고의 입·출고에 관한 기록을 계속 기록하여 기말 장부상의 수량을 파악하고, 이를 실제로 존재하는 재고수량과 비교해야 할 것이다. 따라서 대부분의 기업은 계속기록법이나 실사법 어느 한 가지의 방법만 선택하는 경우는 거의 없다. 실무적으로는 재고자산의 감소를 파악할 수 있는 혼합법이 주로 이용된다. 혼합법을 이용하여 파악된 감소된 재고자산은 재고자산감모손실로 회계처리한다.[3)]

(3) 계속기록법과 실사법 하에서의 회계처리

계속기록법과 실사법은 그 자체가 회계처리방법이 아니라는 점에 주의해야 한다. 계속기록법과 실사법은 판매가능재고수량을 판매된 수량과 미판매된 수량으로 배분하는 방법이다. 그렇다면 회계처리는 언제 이루어져야 하는가? 그 답은 판매된 수량과 미판매된 수량 및 단가의 정보가 확인될 때 회계처리한다는 것이다. 즉, 계속기록법 하에서는 판매수량에 관한 정보가 판매 될 때마다 확인되므로 판매할 때마다 매출원가를 기록하며, 실사법 하에서는 판매수량에 관한 정보가 기말에 가서야 확인되므로 기말에 가서 매출원가를 계산하고 기록하는 것이다.

① 계속기록법

상품매입시 상품계정과목을 사용하고, 상품을 판매할 때마다 매출원가를 기록한다. 따라서 기말 결산시 매출원가에 대한 별도의 분개가 필요 없다.

3) 한국채택국제회계기준에 의하면 재고자산감모손실은 발생한 기간의 재고자산에 대한 비용으로 인식하도록 규정하고 있다. 재고자산에 대한 비용을 매출원가로 한정해서 해석한다면 재고자산감모손실을 매출원가에 포함시키는 것이 타당할 것이다.

② 실사법

상품매입시 매입계정과목을 사용하고, 상품을 판매할 때 매출원가를 기록하지 않으므로 기말 결산시 매출원가를 구하기 위한 분개가 필요하다. 이와 같이 매출원가를 구하기 위한 분개도 수정분개에 해당한다.

두 방법으로 인한 회계처리는 다음과 같다(외상매입 및 외상매출을 가정함).

구 분	계속기록법		실사법	
매 입 시	상 품 ×××	매입채무 ×××	매 입 ×××	매입채무 ×××
매 출 시	매출채권 ×××	매 출 ×××	매출채권 ×××	매 출 ×××
	매출원가 ×××	상 품 ×××		
결 산 시			매출원가 ×××	상 품 ×××
			매출원가 ×××	매 입 ×××
			상 품 ×××	매출원가 ×××

연구

1. '상품'이라는 계정대신 '매입'을 사용하는 이유는 무엇일까?
2. 실사법에서 매입시 '매입' 대신 '상품'이라는 계정과목을 사용하게 된다면, 결산시 분개는 어떻게 바뀌어야 하는가?

예제 2

㈜공기의 상품에 대한 당기 변동내역은 다음과 같다. (단, 모든 거래는 현금으로 이루어짐)

기 초 재 고 : 10개 (매입단가 : ₩1,000)
매 입 : 40개 (매입단가 : ₩1,000)
매 출 : 30개 (판매단가 : ₩2,000)

(물음 1) 계속기록법에 하에서 매입시점, 매출시점 및 기말시점의 회계처리를 하라.

(물음 2) 실사법 하에서 매입시점, 매출시점 및 기말시점의 회계처리를 하라. 기말에 재고실사를 한 결과 기말재고의 수량은 15개이다.

(물음 3) (물음 1)과 (물음 2)에서의 매출원가는 각각 얼마인가? 또한 매출원가에 차이가 나는 원인을 설명하라.

풀 이

(물음 1)

계속기록법

구분	차변	금액	대변	금액
매입시	(차) 상 품	40,000	(대) 현 금	40,000
매출시	(차) 현 금	60,000	(대) 매 출	60,000
	매 출 원 가	30,000	상 품	30,000
결산시	회계처리 없음			

(물음 2)

실 사 법

구분	차변	금액	대변	금액
매입시	(차) 매 입	40,000	(대) 현 금	40,000
매출시	(차) 현 금	60,000	(대) 매 출	60,000
결산시	(차) 매 출 원 가	10,000	(대) 상 품	10,000
	매 출 원 가	40,000	매 입	40,000
	상 품	15,000	매 출 원 가	15,000

(물음 3)

계속기록법 : ₩30,000

실 사 법 : ₩10,000 + ₩40,000 − ₩15,000 = ₩35,000

계속기록법과 실사법 간에 매출원가 ₩5,000이 차이난다. 이와 같은 차이가 나는 이유는 실사법의 경우 기말에 파악되지 않은, 즉 기중에 원인을 알 수 없이 없어진 재고수량에 대해서도 판매된 것으로 간주하기 때문이다.

2.2 재고자산 원가흐름에 대한 가정

동일한 재고자산이라고 하더라도 매입시점에 따라 매입단가가 변동하면 판매된 재고자산과 미판매된 재고자산에 각각 어떠한 단가를 적용할지 선택해야 한다. 인플레이션 상황으로 예를 들어보자. A사가 보유한 기초재고자산 수량은 120개이며 단가는 ₩100이다. 1월 2일에 추가로 재고자산 80개를 매입하였으며 단가는 ₩120으로 인상되었다. 또한 1월 15일에 추가로 재고자산 50개를 매입하였으며 단가는 ₩130으로 인상되었다.

1월 25일에 현재 보유한 재고자산 250개 가운데 200개를 판매하였다. 여기서 판매된 재고자산 200개와 미판매된 재고자산 50개에 대하여 적용할 수 있는 단가는 무엇인가? 만약 A사가 철저하게 창고에 먼저 들어온 물건부터 순서대로 판매한다면 판매된 200개 가운데 120개의 단가는 ₩100이며, 80개의 단가는 ₩120이 된다. 또한 미판매된 재고자산 50개의 단가는 ₩130이 된다.

그러나 창고에 입고된 순서에 관계없이 무작위하게 판매한다면 과연 판매된 200개의 단가는 얼마로 해야 하는지 결정하기 어려워질 수 있다. 이와 같이 단가를 결정하는 것은 실무적으로 중요한 문제가 될 수 있으며, 이를 해결하기 위한 것이 바로 재고자산 원가흐름에 대한 가정이다.

(1) 개별법(specific identification method)

개별법은 판매된 재고자산 및 미판매된 재고자산의 매입단가를 개별적으로 파악하는 방법이다. 즉, 앞의 예에서 판매된 200개와 미판매된 50개의 매입시점을 모두 일일이 파악하여 단가를 조사하는 것이다. 개별법은 논리적인 측면에서 가장 이상적인 방법일 수 있으나 재고자산의 종류, 수량이 많은 경우에는 실무적으로 적용하기 어렵다.

(2) 선입선출법(first-in first-out method: FIFO)

개별법은 실무적으로 적용가능성이 낮기 때문에 재고자산의 물량흐름에 대해서 일정한 가정을 하게 된다. 선입선출법은 먼저 매입한 상품부터 먼저 매출한다는 가정에 의한 방법이다.

(3) 가중평균법(weighted average cost method)

가중평균법은 일정기간 동안의 재고자산에 대한 평균 단위당 원가를 구하여 기말재고금액과 매출원가를 계산하는 방법이다. 가중평균법은 재고자산 원가흐름 기록방법으로 계속기록법을 적용하는 경우에는 이동평균법이 되며, 실사법을 적용하는 경우에는 총평균법이 된다.

이동평균법은 상품을 신규로 매입할 때마다 판매가능재고의 평균단가를 계산해 놓고 판매시에 해당 단가를 이용하여 매출원가를 계산한다. 반면에 총평균법은 총판매가능재고에 대한 평균단가를 기말시점에 일괄적으로 계산한다.

(4) 후입선출법(last-in first-out method: LIFO)

후입선출법은 나중에 매입한 상품부터 먼저 매출한다는 가정에 의한 방법이다. 한국채택국제회계기준에서는 후입선출법을 허용하지 않고 있다.

다음과 같은 재고자산 내역을 이용하여 원가흐름별 재고자산 단가를 결정하여 보자.

일 자	매 입		매 출
	수 량	단 가	수 량
기 초(1/1)	100	100	
매 입(3/2)	500	110	
매 출(4/1)			400
매 입(5/4)	500	120	
매 출(9/9)			400

* 단, 기말재고의 장부상 수량과 실재 수량은 동일하다.

1) 선입선출법

선입선출법은 먼저 매입한 재고가 먼저 매출된다고 가정한다.

① 계속기록법

계속기록법에 의하면 4/1에 매출된 재고자산 400개의 매출원가는 기초재고 100개와 3/2에 매입한 300개로 구성되고, 9/9일 매출된 재고자산 400개의 매출원가는 3/2 매입한 200개와 5/4일 매입한 200개로 구성 되고, 매출되지 않고 남은 재고자산이 기말재고액이 된다.

매출원가 : [(100 × 100) + (300 × 110)] + [(200 × 110) + (200 × 120)] = ₩89,000

기말재고액 : 300 × 120 = ₩36,000

② 실사법

앞서 설명한 바와 같이 실사법 하에서는 미판매된 기말재고의 원가를 먼저 파악하고, 이를 총 판매가능재고 원가에서 차감하여 매출원가를 계산한다. 따라서 미판매된 재고 300개의 단가를 먼저 파악해야 하는데, 선입선출법의 가정을 적용하게 되면 기말재고는 가장 최근에 매입한 재고로 구성되어 있는 것으로 본다. 즉, 위의 사례에서 기말재고액 300개의 단가는 모두 5/4에 매입한 것으로 보고 기말재고액을 산출하고, 이를 총판매가능상품액에서 차감하여 매출원가를 구한다.

기말재고액 : 300 × 120 = ₩36,000

매출원가 : [(100 × 100) + (500 × 110) + (500 × 120)] − 36,000 = ₩89,000

2) 가중평균법

① 계속기록법(이동평균법)

계속기록법 하에서 가중평균법을 적용하는 경우 이를 이동평균법이라고 한다. 이동평균법에서는 매입시점마다 재고자산의 평균단가를 구한다.

4/1 매출시점에서의 매출원가 :

매출직전 보유 재고자산의 평균단가 : $\frac{(100 \times 100) + (500 \times 110)}{600} = 108$

매출원가 : 400 × 108 = ₩43,200

9/6 매출시점에서의 매출원가 :

매출직전 보유 재고자산의 평균단가 : $\frac{(200 \times 108) + (500 \times 120)}{700} = 116$

매출원가 : 400 × 116 = ₩89,600
기말재고 : 300 × 116 = ₩34,800

② 실사법(총평균법)

실사법 하에서 가중평균법을 총평균법이라고 한다. 총평균법에서는 기말시점에 총 판매가능재고에 대한 평균단가를 구해야 한다.

$$\text{총판매가능재고 평균단가} = \frac{\text{총판매가능재고 금액}}{\text{총판매가능재고 수량}} = \frac{\text{기초재고금액} + \text{당기매입액}}{\text{기초재고수량} + \text{당기매입수량}}$$

$$총평균단가 : \frac{(100 \times 100) + (500 \times 110) + (500 \times 120)}{1,100개} = ₩113$$

기말재고액 : $300 \times 113 = ₩33,900$

매출원가 : $[(100 \times 100) + (500 \times 110) + (500 \times 120)] - 33,900 = ₩91,100$

예제 3

다음은 ㈜연무의 10월 중 재고자산과 관련된 자료이다.

10/ 1	기초재고	50개	단 가	300원
10/ 4	매 입	60개	단 가	330원
10/10	매 출	40개		
10/15	매 입	30개	단 가	340원
10/20	매 출	80개		
10/31	매 입	20개	단 가	350원

(물음 1) ㈜연무가 계속기록법을 적용할 경우 선입선출법과 가중평균법에 의한 10월 매출원가와 10월말 기말재고자산 금액을 구하라.

(물음 2) ㈜연무가 실사법을 적용할 경우 선입선출법과 가중평균법에 의한 10월 매출원가와 10월말 기말재고자산 금액을 구하라. 기말 실사결과 기말재고의 수량은 40개로 파악되었다.

(물음 3) ㈜연무는 실사법을 적용하는 것과 동일하게 기말에 매출원가에 대한 회계처리를 하되, 재고자산에 대한 수량변화를 지속적으로 기록하는 혼합법을 적용하고 있다. 기말 실사결과 기말재고의 수량은 30개로 파악되었다. 선입선출법과 가중평균법에 의한 10월 매출원가, 재고자산감모손실 및 10월말 기말재고자산 금액을 구하라. 단, 재고자산감모손실은 매출원가에 포함시키지 않는다.

풀이

(물음 1) 계속기록법

① 계속기록법 + 선입선출법

일자		적요	매 입			매 출			잔 액		
			수량	단가	금액	수량	단가	매출원가	수량	단가	금액
10	1	전기이월	50	300	15,000				50	300	15,000
	4	매입	60	330	19,800				50 60	300 330	15,000 19,800
	10	매출				40	300	12,000	10 60	300 330	3,000 19,800
	15	매입	30	340	10,200				10 60 30	300 330 340	3,000 19,800 10,200
	20	매출				10 60 10	300 330 340	3,000 19,800 3,400	20	340	6,800
	31	매입	20	350	7,000				20 20	340 350	6,800 7,000

* 매출원가 : ₩38,200, 기말재고액 : ₩13,800

② 계속기록법 + 가중평균법: (이동평균법)

일자		적요	매 입			매 출			잔 액		
			수량	단가	금액	수량	단가	매출원가	수량	단가	금액
10	1	전기이월	50	300	15,000				50	300	15,000
	4	매입	60	330	19,800				110	316.36	34,800
	10	매출				40	316.36	12,654	70	316.36	22,146
	15	매입	30	340	10,200				100	323.46	32,346
	20	매출				80	323.46	25,877	20	323.46	6,469
	31	매입	20	350	7,000				40	336.73	13,469

* 매출원가: ₩38,531, 기말재고액: ₩13,469

(물음 2) 실사법

① 실사법 + 선입선출법

선입선출법에 의하면 기말재고 40개는 가장 최근에 매입한 단가로 구성되어 있다.

따라서

기말재고액 = 20 × ₩350 + 20 × ₩340 = ₩13,800
매출원가 = ₩52,000 − ₩13,800 = ₩38,200

② 실사법 + 가중평균법: (총평균법)
가중평균법을 적용하기 위해서는 총판매가능재고에 대한 평균단가를 먼저 계산해야 한다.
총판매가능재고 평균단가 = ₩52,000/160 = ₩325
기말재고액 = 40 × ₩325 = ₩13,000
매출원가 = ₩52,000 − ₩13,000 = ₩39,000

(물음 3)

① 혼합법(수량파악&실사법) + 선입선출법
장부상 기말재고 수량 : 40개
실재 기말재고 수량 : 30개
감 모 수 량 : 10개
장부상 기말재고액 = 20 × ₩350 + 20 × ₩340 = × ₩13,800
매 출 원 가 = ₩52,000 − ₩13,800 = ₩38,200
감 모 손 실 금 액 = 10 × ₩340 = ₩3,400

※ 감모손실을 매출원가에 포함시킬 경우
매출원가 = ₩38,200 + ₩3,400 = ₩41,600
or
매출원가 = ₩52,000 − (20 × ₩350 + 10 × ₩340) = ₩41,600

② 혼합법(수량파악&실사법) + 가중평균법
총판매가능재고 평균단가 = ₩52,000/160 = ₩325
장부상 기말재고액 = 40 × ₩325 = ₩13,000
매 출 원 가 = ₩52,000 − ₩13,000 = ₩39,000
감 모 손 실 금 액 = 10 × ₩325 = ₩3,250

※ 감모손실을 매출원가에 포함시킬 경우
매출원가 = ₩39,000 + ₩3,250 = ₩42,250
or
매출원가 = ₩52,000 − (30 × ₩325) = ₩42,250

* 실무에서 주로 사용하는 혼합법(계속기록법&실사법)은 기중에는 계속기록법으로 회계처리를 하고, 기말에 실사를 실시하여 감모손실을 반영하는 회계처리를 한다. (물음 3)의 ①의 경우 계속기록법&실사법 + 선입선출법으로 계산을 해도 기말 재고자산과 매출원가는 동일하게 각각 ₩10,400[=(20 × ₩350) + (10 × ₩340)], ₩41,600(= ₩52,000 − ₩10,400)이 산출된다(감모손실을 매출원가에 포함한 경우). 이는 선입선출법으로 원가를 가정하는 경우 매출원가와 기말 재고자산은 수량결정방법에 영향을 받지 않기 때문이다.
그러나 (물음 3)의 ②는 계속기록법&실사법을 적용하게 되면 이동평균법으로 매출원가와 기말 재고자산을 계산하기 때문에 상이한 답이 산출된다. 이 방법으로 계산한 기말 재고자산은 (물음 1)의 ②의 계속기록법 + 가중평균법으로 계산한 기말재고금액 ₩13,469(= 40 × ₩336.73) 대신 10개의 감모손실을 고려한 ₩10,102(= 30 × ₩336.73)으로 계산한다. 따라서 매출원가는 ₩41,898(= ₩52,000 − ₩10,102)이 된다(감모손실을 매출원가에 포함한 경우).

(5) 원가흐름가정의 비교(선입선출법과 가중평균법의 비교)

예제 3의 결과를 보면, 물가가 상승하고 있는 상황에서 원가흐름의 기록방법, 원가흐름의 가정에 따라 매출원가와 기말재고 금액에 차이가 발생하는 것을 확인할 수 있다. 즉, 선입선출법의 경우 평균법과 비교하여 매출원가가 상대적으로 작은 금액으로 계산되며, 기말재고 금액은 상대적으로 큰 금액으로 계산된다. 예제 3에 나타난 재고자산 평가방법간의 금액들을 비교하면 다음과 같다.

	계속기록법		실사법	
	선입선출법	가중평균법 (이동평균법)	선입선출법	가중평균법 (총평균법)
판 매 가 능 재 고	₩52,000	₩52,000	₩52,000	₩52,000
기 말 재 고	13,800	13,469	13,800	13,000
매 출 원 가	38,200	38,531	38,200	39,000

선입선출법과 가중평균법만 비교해보면 매입단가가 상승하는 상황에서 기말재고 금액의 크기는 '선입선출법 > 가중평균법'의 관계가 성립한다. 매출원가의 크기는 반대로 '선입선출법 < 가중평균법'의 관계가 성립한다. 또한 계속기록법과 실사법을 비교해보면 선입선출법의 경우 결과가 동일하지만, 기말재고 금액의 크기는 '이동평균법 > 총평균법'의

관계가 성립하며, 매출원가의 크기는 반대로 '이동평균법 < 총평균법'의 관계가 성립한다.[4)]

이러한 차이가 발생하는 이유는 다음과 같다. 물가가 상승하는 상황에서는 후속시점에 매입한 재고자산일수록 높은 가격을 가지게 되어 후속 시점에 매입한 재고자산이 기말재고에 많이 포함될수록 기말재고자산 금액은 높게 계산되며, 반대로 매출원가는 낮게 계산되는 것이다. 만약, 물가가 하락하는 상황에서는 위의 결과와 반대의 결과가 나타날 것이다.

2.3 재고자산의 평가(저가법)

재무상태표상의 자산은 그 목적 및 측정가능성에 따라서 '취득원가' 또는 '시장가치'를 적용한다. 예를 들어, 어떤 회사가 한 달 전에 ₩1,000에 구입한 자산을 기말 현재 보유하고 있는데, 이를 곧 처분한다고 하면 정보이용자는 해당 자산의 처분으로 기업이 얼마의 이익을 얻을 것인가에 관심을 갖게 될 것이다. 즉, 처분시점이 얼마 남지 않은 현재의 '시장가치'에 관심을 갖게 될 것이다. 만약 해당 자산의 현재가치가 ₩1,200원이라면 회사는 해당 자산의 장부금액을 ₩1,200으로 수정하면서 ₩200의 평가이익을 기록할 때 정보이용자의 요구에 부응하게 되는 것이다.

즉, 단기간 내에 처분할 목적으로 보유한 자산에 대해서 정보이용자는 해당 자산을 처분하게 되면 과연 얼마의 현금이 기업으로 유입될 것인가에 대해서 관심을 가질 것이며, 이러한 자산에 대해서 '시장가치'의 측정이 가능하다면 '시장가치'로 측정하는 것이 목적적합한 정보를 제공하게 된다.

그렇다면 재고자산의 보유목적은 무엇인가? 재고자산은 단기간 내에 판매하기 위한 자산이다. 따라서 '시장가치'로 평가하는 것이 타당할 것처럼 보인다. 그러나 재고자산의 판매는 생각처럼 쉬운 과정이 아니다. 기업이 판매를 위해서는 광고, 판촉 등 많은 노력을 기울여야 한다. 따라서 재고자산의 평가에 시장가치를 적용하게 되면, 판매, 판촉 등

4) 재고자산평가방법은 주어진 판매가능재고 금액을 매출원가와 기말재고로 어떻게 배분하는가 하는 문제이다. 따라서 어떠한 재고자산평가방법을 적용하더라도 판매가능재고 금액은 항상 동일하며 기말재고 금액이 크게 계산되는 방법은 매출원가가 작게 계산된다.

의 많은 노력을 기울이지 않아도 재고자산을 보유했다는 이유만으로 기업의 손익이 결정되는 문제가 발생한다. 이러한 이유에서 재고자산에 대해서는 '시장가치'가 아닌 '취득원가'로 기록하게 된다. 즉, 앞에서 설명한 원가흐름의 기록방법, 원가흐름에 대한 가정을 적용하여 최종 계산한 금액은 재고자산의 '취득원가'에 근거한 것이다.

그러나 재고자산의 순실현가능가치가 취득원가보다 상승하는 경우는 제외하고, 하락하는 경우에 한해서 순실현가능가치로 재고자산의 장부상 금액을 평가하고(자산의 감소: 대변), 해당 금액만큼 손실(손실의 발생: 차변)을 인식하게 된다. 이를 저가법이라 한다. 저가법은 이론적 근거에 의한 방법이라기보다는 보수주의(conservatism)라는 회계관행에 의한 회계처리 방법이다.

재고자산의 순실현가능가치는 정상적인 영업과정에서의 추정 판매금액에서 제품을 완성하는데 소요될 것으로 추정되는 추가원가와 추정 판매비용을 차감하여 구한다. 또한 저가법은 종목별로 적용한다. 그러나 재고항목들이 서로 유사하거나 관련되어 있는 경우에는 저가법을 조별로 적용할 수 있다.

재고자산의 순실현가능가치가 장부금액 미만으로 하락할 경우 재고자산평가손실을 차변에 기록하며, 동일한 금액의 재고자산평가충당금을 대변에 기록한다.[5] 재고자산평가충당금은 재고자산에 대한 차감계정으로 표시한다.

(차) 재고자산평가손실	×××	(대) 재고자산평가충당금	×××

5) 한국채택국제회계기준에 의하면 재고자산평가손실은 발생한 기간의 재고자산에 대한 비용으로 인식하도록 규정하고 있다. 재고자산에 대한 비용을 매출원가로 한정해서 해석한다면 재고자산평가손실을 매출원가에 포함시키는 것이 타당할 것이다. 이러한 논의는 재고자산감모손실에서와 동일하다.

예제 4

㈜세봉의 기말 재고자산에 대한 자료는 다음과 같다.

종 목	취득원가	순실현가능가치
A상품	₩1,000	₩800
B상품	2,000	2,100
C상품	1,500	1,400

(물음 1) A, B, C가 각각 다른 종류의 상품일 경우 재고자산평가손실은 얼마인가?

(물음 2) A, B, C가 유사한 종류의 상품에 해당하여 조별로 저가법을 적용할 경우 재고자산평가손실은 얼마인가?

풀이

(물음 1)

각각 다른 종류의 상품일 경우에는 반드시 종목별로 저가법을 적용해야 한다. 순실현가능가치가 취득원가보다 높은 B상품에 대해서는 저가법 적용에서 제외된다.

재고자산평가손실 = A상품에 대한 재고자산평가손실 + C상품에 대한 재고자산평가손실
= 200 + 100 = 300

(물음 2)

조별로 저가법을 적용하게 되면 조별 전체금액에 대해서 저가법을 적용한다.

재고자산평가손실 = 4,500 − 4,300 = 200

예제 5

㈜한국은 실사법을 적용하여 재고자산에 대한 회계처리를 하고 있으며, 지속적으로 재고자산의 수량 변동에 대해서 기록하고 있다.

구 분	수 량	단 가
기초재고	80개	₩200
당기매입	200	200
장부상기말재고	50	200
실재기말재고	40	170 (순실현가능가치)

(물음 1) ㈜한국이 기말에 인식할 재고자산감모손실과 재고자산평가손실은 얼마인가?
(물음 2) ㈜한국이 기말에 수행해야 하는 회계처리는 무엇인가?

풀이

(물음 1)

수량의 감소와 저가법 평가가 동시에 주어지는 경우에는 수량의 감소부터 인식하여 장부상 수량을 실재수량으로 조정한 후에 저가법을 적용해야 한다. 만약 저가법 평가부터 인식하게 되면 실재 존재하지 않는 10개의 기말재고에 대해서도 평가손실이 인식되는 문제가 발생한다.

재고자산감모손실 : 10개 × ₩200 = ₩2,000(장부상 수량을 실재수량으로 조정)
재고자산평가손실 : 40개 × ₩ 30 = ₩1,200(실재수량에 근거한 저가법 평가)

(물음 2)

(차)	매출원가	16,000	(대)	상품	16,000
(차)	매출원가	40,000	(대)	매입	40,000
(차)	상품	10,000	(대)	매출원가	10,000
(차)	재고자산감모손실	2,000	(대)	상품	2,000
(차)	재고자산평가손실	1,200	(대)	재고자산평가충당금	1,200

※ 재고자산감모손실 및 재고자산평가손실이 매출원가에 포함되지 않는다면, 해당 계정은 포괄손익계산서의 기타비용으로 분류하며, 매출원가에 포함된다면 수정분개를 통해 재고자산감모손실 및 재고자산평가손실을 매출원가로 대체하거나 포괄손익계산서의 매출원가 구성요소로 보고할 수 있다.

2.4 재고자산의 추정

앞서 설명한 방법들 외에 매출원가 또는 기말재고자산 금액을 개략적으로 추정하는데 사용되는 매출총이익법(gross profit method)이 있다. 매출총이익법은 매출총이익률(= 매출총이익 / 매출액)을 이용하여 매출원가와 기말재고 금액을 추정하는 방법이다. 이 방법은 재고실사가 어렵거나 불가능한 경우 또는 빠른 시간 안에 매출원가와 기말재고 금액을 추정해야 하는 경우에 사용된다. 예를 들어, 과거의 매출총이익률이 20%였다면 올해도 비슷한 수준이라고 가정할 수 있을 것이다. 올해의 매출액이 ₩1,000,000이라면 매출총이익은 약 ₩200,000 (₩1,000,000 × 20%)으로 추정되며, 매출원가는 ₩800,000(₩1,000,000 − ₩200,000)으로 추정될 것이다. 만약 올해의 판매가능재고 금액이 ₩1,200,000이었다면 기말재고는 ₩400,000(₩1,200,000 − ₩800,000)으로 추정된다.

이와 같이 매출총이익법은 추정에 의한 방법으로 재무제표 작성 시에는 허용되지 않는다. 다만, 화재, 천재지변, 도난 등으로 소실된 재고자산을 추정하는 경우 또는 회계감사인이 적정 기말재고 금액을 개략적으로 파악하고자 할 때 사용될 수 있다.

예제 6

㈜한국은 10월 말에 화재로 인해 창고에 있던 모든 재고자산이 소실되었다. ㈜한국은 실사법을 적용하고 있었기 때문에 10월 말 현재 보유하고 있던 재고자산 금액을 알 수가 없다. 따라서 매출총이익법을 이용하여 소실된 재고자산의 금액을 추정하려고 한다. 자료는 다음과 같다.

기 초 재 고	₩500,000
1/1부터 10/31까지 매입액	1,500,000
1/1부터 10/31까지 매출액	2,200,000

(물음 1) 전년도 매출총이익률이 30%라고 할 때, 지난 10개월간 ㈜한국의 매출원가는 얼마로 추정되는가?

(물음 2) 소실된 재고자산의 금액은 얼마로 추정되는가?

풀 이

(물음 1)

10개월 간의 매출원가 = 10개월 간의 매출액 − 10개월 간의 매출총이익
= ₩2,200,000 − ₩2,200,000 × 30%
= ₩1,540,000

(물음 2)

10월 말 재고자산 = ₩500,000 + ₩1,500,000 − ₩1,540,000
= ₩460,000

✓ 보 론 기말재고수량에 포함될 항목

회사는 창고에 보관 중인 재고자산을 대상으로 실사를 실시한다. 그러나 회사 창고에 보관되어 있지 않더라도 기말재고에 포함시켜야 하는 경우 또는 회사의 창고에 보관되어 있더라도 기말재고에서 제외해야 하는 경우도 있다. 다음의 경우가 여기에 해당한다.

1) 미착품

미착품은 결산일 현재 운송 중이기 때문에 기말 창고에는 존재하지 않으나 경우에 따라 기말재고자산에 포함해야 하는 매입상품을 말한다. 미착품은 선적지 인도기준 혹은 도착지 인도기준에 따라 재고자산에 포함여부가 결정된다.

① 선적지 인도기준
선적시점에서 매입된 것으로 보아 선적시점 이후에 매입자의 재고자산에 포함시킨다.

② 도착지 인도기준
도착시점에서 매입된 것으로 보아 도착시점 이후에 매입자의 재고자산에 포함시킨다.

2) 위탁품

다른 사람에게 위탁하여 상품을 판매하는 것을 위탁판매라 하고 위탁판매를 목적으로 발송한 상품을 위탁품이라 한다. 위탁품은 위탁자가 수탁자에게 판매를 의뢰한 상품이므로 수탁자가 판매하기 전까지는 위탁자의 재고자산에 포함시킨다.

3) 시용품

시용판매(trial sales)란 거래처에 상품을 발송한 뒤에 상대방에서 그 상품을 시험적으로 사용해 본 후에 구입하겠다는 의사표시가 있으면 비로소 매매계약이 성립되는 판매방법을 말한다. 이때 시용판매를 위하여 거래처에 발송한 상품을 시용품이라 한다. 시용품은 소비자가 구입 의사표시를 한 시점에서 판매가 이루어진 것으로 보기 때문에 구입 의사표시를 하기 전까지는 판매자의 재고자산에 포함시킨다.

Chapter 7 연습문제

1 기업회계기준상의 재고자산평가방법(원가배분 방법)을 설명하시오.

2 매입할인과 매출할인에 대하여 설명하시오.

3 다음은 ㈜공기의 상품매매 관련 자료이다. ㈜공기는 실사법을 적용한다. (단위 : 원)

기초재고자산액	70,000	총 매 입 액	710,000	총 매 출 액	1,020,000
매 입 할 인	20,000	매입환출액	40,000	매 출 할 인	30,000
매출환입액	10,000	매출에누리	10,000	기말재고자산액	80,000
매입에누리	10,000				

(물음 1) 위 자료에 의하여 매출총이익을 계산하시오.

(물음 2) 위 거래내역에 대해 매출원가를 산출하는데 필요한 회계처리를 하시오.

4 다음은 ㈜세봉의 6월 한 달간의 상품매매에 관한 자료이다.

6월 1일 : 전기이월 250개 @ ₩400
4일 : 500개를 @ ₩410에 매입하다.
7일 : 200개를 @ ₩600에 판매하다. (100개는 기초재고, 100개는 6/4 매입분)
15일 : 100개를 @ ₩450에 매입하다.
20일 : 450개를 ₩650 판매하다. (100개는 기초재고, 300개는 6/4 매입분, 나머지는 6/15 매입분)

(물음 1) 다음의 각 방법들에 따라 계속기록법과 실사법에 의한 6월 말의 재고자산 금액을 구하라. 단, 기말실사결과 재고자산 수량은 200개로 파악되었다.

(1) 개별법　　(2) 선입선출법　　(3) 가중평균법

(물음 2) 가중평균법을 적용할 경우 계속기록법과 실사법을 구분하여 각 일자별 및 기말에 필요한 회계처리를 하라. 단, 모든 거래는 외상으로 이루어졌다고 가정하라.

5 다음은 ㈜한국의 20X4년 재고자산에 관련한 거래이다. ㈜한국은 실사법을 적용하여 재고자산에 대한 회계처리를 적용하며, 상품수량의 변동을 지속적으로 기록하고 있다.

1월 1일 : 기초재고 수량은 70개이다. 해당 재고자산의 장부상 금액은 ₩50,000이다.
4월 1일 : 상품 150개를 매입하고 매입대금 ₩150,000은 1년 후에 지급하기로 하였다. 매입운임 ₩7,500은 현금으로 지급하였다.
5월 1일 : 상품 180개를 판매하고 판매대금 ₩360,000을 현금으로 받았다.
8월 1일 : 상품 100개를 매입하고 현금 ₩100,000을 지급하였다. 매입운임 ₩10,000은 현금으로 지급하였다.
10월 1일 : 상품 120개를 판매하고 판매대금 ₩240,000을 현금으로 받았다.
12월 31일 : 실사결과 파악된 기말재고 수량은 10개이다.

(물음 1) 선입선출법, 가중평균법을 적용할 경우 기말재고원가, 매출원가 및 재고자산감모손실을 계산하라. 단, 재고자산감모손실은 매출원가에 포함시키지 않는다.

(물음 2) 선입선출법을 적용할 경우의 일자별 회계처리를 하라.

6 다음은 ㈜공기가 20X4년말 현재 보유한 재고자산에 관한 자료이다. ㈜공기는 기말에 일괄적으로 매출원가를 기록하고 있다. 단, A, B, C는 서로 상이한 상품이다.

상 품	장부상 수량	실재수량	장부상 단가	판매단가	추정 단위당 판매비
A	50개	45개	₩1,000	₩1,200	₩250
B	80	80	1,000	1,300	400
C	100	90	2,000	2,500	400

㈜공기의 기초재고자산은 ₩400,000, 당기매입액은 ₩2,500,000이다.

(물음 1) 20X4년 말에 인식할 재고자산감모손실과 재고자산평가손실은 얼마인가?

(물음 2) 20X4년 포괄손익계산서에 인식하는 재고자산 관련 비용은 총 얼마인가?

(물음 3) 20X4년 말에 필요한 회계처리를 하라.

(물음 4) 20X4년 재고자산에 관한 부분 재무상태표와 매출원가에 관한 부분손익계산서를 작성하라.

(물음 5) A, B, C가 유사한 항목으로 조별로 저가법을 적용할 경우 20X4년 말에 인식할 재고자산감모손실과 재고자산평가손실은 얼마인가?

Chapter 8

유형자산과 무형자산

Chapter 8 유형자산과 무형자산

1 유형자산의 의의와 원가

1.1 유형자산의 정의와 구성

유형자산(tangible assets)은 기업이 영업활동에 장기간 사용하기 위하여 보유하는 물리적 형체가 있는 자산이다. 유형자산 취득은 일반적으로 대규모 투자를 통하여 이루어지기 때문에 유형자산은 총자산 중 큰 비중을 차지하는 중요한 자산이다. 유형자산으로 분류되기 위해서는 다음의 조건이 모두 충족되어야 한다. 예를 들어, 주택건설회사에서 판매목적으로 보유하고 있는 토지와 건물은 유형자산이 아니라 재고자산으로 분류된다.

① 재화나 용역의 생산이나 제공, 타인에 대한 임대 또는 관리활동에 사용할 목적의 자산
② 물리적 형체가 있는 자산
③ 한 회계기간을 초과하여 사용할 것이 예상되는 자산

유형자산의 분류는 [표 1]과 같다.

표 1 유형자산의 분류

항 목	포 함 범 위
토 지	대지, 임야 등
건 물	건물 및 건물부속설비(냉난방, 전기, 통신 등)
구 축 물	교량, 궤도, 갱도, 기타의 토목설비 또는 공작물 등
기 계 장 치	기계장치 · 운송설비와 기타의 부속설비 등
건 설 중 인 자 산	현재 건설 중에 있는 유형자산
기 타 유 형 자 산	차량운반구, 선박, 비품, 공기구 등 기타자산

1.2 유형자산의 원가

(1) 최초원가

유형자산의 (취득)원가는 취득시점이나 건설시점에서 지급한 현금 또는 현금성자산이나 제공한 기타 대가의 공정가치로 측정한다. 또한 유형자산의 취득원가에는 해당 자산을 취득 또는 사용 가능한 상태로 만들 때까지 직접 관련하여 소요된 모든 취득부대비용을 포함한다. 이러한 취득부대비용에는 설치비, 운송비, 시운전비, 지급수수료, 각종 세금 등이 있다.

> 유형자산 취득원가 = 구입(제조)원가 + 취득부대비용

예제 1

다음 기계장치의 취득과 관련한 회계처리를 하시오.

㈜문화는 기계장치를 구입하였다. 기계장치에 대한 구입대금 ₩1,500,000은 3개월 후에 지급하기로 했다. 공장까지 운임 ₩110,000, 공장 내 설치비 ₩35,000, 시운전비 ₩65,000이 발생하였으며, 이들 비용은 모두 현금으로 지급하였다.

풀이

(차)	기 계 장 치	1,710,000	(대)	미 지 급 금	1,500,000
				현 금	210,000

(2) 후속원가

유형자산의 취득이 완료된 후에도 원가에 포함되는 지출이 발생할 수 있다. 예를 들어, 유형자산의 일부를 대체할 때 발생하는 원가가 자산의 인식기준을 충족하는 경우(즉, 유형자산으로부터 얻게 될 미래의 경제적 효익이 증가하는 경우)에는 이를 해당 유형자산의 장부금액에 포함하여 인식한다. 또한 대체되는 부분의 장부금액은 제거한다. 이렇게 유형자산의 장부금액에 포함하여 인식하는 지출을 자본적 지출(capital expenditure)이라고도 한다.

자본적 지출의 예를 들어보면, 새로운 생산공정의 채택이나 기계부품의 성능개선을 통하여 생산능력 증대, 내용연수 연장, 상당한 원가절감이나 품질향상을 가져오는 경우에는 관련된 지출이 미래 경제적 효익을 증가시키므로 자본적 지출로 처리한다. 자본적 지출은 유형자산의 장부금액에 가산되므로 잔여 내용연수에 걸쳐 감가상각을 통해 비용으로 인식된다.[1)]

반면에 일상적인 수선, 유지와 관련하여 발생하는 원가는 해당 유형자산의 장부금액에 포함하지 않고 발생시점의 당기비용(예: 수선유지비)으로 인식하며, 이러한 비용을 수익적 지출(revenue expenditure)이라고도 한다. 예를 들어, 공장설비에 대한 유지 · 보수나 수리를 위한 지출은 당초 예상되었던 성능수준을 향상하기 보다는 유지하기 위한 지출이므로 수익적 지출로 처리한다.

〈자본적 지출〉

(차) 유 형 자 산 ××× (대) 현 금 ×××

〈수익적 지출〉

(차) 비 용 ××× (대) 현 금 ×××

표 2 유형자산의 원가

항 목		개 념
최 초 원 가		제공한 대가의 공정가치 + 취득부대비용
후속원가	자 본 적 지 출	자산의 인식기준을 충족하는 경우 유형자산의 장부금액에 포함
	수 익 적 지 출	일상적인 수선, 유지와 관련한 비용으로 당기 비용처리

1) 관련 예제는 감가상각을 학습한 후에 다루기로 함

예제 2

다음 거래를 분개하라.

① 사용 중이던 건물을 대폭 증축하는 데 ₩1,000,000의 현금이 지급되다.
② 사용 중인 기계가 고장 나서 수리를 위해 ₩50,000을 현금 지급하다.

풀이

①	(차)	건 물	1,000,000	(대)	현 금	1,000,000
②	(차)	수 선 비	50,000	(대)	현 금	50,000

2 유형자산의 감가상각

2.1 감가상각의 의의

(1) 감가상각의 개념

유형자산은 장기간에 걸쳐 영업활동에 사용되면서 수익을 창출한다. 수익을 창출하는 과정에서 유형자산의 가치도 점차 감소하게 된다. 이러한 가치감소분을 비용으로 인식하는 과정이 감가상각(depreciation)이며, 각 회계기간별 가치감소분은 감가상각비로 인식하게 된다.

감가상각은 유형자산의 가치감소를 기록하는 것으로 자칫 유형자산에 대한 기말 평가과정으로 오해될 수 있다. 자산에 대한 기말 평가과정이라는 것은 자산의 장부금액이 실제 가치에 최대한 근접하도록 합리적으로 조정해주는 과정이 되어야 한다. 그러나 유형자산을 보유·사용함에 따라 감소한 가치를 정확하게 파악하는 것은 불가능한 일이다. 가령 건물을 1년 동안 사용한 경우 그 가치가 어느 정도 감소하였을 것임은 분명한 사실이나 실제로 가치가 얼마나 감소했는지 이를 정확히 측정하기란 거의 불가능하다. 따라서 회계학적인 관점에 볼 때 감가상각은 유형자산에 대한 기말 평가과정이 아니라 유형자산의 사용으로 발생할 것으로 예상되는 총비용(다음에 나오는 감가상각대상금액)을 사용기간에 걸쳐 체계적이고 합리적으로 배분하는 원가의 배분과정에 해당한다.

(2) 감가상각의 계산요소

감가상각을 계산하는 데 필요한 기본요소에는 다음의 3가지가 있다.

1) 감가상각대상금액

감가상각계산의 대상이 되는 기준금액으로, 해당 유형자산을 사용하는 총기간 동안 비용으로 인식할 총금액을 의미한다.

감가상각대상금액은 유형자산의 취득원가에서 잔존가치를 차감하여 계산한다. 유형자산의 취득원가는 취득 당시 지급한 금액뿐만 아니라 취득 이후의 자본적 지출액도 이에 포함된다. 잔존가치는 유형자산을 폐기처분할 때 회수할 수 있을 것으로 기대되는 금액을 말한다.

2) 내용연수

내용연수는 영업활동과 관련하여 유형자산이 효익을 제공할 것으로 기대되는 기간을 의미한다. 즉, 유형자산에 대한 일종의 경제적 수명이라 할 수 있다.

유형자산의 내용연수와 관련하여 한 가지 주의할 점은 토지의 경우 내용연수가 무한하다는 것이다. 따라서 토지와 건물을 동시에 취득하는 경우에는 이들을 별개의 자산으로 인식하여 건물에 대해서만 감가상각해야 한다.

3) 감가상각방법

감가상각방법은 감가상각대상금액을 내용연수에 걸쳐 비용(감가상각비)으로 인식하는 방법이다. 유형자산이 제공하는 효익에 대응하는 비용을 회계연도별로 정확히 측정하여 대응시키는 것은 어렵기 때문에 일관성과 합리성을 가진 감가상각방법을 이용하여 감가상각비를 계산한다.

2.2 감가상각 방법

(1) 회계처리 방법

각 회계년도말에 감가상각 계산요소를 고려하여 감가상각액이 계산되면 이를 감가상각비라는 비용계정으로 계상함과 동시에 같은 금액만큼 해당 유형자산의 장부금액을 감소시키는 회계처리를 한다. 다만, 자산의 장부금액을 감소시키는 데 있어서 해당 자산계정에서 직접 차감하지 않고 감가상각누계액이라는 평가계정을 설정하여 자산원가를 간접적으로 차감한다. 이를 통해 유형자산계정에는 항상 취득원가가 표시되고 이에 대한 차감계정 감가상각누계액이 별도로 집계됨으로써 회계정보의 가치를 보다 높일 수 있게 된다.[2]

(차) 감 가 상 각 비 ××× (대) 감 가 상 각 누 계 액 ×××

〈부분 재무상태표〉

⋮		
유 형 자 산	×××	
(감가상각누계액)	(×××)	×××
⋮		

다음의 사례를 통해 유형자산(기계장치)에 대한 감가상각방법을 설명하기로 한다.

표 3 유형자산 감가상각 사례

• 취 득 원 가	₩400,000
• 추 정 내 용 연 수	4년
• 잔 존 가 치	₩40,000
• 추 정 총 작 업 시 간	50,000시간

(2) 정액법

정액법(straight-line method)은 유형자산의 감가상각이 시간의 경과에 정비례하여 발생하는 것으로 가정하여 매년 동일한 금액을 상각해 나가는 방법이다. 정액법을 이용하여 감가상각비를 산출하는 공식은 다음과 같다.

2) 유형자산의 취득원가 정보는 기업의 영업규모를 판단하는데 중요한 정보로 활용될 수 있다

$$감가상각비 = (취득원가 - 잔존가치) \times \frac{1}{내용연수}$$
$$= 감가상각대상금액 \times \frac{1}{내용연수}$$

예제 3

[표 3]의 정보를 이용하여 정액법에 의해 감가상각비를 계산하고 분개하시오.

풀이

• 정액법 감가상각표

연 도	기초장부가액	감가상각비	상각누계액	기말장부가액
1차	₩400,000	₩90,000[1)]	₩90,000	₩310,000
2차	310,000	90,000	180,000	220,000
3차	220,000	90,000	270,000	130,000
4차	130,000	90,000	360,000	40,000

1) $(₩400,000 - ₩40,000) \times \frac{1}{4} = ₩90,000$

• 매년말 회계처리

(차) 감 가 상 각 비 90,000 (대) 감 가 상 각 누 계 액 90,000

(3) 정률법

정률법(fixed-percentage method)은 유형자산의 취득원가에서 감가상각누계액을 차감한 미상각잔액에 일정한 감가상각률을 곱하여 감가상각비를 계산하는 방법이다. 정률법을 이용하여 감가상각비를 산출하는 공식은 다음과 같다.

$$감가상각비 = (취득원가 - 감가상각누계액) \times 상각률 = 장부금액 \times 상각률$$
$$상\ 각\ 률 = 1 - \sqrt[n]{\frac{잔존가치}{취득원가}} \quad (n : 내용연수)$$

정률법을 적용하면 연수가 경과할수록 감가상각비가 적게 계상된다. 이와 같이 유형자산을 취득한 초기에 감가상각비를 많이 계상하고 나중 연도에는 적게 계상하는 상각법을 체감법 혹은 가속상각법이라고 한다.

예제 4

[표 3]의 정보를 이용하여 정률법에 의해 감가상각비를 계산하고 분개하시오.

풀 이

- 감가상각률 : $1 - \sqrt[4]{\frac{40,000}{400,000}} \fallingdotseq 0.438$

- 정률법 감가상각표

연 도	기초장부가액	상각률	감가상각비	상각누계액	기말장부가액
1차	₩400,000	43.8%	₩175,200[1]	₩175,200	₩224,800
2차	224,800	43.8	98,462[2]	273,662	126,338
3차	126,338	43.8	55,336[3]	328,998	71,002
4차	71,002	43.8	31,002[4]	360,000	40,000

1) (₩400,000 − 0) × 43.8% = ₩175,200
2) (₩400,000 − 175,200) × 43.8% = ₩98,462
3) (₩400,000 − 273,662) × 43.8% = ₩55,336
4) 기말 장부금액이 잔존가치 ₩40,000과 일치하도록 감가상각비를 ₩31,002(= ₩71,002 − ₩40,000) 인식

- 매년말 회계처리

1차연도	(차)	감 가 상 각 비	175,200	(대)	감가상각누계액	175,200
2차연도	(차)	감 가 상 각 비	98,462	(대)	감가상각누계액	98,462
3차연도	(차)	감 가 상 각 비	55,336	(대)	감가상각누계액	55,336
4차연도	(차)	감 가 상 각 비	31,002	(대)	감가상각누계액	31,002

(4) 이중체감법

이중체감법(double-declining balance method)은 정액법의 감가상각율을 2배한 상각률을 이용하여 정률법과 동일한 방법으로 감가상각비를 계산하는 방법이다. 이중체감법을 이용하여 감가상각비를 계산하는 공식은 다음과 같다.

$$\text{감가상각비} = (\text{취득원가} - \text{감가상각누계액}) \times \frac{2}{\text{내용연수}}$$
$$= \text{장부금액} \times \frac{2}{\text{내용연수}}$$

예제 5

[표 3]의 정보를 이용하여 이중체감법에 의해 감가상각비를 계산하고 분개하시오.

풀이

- 이중체감법 감가상각표

연 도	기초장부가액	상각률	감가상각비	상각누계액	기말장부가액
1차	₩400,000	50%	₩200,000[1)]	₩200,000	₩200,000
2차	200,000	50%	100,000[2)]	300,000	100,000
3차	100,000	50%	50,000[3)]	350,000	50,000
4차	50,000	50%	10,000[4)]	360,000	40,000

1) (₩400,000 − 0) × 2/4 = ₩200,000
2) (₩400,000 − 200,000) × 2/4 = ₩100,000
3) (₩400,000 − 300,000) × 2/4 = ₩50,000
4) 기말 장부금액이 잔존가치 ₩40,000과 일치하도록 감가상각비를 ₩10,000(= ₩50,000 − ₩40,000) 인식

- 매년말 회계처리

1차연도	(차)	감 가 상 각 비	200,000	(대)	감가상각누계액	200,000
2차연도	(차)	감 가 상 각 비	100,000	(대)	감가상각누계액	100,000
3차연도	(차)	감 가 상 각 비	50,000	(대)	감가상각누계액	50,000
4차연도	(차)	감 가 상 각 비	10,000	(대)	감가상각누계액	10,000

(5) 연수합계법

연수합계법(sum-of-the-years’ method)은 내용연수의 급수합계(sum of digits)를 분모로 하고 잔여내용연수를 분자로 하는 상각률을 감가상각대상금액에 곱하여 매년의 감가상각비를 계산하는 방법이다. 연수합계법을 이용하여 감가상각비를 계산하는 공식은 다음과 같다.

$$감가상각비 = (취득원가 - 잔존가치) \times \frac{잔여내용연수}{내용연수의\ 연수합계}$$
$$= 감가상각대상금액 \times \frac{잔여내용연수}{내용연수의\ 연수합계}$$

예제 6

[표 3]에서 연수합계법에 의해 감가상각비를 계산하고 분개하시오.

풀이

• 연수합계법 감가상각표

연 도	기초장부가액	감가상각 대상금액	상각률	감가상각비	상각누계액	기말장부가액
1차	₩400,000	₩360,000	4/10	₩144,000[1)]	₩144,000	₩256,000
2차	256,000	360,000	3/10	108,000[2)]	252,000	148,000
3차	148,000	360,000	2/10	72,000[3)]	324,000	76,000
4차	76,000	360,000	1/10	36,000[4)]	360,000	40,000

1) 1차연도 감가상각비 : (₩400,000 − 40,000) × $\frac{4}{10^*}$ = ₩144,000
   * (4 + 3 + 2 + 1) = 10
2) 2차연도 감가상각비 : (₩400,000 − 40,000) × $\frac{3}{10}$ = ₩108,000
3) 3차연도 감가상각비 : (₩400,000 − 40,000) × $\frac{2}{10}$ = ₩72,000
4) 4차연도 감가상각비 : (₩400,000 − 40,000) × $\frac{1}{10}$ = ₩36,000

• 매년 말 회계처리

1차연도	(차)	감가상각비	144,000	(대)	감가상각누계액	144,000
2차연도	(차)	감가상각비	108,000	(대)	감가상각누계액	108,000
3차연도	(차)	감가상각비	72,000	(대)	감가상각누계액	72,000
4차연도	(차)	감가상각비	36,000	(대)	감가상각누계액	36,000

(6) 작업시간 · 생산량비례법

작업시간 · 생산량비례법(service-hours method and productive-output method)은 유형자산의 감가상각이 작업시간 또는 생산량에 비례하여 나타나는 것으로 가정하는 방법이다.

자산으로부터 기대되는 총작업가능시간 혹은 총생산가능량을 추정하여 전체추정시간(량) 중에서 당기 사용시간 혹은 생산량에 비례하여 감가상각비를 계산하는 방법이다. 작업시간 혹은 생산량비례법을 이용하여 감가상각비를 계산하는 공식은 다음과 같다.

$$\text{감가상각비} = (\text{취득원가} - \text{잔존가치}) \times \frac{\text{실제작업시간(실제생산량)}}{\text{추정총작업시간(추정총생산량)}}$$

$$= \text{감가상각대상금액} \times \frac{\text{실제작업시간(실제생산량)}}{\text{추정총작업시간(추정총생산량)}}$$

예제 7

[표 3]의 정보를 이용하여 1차/2차/3차/4차 연도의 실제 생산시간이 15,000시간/10,000시간/20,000시간/5,000시간인 경우에 작업시간비례법에 의해 감가상각비를 계산하고 분개하시오.

풀 이

- 1차연도 감가상각비

$$(₩400{,}000 - 40{,}000) \times \frac{15{,}000\text{시간}}{50{,}000\text{시간}} = ₩108{,}000$$

- 2차연도 감가상각비

$$(₩400{,}000 - 40{,}000) \times \frac{10{,}000\text{시간}}{50{,}000\text{시간}} = ₩72{,}000$$

- 3차연도 감가상각비

$$(₩400{,}000 - 40{,}000) \times \frac{20{,}000\text{시간}}{50{,}000\text{시간}} = ₩144{,}000$$

- 4차연도 감가상각비

$$(₩400,000 - 40,000) \times \frac{5,000시간}{50,000시간} = ₩36,000$$

- 1차연도 회계처리

(차) 감 가 상 각 비	108,000	(대) 감가상각누계액	108,000

- 2차연도 회계처리

(차) 감 가 상 각 비	72,000	(대) 감가상각누계액	72,000

- 3차연도 회계처리

(차) 감 가 상 각 비	144,000	(대) 감가상각누계액	144,000

- 4차연도 회계처리

(차) 감 가 상 각 비	36,000	(대) 감가상각누계액	36,000

(7) 기중취득자산

유형자산을 회계연도 중에 취득하게 되면 1년치 감가상각비를 모두 인식하는 것이 아니라 월할상각 또는 일할상각해야 한다. 예를 들어, 20X4년 10월 초에 ₩100,000의 취득한 유형자산(잔존가치 ₩0, 내용연수 5년, 정액법 적용)에 대한 첫 해 감가상각비는 ₩20,000이 아니라 ₩5,000(= ₩20,000 × 3/12)이 되어야 한다.[3] 다음의 예제를 통해 기중취득자산에 대한 감가상각방법을 알아본다.

3) 일할상각한다면 첫 해의 감가상각비는 ₩5,041(= ₩20,000 × 92/365)이 된다. 실무적 편의상 월할계산을 사용하는 것이 보편적이다.

예제 8

㈜한국은 20X4년 4월 1일에 잔존가치 ₩20,000, 내용연수 3년의 기계장치를 ₩200,000에 취득했다. 정액법, 정률법, 연수합계법에 의해 20X4년과 20X5년의 감가상각비를 계산하라. ㈜한국은 기중취득자산에 대한 감가상각시 월할상각하고 있다(정률법에서의 상각률은 55%로 가정한다).

풀이

1) 정액법

20X4년: $(200{,}000 - 20{,}000) \times 1/3 \times 9/12 = 45{,}000$

20X5년: $(200{,}000 - 20{,}000) \times 1/3 = 60{,}000$

2) 정률법

20X4년: $200{,}000 \times 55\% \times 9/12 = 82{,}500$

20X5년: $200{,}000 \times 55\% \times 3/12 + (200{,}000 - 110{,}000) \times 55\% \times 9/12 = 64{,}625$

또는 $(200{,}000 - 82{,}500) \times 55\% = 64{,}625$

* 이중체감법은 상각률 계산방법(2/내용연수)의 차이만 제외하면 모든 계산과정이 정률법과 동일하다.

3) 연수합계법

20X4년: $(200{,}000 - 20{,}000) \times 3/6 \times 9/12 = 67{,}500$

20X5년: $(200{,}000 - 20{,}000) \times 3/6 \times 3/12 + (200{,}000 - 20{,}000) \times 2/6 \times 9/12 = 67{,}500$

(8) 자본적 지출과 감가상각

앞서 살펴본 자본적 지출이 발생하면 유형자산의 장부금액(장부금액은 취득원가에서 감가상각누계액과 같은 차감계정을 차감한 순액을 의미함)이 증가하기 때문에 감가상각대상금액이 변하게 된다. 또한 자본적 지출은 유형자산의 내용연수, 잔존가치에도 변화를 가져올 수 있다. 따라서 자본적 지출이 발생하면 감가상각비를 새롭게 계산해야 한다.

예제 9

㈜서울은 20X4년 초에 내용연수 2년, 잔존가치 ₩0인 기계 1대를 ₩100,000에 취득하였다. 그리고 20X5년 초에 기계의 성능향상을 위해 ₩20,000을 지출하였다. 이 지출로 인하여 내용연수가 2년 증가하였으며, 잔존가치는 ₩10,000이 되었다. 20X5년의 감가상각비는 얼마인가? 단, 감가상각비는 정액법으로 계산한다.

풀이

자본적 지출 이후 새로운 감가상각대상 금액
= 자본적 지출 직전 장부금액 + 자본적 지출 금액 − 변경된 잔존가치
= 50,000 + 20,000 − 10,000
= 60,000

자본적 지출 이후 잔존 내용연수
= 자본적 지출 직전 잔존 내용연수 + 추가된 내용연수
= 1 + 2
= 3

따라서 20X5년의 감가상각비는 ₩20,000(= ₩60,000/3)이다.

3 유형자산의 처분

유형자산은 장기간 사용하기 위해 보유하는 자산이지만, 사업구조의 변경 또는 새로운 유형자산으로 대체 등을 목적으로 보유하던 유형자산을 처분하기도 한다. 유형자산 처분과 관련된 회계처리사항은 다음과 같다.

① 처분한 유형자산의 취득원가와 감가상각누계액을 모두 제거한다.

② 처분시점에서 유형자산의 처분금액과 처분 당시 장부금액을 비교하여 유형자산처분손익을 인식한다.

〈처분금액 > 장부금액〉

(차)	현　　　　금	×××	(대) 유　형　자　산	×××
	감가상각누계액	×××	유형자산처분이익	×××

〈처분금액 < 장부금액〉

(차)	현　　　　금	×××	(대) 유　형　자　산	×××
	감가상각누계액	×××		
	유형자산처분손실	×××		

예제 10

① <예제 3>에서 2년이 경과한 후 유형자산을 ₩240,000에 처분한다면, 처분시점에 필요한 분개를 하시오.

② <예제 3>에서 2년 4개월이 경과한 후 유형자산을 ₩150,000에 처분한다면, 처분시점에 필요한 분개를 하시오.

풀이

①	(차)	현　　　　금	240,000	(대) 유　형　자　산	400,000
		감가상각누계액	180,000	유형자산처분이익	20,000
②	(차)	감　가　상　각　비	30,000	(대) 감가상각누계액	30,000
		현　　　　금	150,000	유　형　자　산	400,000
		감가상각누계액	210,000		
		유형자산처분손실	40,000		

4 유형자산 재평가

4.1 유형자산 재평가의 개념

유형자산의 최초 인식 후에는 원가모형이나 재평가모형 중 하나를 회계정책으로 선택하여 적용할 수 있다. 원가모형은 취득원가에서 감가상각누계액과 같은 평가계정을 차감한 금액을 장부금액으로 한다. 지금까지 살펴본 내용이 바로 원가모형에 해당한다. 재평가모형을 선택하는 경우에는 재평가일의 공정가치로 장부금액을 재평가하게 된다.

기업이 재평가모형을 적용함에 있어서는 유형자산 분류별(토지, 건물, 기계장치 등)로만 적용가능하고, 개별 자산별(토지 1, 토지 2 등)로는 적용할 수 없다. 또한 재평가모형을 적용한 경우 일관성을 유지하기 위하여 원칙적으로는 다시 원가모형을 적용할 수 없다.

4.2 재평가 회계처리

유형자산을 평가함에 있어서 재평가모형을 적용하면 유형자산의 장부금액과 공정가치의 차이로 인하여 재평가증가액(재평가이익) 혹은 재평가감소액(재평가손실)이 발생한다.

유형자산 재평가와 관련된 회계처리사항은 다음과 같다.

① **공정가치가 장부금액보다 큰 경우**

1) 그 차액만큼 해당 자산의 장부금액을 증가시키고, 재평가이익을 인식한다. 재평가이익은 포괄손익계산서의 당기손익이 아닌 기타포괄손익에 해당한다.
2) 1)에서 인식된 재평가이익은 기말 마감분개를 통해 재무상태표의 자본 중 기타자본에 해당하는 기타포괄손익누계액으로 반영된다.

〈공정가치 > 장부금액〉

재평가	(차)	유형자산	×××	(대)	재평가이익 (I/S 기타포괄손익)	×××
마감분개	(차)	재평가이익	×××	(대)	재평가잉여금 (B/S 기타포괄손익누계액)	×××

위와 같이 회계처리하는 것은 회계순환과정에서 일반적인 수익과 비용을 집합손익계정으로 모아서 당기손익을 산출한 후, 산출된 당기손익을 이익잉여금으로 대체하는 것과 동일한 맥락이다.

② **공정가치가 장부금액보다 작은 경우**

1) 그 차액만큼 해당 자산의 장부금액을 감소시키고, 재평가손실을 인식한다. 재평가손실은 포괄손익계산서의 당기손익에 해당한다.
2) 재평가손실은 당기손익에 해당하므로, 일반적인 수익·비용과 동일하게 집합손익계정 마감되어 이익잉여금으로 반영된다.

〈공정가치 < 장부금액〉

(차)	재평가손실 (I/S 당기손익)	×××	(대)	유형자산	×××

예제 11

취득원가 ₩400,000인 토지에 대해서 재평가모형을 선택하였다면 다음의 경우에서 필요한 회계처리를 하시오.

① 공정가치가 ₩450,000인 경우
② 공정가치가 ₩380,000인 경우

풀이

①	(차)	토지	50,000	(대)	재평가이익 (기타포괄손익)	50,000
②	(차)	재평가손실 (당기손익)	20,000	(대)	토지	20,000

5 무형자산의 정의와 회계처리

5.1 무형자산의 정의

기업은 경제적 자원을 사용하여 과학적 지식, 새로운 공정이나 시스템, 라이센스, 지적재산권, 시장에 대한 지식과 상표권(상표명 및 출판권 포함) 등의 무형자원을 취득, 개발, 유지한다. 이러한 예에는 컴퓨터소프트웨어, 특허권, 저작권, 영화필름, 거래처목록, 어업권, 수입할당량, 프랜차이즈, 고객 또는 공급자와의 관계, 고객충성도, 시장점유율과 판매권 등이 있다.

이와 같이 물리적인 형태는 없으나 기업의 이익창출에 기여하고 있는 식별가능한 자산을 무형자산이라 한다. 무형자산은 물리적 형체가 없고 기업의 통제력을 파악하기가 쉽지 않기 때문에 미래의 이익창출에 기여하는 정도를 평가하기가 어렵다.

일반적으로 기업회계기준에서는 외부에서 유상으로 취득한 것을 재무상태표의 무형자산으로 계상하도록 규정하고 있다. 즉, 기업이 외부에서 취득하는 과정에서 취득대가를 산정할 때 무형자산의 가치를 적절히 반영할 것으로 가정한다.

그러나 기업이 내부적으로 창출한 무형의 가치에 대해서는 무형자산으로 인식하지 못하도록 규정되어 있다. 이는 내부적으로 창출한 가치를 평가하기에 어렵기 때문이다. 단, 연구개발 중에서 미래의 이익창출에 기여하는 정도가 분명한 경우에 제한적으로 무형자산(개발비)으로 인식할 수 있다. 이러한 무형의 가치가 있는 자산이 재무상태표에 적절히 반영되지 못하는 사항은 현행 회계기준의 한계이며, 이로 인하여 재무보고서 이용자들이 기업의 총 자산가치를 정확하게 파악하지 못하게 된다.

5.2 무형자산 취득과 상각

무형자산의 취득원가는 유형자산과 마찬가지로 구입원가와 자산을 사용할 수 있도록 준비하는 데 직접 관련되는 지출로 구성된다. 매입할인 등이 있는 경우 이를 차감하여 취득원가를 산출한다.

무형자산도 일정한 내용연수에 걸쳐 정액법, 정률법, 연수합계법 등을 적용하여 상각을 한다. 무형자산의 잔존가치는 일반적으로 없는 것으로 간주하며 무형자산의 가치에 대한 평가를 정기적으로 실시하여 자산에 대한 감액을 유형자산에 비해 적극적으로 하는 것이 특징이라고 할 수 있다. 회계처리는 상각누계액을 설정할 수도 있으나, 직접 상각하는 방법이 일반적이다.

(차) 무형자산상각비	×××	(대) 무 형 자 산	×××

예제 12

다음 거래를 분개하라.

① 상표사용에 관한 계약을 체결하고 ₩1,000,000을 현금으로 지급하다. 계약과 관련하여 발생한 기타 비용 ₩50,000은 현금으로 지급하다.

② 위의 상표권을 7년간에 상각하기로 결정하고 금년도분을 상각하다.

풀 이

①	(차)	산 업 재 산 권	1,050,000 [1)]	(대)	현 금	1,050,000
②	(차)	산업재산권상각비	150,000 [2)]	(대)	산 업 재 산 권	150,000

1) ₩1,000,000 + 50,000 = ₩1,050,000

2) ₩1,050,000 ÷ 7년 = ₩150,000

5.3 영업권

영업권(goodwill)이란 특정기업이 동종의 타 기업에 비하여 평균 이상의 초과수익을 얻을 수 있는 능력을 말한다. 즉, 정상수익을 초과하여 더 많은 미래수익을 얻을 수 있을 것으로 기대되는 경우 이와 같은 초과수익력을 현재가치(present value)로 환원평가한 것을 영업권이라고 한다. 기업이 초과수익력을 지니게 되는 원인에는 기업의 명성이나 좋은 평판, 유리한 고객관계, 독특한 제조비법, 독점적 위치, 탁월한 경영능력 등이 있다.

영업권은 무형자산 중에서도 가장 불명확한 자산이므로 무엇보다도 객관적인 측정이 요구된다. 따라서 기업 스스로 초과수익력을 평가하여 영업권으로 계상하는 것은 엄격히

금지하고 있다. 즉, 외부로부터 유상으로 취득한 영업권에 대해서만 이를 자산으로 계상할 수 있다. 또한 영업권은 기업을 전체적으로 평가할 때 나타나는 것이므로 기업과 분리하여 존재할 수 없으며, 이를 따로 떼어 개별적인 자산으로 매매할 수도 없다.

우리나라의 경우, 기업합병이나 영업양수 등 유상으로 취득하는 경우에 순자산의 공정가치를 초과하여 지급한 합병 등의 대가를 영업권(자산)으로 계상할 수 있다. 영업권과 반대로 합병대가가 순자산의 공정가치보다 작은 경우에는 부(負)의 영업권으로 계상한다. 한편, 한국채택국제회계기준에 의하면 영업권은 상각하지 않으며, 손상을 검사하여 손상이 확인되는 경우에만 손실을 인식한다.

영 업 권 = 합병 등의 대가로 지급한 금액 − 취득한 순자산의 공정가치
부의 영업권 = 취득한 순자산의 공정가치 − 합병 등의 대가로 지급한 금액

예제 13

다음 거래에서 영업권을 계산하고 관련된 분개하라.

㈜미래는 20X4년 7월 1일 현재 자산의 공정가치는 ₩90,000,000이고, 부채의 공정가치는 ₩45,000,000인 ㈜과거를 합병하면서 현금 ₩60,000,000을 지급하였다.

풀이

- 영업권 = 합병대가 ₩60,000,000 − 순자산의 공정가치 ₩45,000,000[1)] = ₩15,000,000

  1) 자산의 공정가치 ₩90,000,000 − 부채의 공정가치 ₩45,000,000 = ₩45,000,000

- 합병 시점의 회계처리

(차)	자 산	90,000,000	(대) 부 채	45,000,000
	영 업 권	15,000,000	현 금	60,000,000

5.4 연구개발비

기업은 다양한 소비자들의 욕구를 충족시키고 치열한 경쟁에서 생존하기 위하여 지속적으로 연구개발활동을 한다. 기업이 연구개발투자에 성공하여 신기술 또는 신제품을 개

발하면 미래에 큰 경제적 효익을 창출할 것으로 기대하기 때문이다. 하지만 연구개발에 대한 투자는 투자시점에서 투자의 가치창출능력을 객관적으로 측정하기에 어렵기 때문에 일반적으로 전액 비용처리 되며 일정한 조건을 충족하는 경우에 한하여 연구개발 투자비용을 무형자산으로 인식할 수 있다.

현재 기업회계기준에서는 기초적 연구에서 발생한 지출은 전액 연구비라는 비용항목으로 회계처리 하도록 규정되어 있다. 기초 연구의 다음 단계인 개발과정에 대한 지출은 미래 경제적 효익의 창출 가능성에 따라 개발비라는 무형자산으로 인식하기도 하고, 경상개발비라는 비용항목으로 처리하기도 한다.

예제 14

20X4년 초에 ㈜경기는 기초적 연구활동에 ₩2,000,000, 신제품 A개발에 ₩7,000,000, 신제품 B개발에 ₩4,000,000을 지출하여 총 ₩13,000,000의 연구개발비를 지출하였다. 신제품 A에 대한 개발은 무형자산 인식을 위한 모든 요건을 충족하였지만, 신제품 B에 대한 개발은 미래 경제적 효익의 창출 여부가 불투명한 것으로 판단된다.

① 연구개발 지출액 ₩13,000,000에 대한 회계처리를 하시오.

② 무형자산으로 인식된 연구개발 지출액에 대하여 5년에 걸쳐 정액법으로 상각하시오. 단, 잔존가치는 ₩0이라고 가정한다.

풀이

		차변 계정	금액		대변 계정	금액
①	(차)	개발비	7,000,000	(대)	현금	13,000,000
		연구비	2,000,000			
		경상개발비	4,000,000 [1]			
②	(차)	개발비상각비	1,400,000 [2]	(대)	개발비	1,400,000

1) 개발비 중 미래 경제적 효익 창출 가능성이 낮은 항목 - 신제품 B

2) ₩7,000,000 ÷ 5년 = ₩1,400,000

Chapter 8 연습문제

1 유형자산과 재고자산의 차이점을 설명하시오.

2 감가상각(depreciation)의 개념에 대해 설명하시오.

3 자본적 지출과 수익적 지출의 개념을 설명하고, 회계처리방법을 각각 설명하시오.

4 영업권의 발생 원인에 대하여 설명하시오.

5 다음 거래를 각각 분개하시오.

(1) 취득원가 ₩1,000,000의 건물을 ₩400,000에 처분하고, 대금 중 ₩300,000은 현금으로 받고, 잔액은 월말에 받기로 하다. 이 건물에 대해서는 감가상각누계액 ₩640,000이 설정되어 있다.

(2) 건물을 개조 및 수리하고 그 비용 ₩400,000을 현금으로 지급하다. 단, ₩400,000 중 ₩340,000은 자본적 지출로, 잔액 ₩60,000은 수익적 지출로 처리하다.

(3) 회사건물이 폭풍우로 파손되어 수리를 위해 ₩100,000을 현금으로 지급하다.

6 ㈜광교의 기계장치에 관한 정보는 다음과 같다.

취득원가 : ₩550,000	내용연수 : 5년	잔존가치 : ₩ 50,000

(물음 1) 정액법에 의하여 각 연도의 감가상각비를 계산하시오.

(물음 2) 정률법에 의하여 각 연도의 감가상각비를 계산하시오(상각률 38.1%).

(물음 3) 연수합계법에 의하여 각 연도의 감가상각비를 계산하시오.

7 20X4년 1월 1일 ㈜서울은 내용연수 5년, 잔존가치 ₩0의 기계장치를 ₩1,000,000에 취득하였다. 20X6년 초에 기계장치의 성능향상을 위해 ₩300,000을 지출하였다. 해당 지출로 인해 내용연수가 2년 증가하고 잔존가치는 ₩100,000으로 증가하였다. 감가상각방법은 정액법을 적용한다.

(물음 1) 20X6년의 감가상각비는 얼마인가?

(물음 2) 20X8년 9월 30일 해당 기계장치를 ₩350,000에 처분했다. 처분시점의 필요한 회계처리를 하라.

8 ㈜진리의 복사기는 총 200,000장을 복사할 수 있는 것으로 추정된다. 이 복사기는 20X4년 9월에 취득하였으며, 취득원가는 ₩100,000, 추정잔존가치는 취득원가의 5%, 내용연수는 5년이다. 이 복사기에 대해 생산량비례법을 적용하여 감가상각한다. 20X4년에 총 30,000장을 복사하였다면 20X4년 감가상각비는 얼마인가?

9 ㈜충정이 20X4년 4월 1일 ₩150,000에 건물을 취득하였다. 이 건물의 내용연수는 5년이며 잔존가치는 없다. 이 건물에 대해 연수합계법으로 감가상각을 하다가 20X6년 6월 30일 ₩62,500에 처분하였다.

(물음 1) 20X4년, 20X5년의 감가상각비는 얼마인가?

(물음 2) 처분시점에서 건물의 장부가액을 계산하시오.

(물음 3) 유형자산의 처분손익을 계산하시오.

(물음 4) 위의 처분거래를 분개하시오.

10 ㈜한국은 20X4년초에 ₩300,000의 토지를 취득하고 재평가모형을 적용하기로 했다.

(물음 1) 20X4년말의 공정가치가 ₩320,000인 경우 재평가와 관련한 모든 계정과목에 대한 부분 재무상태표와 부분 포괄손익계산서를 작성하시오.

(물음 2) 20X4년말의 공정가치가 ₩270,000인 경우 재평가와 관련한 모든 계정과목에 대한 부분 재무상태표와 부분 포괄손익계산서를 작성하시오.

11 다음 광업권에 대한 거래를 분개하시오.

(1) 20X4년 1월 1일: 추정매장량 1,500,000톤의 광구를 ₩4,500,000에 구입하고, 대금은 수표를 발행하여 지급하다.

(2) 20X4년 12월 31일: 20X4년 중 300,000톤을 채탄하다.

12 벤처기업인 ㈜수원은 20X4년에 연구소를 설립하고 제품과 관련된 연구개발 활동을 시작하였다. 아래 자료에 대하여 20X4년과 20X5년의 회계처리를 하시오.

(1) 신기술개발을 위하여 연구비를 ₩2,100,000 지출하였다.

(2) 신제품을 생산하기 위하여 연구개발을 위한 프로젝트를 추진하고 있다. 이 프로젝트 수행을 위한 비용으로 원재료 사용액 ₩700,000, 연구원 인건비 ₩500,000, 연구소 건물의 감가상각비 ₩1,000,000, 위탁연구비 ₩800,000 등이 발생하였다.

(3) 이 프로젝트는 20X5년에 완료되었고, 추가적으로 현금 ₩2,500,000의 연구개발비용이 소요되었으며, 특허권의 취득에 따르는 비용이 ₩400,000 소요되었다.

(4) 개발비와 특허권의 내용연수는 10년이다.

13 ㈜판교는 다음과 같은 무형자산 목록을 가지고 있다. 20X4년 말 이들 각각의 상각비를 인식하는 분개를 하시오.

계 정	취득연월일	취득원가	내용연수
개 발 비	20X4. 1. 1	₩1,000,000	5년
특 허 권	20X4. 7. 1	500,000	5년

14 ㈜진실은 20X4년 초에 ㈜소망을 합병하기 위하여 협상 중에 있다. 합병 직전 ㈜소망이 보유한 자산과 부채의 공정가치는 다음과 같다. (단위 : 억원)

㈜소망의 공정가치

자 산		부 채	
매 출 채 권	80	매 입 채 무	80
재 고 자 산	130	단 기 차 입 금	140
토 지	220	장 기 차 입 금	210
건 물	200		
합 계	630	합 계	430

(물음 1) ㈜소망의 순자산 공정가치를 계산하시오.

(물음 2) 협상이 타결되어 ㈜진실은 ㈜소망을 매수하는 대가로 ㈜소망의 주주들에게 230억원을 지급하였다. ㈜진실의 영업권을 계산하시오.

(물음 3) 위의 합병에 대해 ㈜진실이 하는 분개를 제시하시오.

Chapter 9

유동부채 및 비유동부채

Chapter 9 유동부채 및 비유동부채

1 화폐의 시간가치

1.1 이자율

누구나 미래 시점의 ₩1보다 현재 시점의 ₩1을 선호한다. 이는 현재 보유하고 있는 ₩1의 가치는 미래에 보유하게 될 ₩1의 가치보다 크다는 것을 의미한다. 즉, 화폐는 시간가치(time value)를 갖는다. 예를 들어, 현재 ₩100,000의 금액을 누군가에게 대여해 주고 1년 후에 회수하고자 한다면 해당 자금 대여자는 ₩100,000보다 큰 금액, 즉 이자를 가산한 금액을 돌려받기를 원한다. 즉, 흔히 우리가 이자라고 부르는 자금대여 또는 자금차입에 대한 대가가 바로 화폐의 시간가치를 의미하는 것이다.

이자율은 원금대비 이자를 백분율로 나타낸 것을 의미한다. 이자율은 크게 다음의 3가지 요소로 구성된다.

① **무위험이자율**(risk-free interest rate)
인플레이션이 없는 상황에서 상환가능성이 100%로 신용도가 매우 좋은 차입자에게 자금을 빌려주는 경우 적용할 이자율이다.

② **상환불능위험**
차입자의 신용도가 높지 않아 빌려 준 자금을 상환 받지 못할 가능성을 상환불능위험이라 한다. 자금대여자는 상환불능위험을 부담하는 조건으로 차입자에게 추가적인 보상을 요구하게 된다. 즉, 상환불능위험이 증가할수록 이자율도 증가하게 된다.

③ **인플레이션**
향후 물가상승이 예상되면 대여자는 더 높은 이자율을 적용한다. 이는 화폐의 구매력이 감소함에 따른 손실을 보상받으려는 현상 때문이다.

(1) 단리계산

단리(simple interest)계산은 원금에 대해서만 이자를 계산한다. 예를 들어, ₩100,000을 2년간 10%의 이자율로 빌리고 만기에 원금과 이자를 갚이 상환한다면 단리계산에 의한 2년간 총 이자는 ₩20,000(= ₩100,000 × 10% × 2)이다.

(2) 복리계산

복리(compound interest)계산은 원금뿐만 아니라 이미 발생하였으나 현금으로는 지급되니 않은 이자에 대해서도 이자를 계산한다. 예를 들어, ₩100,000을 2년간 10%의 이자율로 빌리고 만기에 원금과 이자를 갚이 상환한다면 복리계산에 의한 2년간 총 이자는 ₩21,000(= ₩100,000 × 10% + ₩110,000 × 10%)이다.

화폐의 시간가치 계산은 복리계산이 원칙이다. 또한 현금흐름의 형태에 따라 단일금액에 대한 시간가치 계산과 연금에 대한 시간가치 계산으로 구분된다.

① **단일금액**

미래의 한 시점에서 한 번의 현금흐름이 발생하는 형태를 단일금액 또는 일회금액이라고 한다. 기업이 금융기관으로부터 자금을 차입한 경우에 차입기간이 끝나는 시점에 상환하는 원금이 단일금액에 해당된다.

② **연 금**

미래의 여러 시점에 걸쳐 동일한 간격으로 동일한 금액이 발생하는 형태를 연금이라고 한다. 일반적으로 기업이 자금을 차입한 경우에 일정기간마다 표시이자 형식으로 지급하는 현금흐름이 연금에 해당된다.

1.2 단일금액의 미래가치와 현재가치

(1) 단일금액의 미래가치

이자율(혹은 수익률)이 r%면, 1기간 후의 미래가치는 원금 ₩1과 이자(혹은 수익)인 ₩r을 합한 ₩$(1+r)$이 된다. 2기간 후의 미래가치는 ₩$(1+r)$과 이자인 ₩$(1+r)\times r$을 합하여 ₩$(1+r)^2$이 된다. 이러한 관계를 연장하여 n기 후 ₩1의 미래가치를 나타내면 다음과 같다.

$$₩1에\ 대한\ n기\ 후의\ ₩1의\ 미래가치 = 1 \times (1+r)^n$$

(2) 단일금액의 현재가치

만기가 1년이며 만기상환액이 ₩1인 채권을 현재 얼마에 구입해야 10%의 연간 수익률을 올릴 수 있는지 생각해 보자. 채권의 현재가치를 ₩P라고 하면, ₩P × (1 + 10%) = ₩1이어야 하므로, ₩P = ₩1 × $(1 + 10\%)^{-1}$ = ₩0.9091이다. 만약 2년 후에 ₩1을 받는 조건에서 10%의 연간 수익률을 올리기 위해서는 ₩P = ₩1 × $(1 + 10\%)^{-2}$ = ₩0.8264의 현재가치로 채권을 구입해야 한다. 이러한 분석을 연장하여 n기 후 ₩1의 현재가치는 다음과 같다.

$$n\ 기\ 후의\ ₩1의\ 현재가치 = \frac{1}{(1+r)^n}$$

1.3 연금의 미래가치와 현재가치

(1) 기말연금의 미래가치

연금은 동일한 금액이 일정한 간격으로 발생하는 현금흐름이다. 3기간에 걸쳐서 ₩1의 현금흐름이 연속적으로 발생하는 상황을 그림으로 나타내면 다음과 같다.

그림 1 3기간 기말 연금 현금흐름

위 그림에서처럼 향후 3기에 걸쳐서 매 기말에 ₩1씩 현금이 발생하는 경우의 미래

가치는 1기 후 ₩1의 미래가치, 2기 후 ₩1의 미래가치와 3기 후 ₩1의 미래가치 합으로 계산된다. 즉, $1+(1+r)+(1+r)^2$이 된다. 이를 n기로 확장하면, n기간에 걸쳐 매기 말 ₩1씩 발생하는 연금의 미래가치는

$$1+(1+r)+(1+r)^2+\ \cdots\ +(1+r)^{n-1}$$

이 된다. 이는 초항이 1이고 항수가 n개이며, 등비가 $(1+r)$인 등비급수이다. 따라서

$$n\text{ 기간에 걸쳐 매기말 ₩1씩 발생하는 기말연금의 미래가치} = \frac{(1+r)^n-1}{r}$$

(2) 기말연금의 현재가치

향후 3기에 걸쳐서 매기 ₩1씩 현금이 발생하는 경우의 현재가치는 1기 후 ₩1의 현재가치, 2기 후 ₩1의 현재가치와 3기 후 ₩1의 현재가치 합으로 계산된다. 즉, $(1+r)^{-1}+(1+r)^{-2}+(1+r)^{-3}$ 이 된다. 이를 n기로 확장하면, n기간에 걸쳐 매기 말 ₩1씩 발생하는 연금의 현재가치는

$$(1+r)^{-1}+(1+r)^{-2}+\ \cdots\ +(1+r)^{n}$$

이 된다. 이는 초항이 $(1+r)^{-1}$이고 항수가 n개이며, 등비가 $(1+r)$인 등비급수이다. 따라서

$$n\text{기간에 걸쳐 매기말 ₩1씩 발생하는 기말연금의 현재가치} = \frac{1-(1+r)^{-n}}{r}$$

예제 1

다음 거래에 대한 화폐의 시간가치를 계산하시오.

① 경기은행으로부터 ₩50,000을 연리 12%로 1년 간 빌렸을 경우 1년 후에 갚아야 할 원리금상환액을 계산하시오. 경기은행은 만기 전에 이자지급이나 원금상환을 요구하지 않았다.

② 할인율이 12%일 때 3년 후에 받을 ₩50,000의 현재가치를 계산하시오.

③ 연리 11%를 지급하는 은행에 향후 5년에 걸쳐 매년 말 ₩200씩 적금을 붓는다면, 5년째 되는 해에 마지막으로 ₩200을 납입한 후 적금계정에 들어있는 총액을 계산하시오.
④ 연간 할인율이 11%인 경우에 5년에 걸쳐 매년 말 ₩200씩 현금흐름이 발생하는 연금의 현재가치를 계산하시오.

풀이

① $₩50,000 \times (1.12) = ₩56,000$

② $\dfrac{₩50,000}{(1.12)^3} = ₩35,589$

③ $₩200 \times \{(1.11)^4 + (1.11)^3 + (1.11)^2 + (1.11) + 1\}$
$= ₩200 \times \dfrac{1.11^5 - 1}{0.11} = ₩1,246$

④ $200\times \left\{\dfrac{1}{(1.11)} + \dfrac{1}{(1.11)^2} + \dfrac{1}{(1.11)^3} + \dfrac{1}{(1.11)^4} + \dfrac{1}{(1.11)^5}\right\}$
$= ₩200 \times \dfrac{1 - (1.11)^{-5}}{0.11} = ₩739$

1.4 화폐의 시간가치와 회계처리

화폐의 시간가치를 계산하기 위해서는 미래 현금흐름이 발생하는 기간, 미래 현금흐름의 금액 및 이자율 3가지 정보가 반드시 필요하다. 이러한 3가지 요소를 모두 알 수 있는 거래에 대해서는 재무제표 작성시점에서의 현재가치를 계산하여 회계처리한다. 그러나 이러한 3가지 요소가 모두 갖춰진 경우라 하더라도 기간이 짧을 경우, 현재가치로 계산하기 전 금액(명목금액)과 현재가치로 계산한 금액의 차이가 미미하기 때문에 현재가치 계산 없이 회계처리한다. 이와 같이 현금흐름 발생기간이 짧아 현재가치 계산이 불필요한 경우가 바로 유동자산 또는 유동부채를 인식하는 과정이다. 결론적으로, 비유동자산이나 비유동부채 가운데 미래 현금흐름이 발생하는 기간, 미래 현금흐름의 금액 및 이자율 3가지 요소를 모두 파악할 수 있는 경우에 미래 현금흐름의 현재가치를 계산하여 회계처리한다. 유동부채를 학습한 이후에 현재가치 계산이 필요한 비유동부채 회계처리를 살펴본다.

2 유동부채 및 비유동부채의 의의와 구성

2.1 유동부채

부채 가운데 다음의 조건 중 하나를 충족하면 유동부채로 분류한다. 유동부채를 제외한 모든 부채는 비유동부채로 분류한다.

(1) 정상영업주기 내에 결제될 것으로 예상하고 있다.
(2) 주로 단기매매 목적으로 보유하고 있다.
(3) 보고기간 후 12개월 이내에 결제하기로 되어 있다.
(4) 보고기간 후 12개월 이상 부채의 결제를 연기할 수 있는 무조건의 권리를 가지고 있지 않다.

이러한 유동부채는 일반적으로 영업활동 과정에서 발생된다. 다음은 유동부채에 포함되는 항목을 나타내고 있다.

매 입 채 무	재고자산을 외상매입하는 경우 추후에 거래대금을 지급해야 하는 부채
미 지 급 금	재고자산 이외의 자산을 외상매입하거나 용역을 제공 받는 등 추후에 거래대금을 지급해야 하는 부채
미 지 급 비 용	비용이 발생하였으나 현금의 지급이 이루어지지 않은 것으로 거의 대부분 수정분개의 대상이 되는 거래와 관련하여 나타난다. 예를 들어, 미지급이자, 미지급임차료 등이 여기에 해당한다.
단 기 차 입 금	단기(1년 이내) 내에 상환해야 할 차입금액
선 수 금	미래에 재고자산, 용역 등을 제공하기로 하고 미리 받은 대금
선 수 수 익	수익이 발생하지 않았으나 현금의 수입이 미리 이루어진 것으로 거의 대부분 수정분개의 대상이 되는 거래와 관련하여 나타난다. 예를 들어, 선수임대료가 여기에 해당한다.
유동성장기부채	비유동부채 중 기간이 경과함에 따라 만기가 1년 이내로 도래한 부분을 유동부채로 재분류한 것

유동부채 중에서 기업이 미래에 다른 기업이나 금융기관에게 현금을 지급하기로 약정한 채무를 지급채무라고도 한다. 지급채무는 재고자산을 신용매입하는 과정에서 발생되

는 매입채무와 재고자산 매입 이외의 거래에서 발생되는 비매입채무로 구분된다. 기업이 상품, 원재료 등의 재고자산을 신용매입할 때, 약속어음을 발행하지 않는 경우에는 외상매입금, 약속어음을 교부한 경우에는 지급어음으로 구분하여 회계처리할 수도 있으나 재무제표에 공시할 경우에는 매입채무로 통합하여 표시한다.

예제 2

다음 거래를 분개하시오.

① 비품을 ₩500,000에 외상으로 구입하다.

② 위의 비품구입 대금을 현금으로 지급하다.

풀이

	차변	금액	대변	금액
①	(차) 비품	500,000	(대) 미지급금	500,000
②	(차) 미지급금	500,000	(대) 현금	500,000 .

예제 3

① ㈜한국은 매월 말 결산을 실시하여 재무제표를 작성한다. 종업원 전체에 대한 월급은 ₩100,000이며, 매달 15일에 지급한다. 5월 말 결산시점에 급여와 관련해서 필요한 회계처리를 하시오.

② 6월 15일 한달치 급여가 지급되었다. 필요한 회계처리를 하시오.

풀이

	차변	금액	대변	금액
①	(차) 급여	50,000	(대) 미지급급여	50,000
②	(차) 미지급급여	50,000	(대) 현금	100,000
	급여	50,000		

예제 4

다음 거래를 분개하시오.

① 인천상사로부터 ₩100,000을 현금으로 6개월 간 차입하다.

② 위의 차입금에 대한 상환기일이 도래하여 그 동안의 이자 ₩10,000과 함께 차입금 전액을 현금으로 지급하다.

풀이

①	(차) 현 금	100,000	(대) 단기차입금	100,000
②	(차) 단기차입금	100,000	(대) 현 금	110,000
	이자비용	10,000		

예제 5

다음 거래를 분개하시오.

① 20X4년 10월 1일 : 건물을 임대해 주고 1년분 임대료 ₩120,000을 현금으로 받았다.

② 20X4년 12월 31일 : 임대료 선수분에 대한 수정분개를 실시하다.

풀이

①	(차) 현 금	120,000	(대) 선수임대료	120,000
②	(차) 선수임대료	30,000	(대) 임대료수익	30,000

※ 다음과 같은 회계처리도 가능하다.

①	(차) 현 금	120,000	(대) 임대료수익	120,000
②	(차) 임대료수익	90,000	(대) 선수임대료	90,000

예제 6

컨설팅업체 ㈜서울은 자동차 판매회사인 ㈜한국으로부터 컨설팅 의뢰를 받고 2개월 간 컨설팅서비스를 제공하기로 계약하였다. 용역대금은 ₩12,000,000이며, 계약 체결 및 그 후의 거래내역은 다음과 같다. ㈜서울 입장에서 거래 일자별로 회계처리 하시오.

① 7월 11일 : ㈜한국과 용역계약을 체결하고, 계약금으로 ₩3,600,000을 현금으로 받았다.

② 9월 11일 : 컨설팅서비스 제공을 완료하고 ㈜한국으로부터 ₩6,000,000을 현금으로 받았다. 용역대금 잔여액은 1개월 후에 받기로 약속하였다.

③ 10월 11일 : ㈜한국으로부터 잔금 ₩2,400,000을 현금으로 받았다.

풀이

		차변 계정	금액		대변 계정	금액
①	(차)	현 금	3,600,000	(대)	선 수 금	3,600,000
②	(차)	선 수 금	3,600,000	(대)	매 출	12,000,000
		현 금	6,000,000			
		매 출 채 권	2,400,000			
③	(차)	현 금	2,400,000	(대)	매 출 채 권	2,400,000

2.2 비유동부채

비유동부채는 유동부채를 제외한 모든 부채를 말한다. 비유동부채는 항목의 성격에 따라 장기차입부채, 장기충당부채 및 기타 비유동부채로 구분될 수 있다.

장기차입부채는 외부에서 자금을 차입하여 이자를 부담하는 부채이다. 장기차입부채에는 대표적으로 장기차입금과 사채가 있다. 장기차입금은 은행 등의 금융기관에서 장기간에 걸쳐 차입한 부채이고, 사채는 기업이 자본시장에서 채무증권을 발행하여 다수의 불특정 투자자를 대상으로 직접 자금을 조달할 때 발생되는 부채이다.

장기충당부채는 부채의 정의를 충족하지만, 즉 기업이 과거의 사건에 의해 현재 부담하는 의무가 존재하지만 미래 지출의 시기 또는 금액이 불확실한 비유동부채를 의미한다. 퇴직급여충당부채와 제품보증충당부채가 장기충당부채의 대표적인 예이다. 퇴직급여충당부채는 미래에 종업원이 퇴직할 때 기업이 지급해야 하는 퇴직급여의 예상금액이 현재 부채로 인식된 금액이며, 제품보증충당부채는 현재의 제품 판매로 인하여 미래에 발생될 수 있는 제품보증수리비나 교환비용의 추정액이 부채로 인식된 것이다.

본 장에서는 장기차입부채 가운데 기업의 중요한 자금조달 수단인 사채에 대한 회계처리를 알아본다. 그 외 내용에 대한 구체적인 내용은 중급회계에서 학습하기로 한다.

3 사채발행에 의한 자금조달과 회계처리

3.1 사채의 기초

(1) 사채 및 시장이자율의 의미

기업은 매출활동과 관련된 영업활동을 통하여 자금을 조달하기도 하지만, 사업확장 등과 같이 대규모로 자금이 필요한 경우에는 자체적으로 자금을 충분히 조달하지 못할 수도 있다. 이러한 경우에는 금융기관에서 자금을 차입하던지 자본시장을 통하여 사채나 주식을 발행하여 자금을 조달한다. 금융기관에서 차입한 차입금이나 자본시장을 통하여 발행된 사채는 타인자본으로 분류되고, 주식으로 자금을 조달한 경우에는 자기자본으로 분류된다.

증권시장에서 사채를 발행하여 자금을 조달하는 것은 불특정 다수의 투자자들로부터 직접 자금을 조달하는 방식이다. 이것은 금융기관을 통한 차입금에 비해 대규모 자금을 조달할 수 있는 장점이 존재한다. 사채는 회사의 신용도를 바탕으로 다수의 투자자들로부터 직접 자금을 조달하므로 회사에 대한 신용평가가 자본시장에서 효율적으로 이루어질 필요가 있다. 발행기업의 신용도는 신용평가기관이 기업의 채무불이행위험에 대하여 평가하여 결정된다. 신용평가기관은 신용위험을 평가하여 AAA, AA, A, BBB 등으로 구분된 사채등급을 부여한다. 최우량기업에 AAA등급이 주어지고, 신용위험이 증가할수록 AA, A, BBB 등의 순으로 낮은 등급이 부여된다.

신용평가기관에서 부여된 사채등급에 따라 사채투자자들의 요구수익률인 시장이자율이 형성된다. 예를 들어, AAA등급은 연 5%, BBB등급은 연 9% 등과 같이 신용위험의 차이를 반영하는 사채등급에 따라 시장이자율이 기업마다 다르게 형성된다. 따라서 개별 기업의 신용위험이 적용된 시장이자율이 사채 발행시점에서 채권의 현재가치 계산에 사용된다.

사채가 발행될 때 적용된 시장이자율은 발행기업의 신용위험이 변할 때마다 변동된다. 예를 들어, 사채발행 후 심각한 원재료 공급차질로 미래 수익 창출이 불투명해지면, 사채 발행기업의 신용위험이 증가된 것으로 판단될 수 있고, 이러한 상황이 높은 시장이자율로 반영된다.

(2) 사채의 발행금액 결정

사채의 발행은 회사가 자금을 차입하기 위하여 채무증권을 판매하는 것을 말한다. 사채와 관련된 회계처리에는 사채의 발행금액 계산, 사채의 액면금액과 발행금액과의 차액인 사채발행차금상각, 사채이자비용, 상환에 관한 회계처리가 있다.

사채의 발행금액은 사채로부터 발생할 미래 현금흐름을 발행일의 시장이자율로 할인한 현재가치와 같다. 일반적으로 사채의 미래 현금흐름은 표시이자 부분과 만기일의 액면금액으로 구성된다.

사채 발행금액 = 사채의 미래 현금흐름의 현재가치
= 표시이자 현재가치의 합계 + 액면금액의 현재가치

일반적으로 액면금액 ₩F, 표시이자율 a%, 시장이자율 r%, 만기 n년인 사채의 경우에 표시이자 현재가치의 합계와 액면금액의 현재가치는 각각 다음과 같이 계산된다.

$$\text{표시이자 현재가치의 합계} = \frac{F \times a}{(1+r)} + \frac{F \times a}{(1+r)^2} + \cdots + \frac{F \times a}{(1+r)n}$$

$$= F \times a \times \frac{1-(1+r)^{-n}}{-1}$$

$$\text{액면금액의 현재가치} = \frac{F}{(1+r)^n}$$

위 식에서 알 수 있듯이 시장이자율(r)이 증가할수록 이자 및 액면금액의 현재가치는 감소하게 된다. 즉, 시장이자율(r)이 증가하면 사채의 발행금액은 감소하게 되는 것이다.

[표 1]에 주어진 조건으로 사채가 발행되는 경우의 사채발행금액을 계산하는 식을 살펴보면 다음과 같다.

표 1 사채발행조건

㈜한국은 20X4년 초에 다음과 같이 사채를 발행하였다.

발 행 일	: 20X4년 1월 1일	만 기 일	: 20X6년 12월 31일
액 면 금 액	: ₩100,000	표 시 이 자 율	: 8%
이 자 지 급	: 매년 말 1회 지급	시 장 이 자 율	: 10%

$$\text{사채발행금액} = \text{이자의 현재가치 합계} + \text{액면금액의 현재가치}$$
$$= ₩8{,}000 \times \frac{1 - 1.1^{-3}}{0.1} + 100{,}000 \times 1.1^{-3} = ₩95{,}026$$

위에서 설명한 방법 이외에도 <부록>에서 제시하고 있는 현가표를 이용하여 보다 간편하게 사채의 발행금액을 계산할 수 있다. 사채발행금액 중 표시이자 현재가치의 합계는 정상연금(즉, 기말연금)의 현재가치표를 이용하여 계산하고 액면금액의 현재가치는 단일금액의 현재가치표(부록 1)를 이용하여 계산한다.

즉, 현가표에 의하면 이자율이 10%이고 기간이 3인 경우 연금의 현가계수는 2.4868이다. 이는 시장이자율이 10%이고 매년 말 ₩1의 현금흐름이 존재하는 경우의 현재가치가 ₩2.4868이라는 것을 의미한다. 따라서 위 예에서 표시이자 ₩8,000의 현재가치는 ₩19,894(= ₩8,000 × 2.4868)이다. 또한 현가표에 의하면 이자율이 10%이고 기간이 3인 경우 단일금액의 현가계수는 0.7513이다. 따라서 3년 후 현금흐름에 해당하는 사채의 액면금액 ₩100,000의 현재가치는 ₩75,130(= ₩100,000 × 0.7513)이다. 결과적으로 사채의 발행금액은 ₩95,024 (= ₩19,894 + ₩75,130)이 된다.[1)]

1) 계산식에 의한 금액과 현가표에 의한 금액 간에 차이가 나는 이유는 현가표에 제시된 현가계수가 반올림 하여 제시된 것이기 때문이다.

(3) 사채발행 유형

표시이자율이 시장이자율보다 낮음에도 불구하고 사채의 액면금액 그대로 투자하면, 투자자는 사채를 보유하고 있는 동안 시장이자율보다 적은 이자를 받게 되는 손실을 보게 된다.[2] 따라서 투자자는 이러한 손실을 보상받기 위해 최초 투자시점에서 사채의 액면금액보다 적은 금액, 즉 할인된 금액으로 투자하게 된다. 사채투자자가 덜 투자하는 금액은 시장이자율에 의한 이자와 표시이자율에 의한 이자의 차이를 시장이자율로 할인한 현재가치에 해당하는 금액이 된다. [표 1]의 예를 보면, 사채의 표시이자율이 시장이자율보다 2% 작다. 따라서 해당 사채에 투자할 경우 투자자는 3년간 ₩2,000(=₩100,000 × 2%)의 손실을 본다. 투자자는 이러한 손실이 보상될 수 있도록 3년 간 ₩2,000의 현재가치(시장이자율 10% 적용)에 해당하는 ₩4,974를 투자시점(발행시점)에서 사채발행회사에 덜 지급하는 것이다.[3] 결과적으로, 표시이자율이 시장이자율보다 작으면 사채의 발행금액은 액면금액에 미달하게 되는데 이를 사채의 할인발행이라 한다.

반면에 시장이자율이 표시이자율보다 낮음에도 불구하고 사채의 액면금액 그대로 발행되면, 사채발행자는 사채가 발행되어 있는 기간 동안 시장이자율보다 많은 이자를 지급하는 손실을 보게 된다. 따라서 발행자는 이러한 손실을 보상받기 위해 최초 발행시점에서 사채의 액면금액보다 많은 금액을 수취하고자 한다. 사채발행자가 더 받게 되는 금액은 시장이자와 표시이자의 차액을 시장이자율로 할인한 현재가치에 해당하는 금액이 된다. 결과적으로, 사채의 발행금액은 액면금액을 초과하게 되는데 이를 사채의 할증발행이라 한다.

한편, 시장이자율과 사채의 표시이자율이 동일한 상황에서 사채의 액면금액으로 발행될 경우 투자자 또는 발행자 어느 쪽에도 손실이 발생하지 않게 된다. 이러한 경우를 사채의 액면발행이라 한다.

시장이자율과 표시이자율의 관계에 의해 발행되는 사채발행금액을 정리하면 [표 2]와 같다.

---

2) 예를 들어, <표 1>과 같은 조건의 사채를 액면금액과 동일한 ₩100,000에 취득한다면, 매년 말 ₩8,000씩 수령하게 된다. 따라서 매년 얻는 수익률은 8%(=₩8,000/₩100,000)에 불과해 시장수익률 10%보다 매년 2%씩 손실을 보게 된다.

3) 위 ₩4,974 금액은 앞의 사례에서 계산한 사채발행금액 ₩95,026과 액면금액 ₩100,000의 차이와 동일하다는 점에 주목해야 한다.

표 2 시장이자율과 표시이자율의 관계에 의한 사채발행금액

액 면 발 행	: 발행일의 시장이자율 = 표시이자율 → 발행금액 = 액면금액
할 인 발 행	: 발행일의 시장이자율 > 표시이자율 → 발행금액 < 액면금액
할 증 발 행	: 발행일의 시장이자율 < 표시이자율 → 발행금액 > 액면금액

3.2 사채의 액면발행

사채를 액면발행하는 경우 회계처리는 다음과 같다. 우선 발행일에 사채의 액면금액을 사채의 과목으로 하여 비유동부채로 인식하며, 사채의 상환기간 동안 지급하는 표시이자는 이자비용으로 인식한다. 사채의 만기일에는 사채의 장부금액인 액면금액을 현금으로 상환하는 회계처리를 수행한다.

〈사채발행일〉

(차)	현 금	×××	(대)	사 채	×××

〈이자지급일〉

(차)	이 자 비 용	×××	(대)	현 금	×××

〈만기상환〉

(차)	사 채	×××	(대)	현 금	×××

예제 7

㈜한국은 20X4년 초에 다음과 같이 사채를 발행하였다.

발 행 일 : 20X4년 1월 1일	만 기 일 : 20X6년 12월 31일
액 면 금 액 : ₩100,000	표시이자율 : 8%
이 자 지 급 : 매년 말 1회 지급	시장이자율 : 8%

(물음 1) 사채의 발행금액을 계산하시오.
(물음 2) 사채발행일부터 만기일까지 필요한 회계처리를 하시오.

풀이

(물음 1)

$$\text{사채발행금액} : ₩8,000 \times \frac{1 - (1.08)^{-3}}{0.08} + ₩100,000 \times 1.08^{-3} = ₩100,000$$

참고) 현가표를 이용한 계산(부록)
₩8,000 × 2.5771 + 100,000 × 0.7938 = ₩100,000

(물음 2)

일자	차변	계정	금액	대변	계정	금액
20X4. 1. 1	(차)	현금	100,000	(대)	사채	100,000
20X4. 12. 31	(차)	이자비용	8,000	(대)	현금	8,000
20X5. 12. 31	(차)	이자비용	8,000	(대)	현금	8,000
20X6. 12. 31	(차)	이자비용	8,000	(대)	현금	8,000
	(차)	사채	100,000	(대)	현금	100,000

3.3 사채의 할인발행

(1) 사채 발행일

사채를 할인발행할 경우 발행시점에서 기업이 실질적으로 부담하는 부채의 가치는 현재가치와 동일한 금액이다. 예를 들어, <표 1>에서 현재가치 ₩95,026에 사채를 발행하면 기업으로 유입되는 현금도 동일하게 ₩95,026이다. 만약, 사채를 발행하자마자 즉시 상환한다고 가정하면 기업은 유입된 현금 ₩95,026을 지급해야할 것이다. 따라서 기업이 발행시점에 부담하고 있는 실질적인 부채의 가치는 ₩95,026으로, 발행시점에서 다음과 같은 회계처리가 가능하다.

차변	계정	금액	대변	계정	금액
(차)	현금	×××	(대)	사채	××× (발행금액)

한편, 정보이용자 입장에서는 기업이 현재 부담하고 있는 부채의 실질적인 가치에 대한 정보 외에도 기업이 만기에 지급해야하는 금액(액면금액)에 대한 정보를 추가적으로 요구할 수 있다. 그러나 위와 같은 회계처리만으로는 만기에 지급하는 금액에 대한 정보를 제공할 수 없다. 따라서 기업이 현재 실질적으로 부담하고 있는 부채의 가치와 만기에 지급해야하는 금액에 대한 정보를 모두 제공하기 위해서는 다음과 같은 회계처리가 가능하다. 즉, 대변에 사채를 액면금액으로 기록하고 차변에는 발행금액과 액면금액의 차액인 사채할인발행차금을 사채에 대한 차감적 평가계정으로 인식한다. 이러한 회계처리를 통해 재무상태표 상의 대변에 사채의 액면금액이 표시되고 그 아래 사채에 대한 차감적 평가계정인 사채할인발행차금이 (-)로 표시된다.

(차)	현 금	×××	(대)	사 채	×××
	사채할인발행차금	×××			(액면금액)

위와 같이 두 가지 회계처리가 모두 가능하지만 사채에 대해서는 실무적으로 두 번째 방법을 많이 사용한다. 따라서 추후 본서에서는 두 번째 방법에 의해 사채에 대한 회계처리를 설명한다.

(2) 이자지급일

사채할인발행차금은 투자자가 시장이자보다 적은 표시이자를 받게됨으로써 발생하는 손실에 대한 보상이다. 즉, 사채할인발행차금이 존재함으로서 투자자는 시장이자와 동일한 투자수익을 얻게 되는 것이다. 이와 같이 사채할인발행차금은 이자의 성격을 갖고 있으므로 사채상환기간에 걸쳐 적절한 방법으로 상각하여 이자비용에 가산해야 한다. 사채할인발행차금을 상각하는 방법에는 유효이자율법과 정액법이 있다. 기업회계기준에서는 유효이자율법만을 인정하고 있다.

1) 유효이자율법[4)]

유효이자율법은 사채의 기초장부금액에 유효이자율을 곱하여 매기의 사채이자발생액을 계산하고, 이 금액과 실제 사채이자지급액(액면금액 × 표시이자율)과의 차액을 그 기간의 사채할인발행차금의 상각액으로 인식하는 방법이다.

(차) 이 자 비 용	×××	(대) 현 금	×××
		사채할인발행차금	×××

<표 1>의 예를 보면, 사채발행회사가 20X4년 말에 인식해야 하는 이자는 사채발행시점에 실제로 차입한 금액 ₩95,026에 실제로 부담하는 이자율(유효이자율) 10%를 곱한 금액이다. 왜냐하면, 사채할인발행차금의 존재로 인하여 회사가 실제로 부담하는 이자율은 표시이자율 8%가 아닌 10%가 되기 때문이다. 즉, 대변에 이자비용 ₩9,503을 인식해야 한다. 한편, 차변에 현금으로 지급하는 금액은 표시이자에 해당하는 ₩8,000이다. 이와 같이 이자비용 ₩9,503을 부담해야 하는 상황에서 현금 ₩8,000만 지급한다는 것은 그 차액 ₩1,503이 사채발행자의 추가적인 부채가 되는 것이다. 이러한 추가적인 부채 ₩1,503을 인식하기 위해서 부채에 대한 차감적 계정인 사채할인발행차금을 상각하는 것이다. 결과적으로 다음과 같이 회계처리 한다. 이와 같이 회계처리하면 3년 후 사채할인발행차금 잔액은 0이 된다.

(차) 이 자 비 용	9,503	(대) 현 금	8,000
		사채할인발행차금	1,503

유효이자율법에서는 사채할인발행차금 상각시 유효이자율을 사용함으로써, 매기 사채의 장부금액에 대하여 부담하는 이자율이 일정하게 되므로 논리적이고 합리적인 방법이라 할 수 있다.

---

4) 시장이자율은 무위험이자율에 해당 기업의 신용위험을 고려하여 형성된 시장 요구수익률이며, 유효이자율은 사채의 미래현금흐름과 현재 발행금액을 일치시키는 이자율로 서로 다른 의미이다. 다만, 사채발생비용이 존재하지 않는 경우 시장이자율과 유효이자율은 동일하다. 사채발행비의 존재로 인해 시장이자율과 유효이자율이 달라지는 경우는 뒤에서 다룬다.

2) 정액법

정액법은 사채할인발행차금을 사채의 상환기간에 걸쳐 균등하게 상각하여 이자비용에 가산하는 방법이다.

(3) 사채 상환일

사채의 만기일이 되면 사채할인발행차금은 전액 상각되어 잔액이 0이 된다. 따라서 상환일에 사채의 장부금액(= 액면금액 – 사채할인발행차금)과 만기상환액은 동일한 금액이 된다.

(차) 사 채	×××	(대) 현 금	×××

예제 8

㈜한국은 20X4년 초에 다음과 같이 사채를 발행하였다.

발 행 일 : 20X4년 1월 1일	만 기 일 : 20X6년 12월 31일
액 면 금 액 : ₩100,000	표시이자율 : 8%
이 자 지 급 : 매년 말 1회 지급	시장이자율 : 10%

(물음 1) 사채의 발행금액을 계산하시오.

(물음 2) 유효이자율법을 적용하는 경우 사채발행일부터 만기일까지 필요한 회계처리를 하시오.

풀이

(물음 1)

사채발행금액 : $₩8,000 \times \dfrac{1 - (1.1)^{-3}}{0.1} + ₩100,000 \times 1.1^{-3} = ₩95,026$

참고) 현가표를 이용한 계산은 본문 참조

(물음 2)

20X4. 1. 1	(차) 현 금	95,026	(대) 사 채	100,000
	사채할인발행차금	4,974		
20X4.12.31	(차) 이 자 비 용	9,503 1)	(대) 현 금	8,000
			사채할인발행차금	1,503
20X5.12.31	(차) 이 자 비 용	9,653 2)	(대) 현 금	8,000
			사채할인발행차금	1,653
20X6.12.31	(차) 이 자 비 용	9,818 3)	(대) 현 금	8,000
			사채할인발행차금	1,818
	(차) 사 채	100,000	(대) 현 금	100,000

1) (100,000 − 4,974) × 10%
2) {100,000 − (4,974 − 1,503)} × 10%
3) {100,000 − (4,974 − 1,503 − 1,653)} × 10%

참고) 매년 말 유효이자와 사채할인발행차금의 상각액에 대한 회계처리를 위해 다음과 같은 상각표를 이용할 수도 있다.

유효이자율법에 의한 상각표

연 도	유효이자(A)	표시이자(B)	차금상각액(C)	장부금액(D)
	D × 10%		A − B	기초 D + C
20X4초				₩95,026
20X4말	₩9,503	₩8,000	₩1,503	96,529
20X5말	9,653	8,000	1,653	98,181
20X6말	9,818	8,000	1,818	100,000

3.4 사채의 할증발행

(1) 사채 발행일

사채를 할증발행하였더라도 만기시에 상환해야 할 금액은 액면금액이므로 사채계정의 대변에는 액면금액으로 표시한다. 발행금액과 액면금액과의 차액인 사채할증발행차금은 사채에 대한 가산되는 평가계정으로 재무상태표상에서는 사채에서 가산하는 형식으로 표시된다.[5)]

5) 사채의 할인발행과 동일한 논리로 할증발행의 경우에도 ① 사채를 현재가치로 기록하는 방법, ② 사채를 액면금액으로 기록하고 평가계정을 사용하는 방법. 두 가지 회계처리가 선택적으로 가능하다. 그러나 본서에서는 실무적으로 많이 사용되는 두 번째 방법을 중심으로 회계처리를 설명한다.

(차) 현 금	×××	(대) 사 채	××× (액면금액)
		사채할증발행차금	×××

(2) 이자지급일

사채할증발행차금은 발행자가 시장이자보다 많은 표시이자를 지급함으로서 발생하는 손실에 대한 보상으로 투자자로부터 미리 받은 금액이다. 즉, 사채할증발행차금이 존재함으로써 발행자는 시장이자와 동일한 이자비용을 부담하게 되는 것이다. 이와 같이 사채할증발행차금은 이자의 성격을 갖고 있으므로 사채상환기간에 걸쳐 적절한 방법으로 환입하여 이자비용에서 차감해야 한다. 사채할증발행차금을 환입하는 방법에는 유효이자율법과 정액법이 있다. 기업회계기준에서는 유효이자율법만을 인정하고 있다.

1) 유효이자율법

유효이자율법은 사채의 기초장부금액에 유효이자율을 곱하여 매기의 사채이자발생액을 계산하고, 이 금액과 실제 사채이자지급액(액면금액 × 표시이자율)과의 차액을 그 기간의 사채할증발행차금의 환입액으로 인식하는 방법이다.

(차) 이 자 비 용	×××	(대) 현 금	×××
사채할증발행차금	×××		

2) 정액법

정액법은 사채할증발행차금을 사채의 상환기간에 걸쳐 균등하게 환입하여 이자비용에서 차감하는 방법이다.

(3) 사채 상환일

사채의 만기일이 되면 사채할증발행차금은 전액 환입되어 잔액이 0이 된다. 따라서 상환일에 사채의 장부금액(= 액면금액 + 사채할증발행차금)과 만기상환액은 동일한 금액이 된다.

(차) 사 채	×××	(대) 현 금	×××

예제 9

㈜한국은 20X4년 초에 다음과 같이 사채를 발행하였다.

발 행 일 : 20X4년 1월 1일	만 기 일 : 20X6년 12월 31일
액 면 금 액 : ₩100,000	표 시 이 자 율 : 8%
이 자 지 급 : 매년 말 1회 지급	시 장 이 자 율 : 6%

(물음 1) 사채의 발행금액을 계산하시오.

(물음 2) 유효이자율법을 적용하는 경우 사채발행일부터 만기일까지 필요한 회계처리를 하시오.

풀 이

(물음 1)

사채발행금액 : $₩8,000 \times \frac{1-(1.06)^{-3}}{0.06} + ₩100,000 \times 1.06^{-3} = ₩105,346$

참고) 현가표를 이용한 계산(부록)
₩8,000 × 2.6730(6%의 3기 연금현가) + ₩100,000 × 0.8396(6%의 3기 현가)
= ₩105,346

(물음 2)

일자	차변	금액	대변	금액
20X4. 1. 1	(차) 현 금	105,346	(대) 사 채	100,000
			사채할증발행차금	5,346
20X4.12.31	(차) 이 자 비 용	6,321 [1)]	(대) 현 금	8,000
	사채할증발행차금	1,679		
20X5.12.31	(차) 이 자 비 용	6,220 [2)]	(대) 현 금	8,000
	사채할증발행차금	1,780		
20X6.12.31	(차) 이 자 비 용	6,113 [3)]	(대) 현 금	8,000
	사채할증발행차금	1,887		
	(차) 사 채	100,000	(대) 현 금	100,000

1) (100,000 + 5,346) × 6%
2) {100,000 + (5,346 − 1,679)} × 6%
3) {100,000 + (5,346 − 1,679 − 1,780)} × 6%

참고) 매년 말 유효이자와 사채할인발행차금의 상각액에 대한 회계처리를 위해 다음과 같은 상각표를 이용할 수도 있다.

유효이자율법에 의한 상각표

연 도	유효이자(A)	표시이자(B)	차금상각액(C)	장부금액(D)
	D × 6%		B − A	기초 D − C
20X4초				₩105,346
20X4말	₩6,321	₩8,000	₩1,679	103,667
20X5말	6,220	8,000	1,780	101,887
20X6말	6,113	8,000	1,887	100,000

3.5 사채발행비와 유효이자율

일반적으로 사채를 발행하는 시점에서 사채 발행 공고, 채권 인쇄비, 증권사 수수료 등의 관련비용이 발생한다. 이를 사채발행비라고 부른다. 사채발행비를 지출하면 실제 자금조달액이 사채발행비만큼 줄어들기 때문에, 사채발행금액에서 사채발행비를 차감한 금액을 최종 발행금액으로 계산한다.[6] 유효이자율이란 이러한 사채발행비를 고려하여 사채의 발행금액을 계산하기 위한 할인율을 의미한다.

예를 들어, 액면금액 ₩100,000, 표시이자 5%(매년 말 지급)의 3년 만기 사채를 발행했다고 가정해보자. 발행당시 시장이자율이 10%라면, 사채의 발행금액은 ₩87,564(= ₩5,000 × 2.4868 + ₩100,000 × 0.7513)이 된다. 그러나 사채발행비가 ₩2,226 발생했다면 사채발행금액은 ₩85,338(= ₩87,564 − ₩2,226)이 된다. 이러한 사채발행금액 ₩85,338과 미래현금흐름의 현재가치를 일치시키는 이자율이 바로 유효이자율이다. 즉, 사채발행비가 존재하는 경우에만 유효이자율과 시장이자율은 달라진다. 위 예에서 미래현금흐름의 현재가치를 ₩85,338과 일치시켜 주는 유효이자율은 11%가 되며, 매년 말 이자비용은 유효이자율에 의해 인식해야 한다.

6) 사채발행시 부대비용은 별도의 비용계정으로 인식하지 않고 사채발행시 현금수취액에서 직접 차감한다. 부대비용에 관한 회계처리는 자산취득, 자산처분, 부채발행, 부채상환 등으로 구분하여 비교 학습할 필요가 있다.

예제 10

㈜한국은 20X4년 초에 다음과 같이 사채를 발행하였다.

발 행 일 : 20X4년 1월 1일	만 기 일 : 20X6년 12월 31일
액 면 금 액 : ₩100,000	표 시 이 자 율 : 8%
이 자 지 급 : 매년 말 1회 지급	시 장 이 자 율 : 10%

(물 음) 사채발행비가 ₩2,357이 발생했다. 유효이자율법을 적용하는 경우 사채발행일부터 만기일까지 필요한 회계처리를 하시오(사채발행비로 인하여 유효이자율은 11%로 계산된다).

풀 이

유효이자율을 r이라고 가정하면, 유효이자율을 계산하는 방정식은 다음과 같다.

$$₩8{,}000 \times \frac{1-(1+r)^{-3}}{r} + ₩100{,}000 \times (1+r)^{-3} = ₩92{,}669^{1)}$$

1) ₩95,026 − ₩2,357

위의 방정식을 풀면, 유효이자율 r = 11%로 계산된다.

일자	차변	금액	대변	금액
20X4. 1. 1	(차) 현 금	92,669	(대) 사 채	100,000
	사채할인발행차금	7,331		
20X4.12.31	(차) 이 자 비 용	10,194 1)	(대) 현 금	8,000
			사채할인발행차금	2,194
20X5.12.31	(차) 이 자 비 용	10,435 2)	(대) 현 금	8,000
			사채할인발행차금	2,435
20X6.12.31	(차) 이 자 비 용	10,702 3)	(대) 현 금	8,000
			사채할인발행차금	2,702
	(차) 사 채	100,000	(대) 현 금	100,000

1) (100,000 − 7,331) × 11%
2) {100,000 − (7,331 − 2,194)} × 11%
3) {100,000 − (7,331 − 2,194 − 2,702)} × 11%

3.6 이자지급이 1년에 2회 이상인 경우

사채에 대한 표시이자를 매년 말이 아닌 1개월, 3개월, 6개월 마다 지급할 수도 있다. 이와 같이 이자지급이 1년에 2회 이상인 경우를 생각해보자.

예를 들어, 20X4년 초에 액면 ₩100,000, 표시이자 8%, 만기 3년짜리 사채를 발행했다고 가정해 보자. 표시이자는 매년 2회 지급(즉, 6월 말, 12월 말 지급)되며, 시장이자율은 10%이다.7) 이 경우 표시이자는 3년간 총 6번이 지급되기 때문에 표시이자의 현재가치를 계산하기 위해서 6기간을 기준으로 계산하여야 하며, 1기간에 해당하는 6개월에 대한 표시이자율과 시장이자율을 구해야 한다. 6개월에 대한 표시이자율과 시장이자율은 연 시장이자율을 단순히 이자지급 횟수로 나눠서 구한다. 즉, 위 예에서 6개월에 대한 표시이자율은 4%, 시장이자율은 5%가 된다. 한편, 이러한 사채에 대한 회계처리는 현금흐름이 실제로 발생할 때 마다, 즉 6개월 마다 수행해야 한다.

예제 11

㈜한국은 20X4년 초에 다음과 같이 사채를 발행하였다.

발 행 일	: 20X4년 1월 1일	만 기 일	: 20X5년 12월 31일
액면금액	: ₩100,000	표시이자율	: 8%
이자지급	: 매년 6월말, 12월 말 2회 지급	유효이자율	: 10%

(물음 1) 사채의 발행금액을 계산하시오.

(물음 2) 유효이자율법을 적용하는 경우 사채발행일부터 만기일까지 필요한 회계처리를 하시오.

풀이

(물음 1)

$$\text{사채발행금액} : ₩4,000 \times \frac{1-(1.05)^{-4}}{0.05} + ₩100,000 \times 1.05^{-4} = ₩96,454$$

(물음 2)

20X4. 1. 1	(차) 현금	96,454	(대) 사채	100,000
	사채할인발행차금	3,546		
20X4. 6.30	(차) 이자비용	4,823 1)	(대) 현금	4,000
			사채할인발행차금	823
20X4.12.31	(차) 이자비용	4,864 2)	(대) 현금	4,000
			사채할인발행차금	864

7) 이자율을 제시할 때 기간에 대한 언급이 없는 경우는 연 이자율을 의미한다.

20X5. 6.30	(차) 이 자 비 용	4,907 3)	(대) 현 금	4,000
			사채할인발행차금	907
20X5.12.31	(차) 이 자 비 용	4,952 4)	(대) 현 금	4,000
			사채할인발행차금	952
	사 채	100,000	현 금	100,000

1) 96,454 × 5%
2) (96,454 + 823) × 5%
3) (96,454 + 823 + 864) × 5%
4) (96,454 + 823 + 864 + 907) × 5%

3.7 이자지급일과 결산일이 다른 경우

사채가 회계연도초가 아닌 기중에 발행되는 경우를 생각해 보자. 예를 들어, 20X4년 10월 1일 액면 ₩100,000, 표시이자 8%(매년 9월 말 지급), 만기 3년짜리 사채를 발행했으며, 발행당시 시장이자율이 10%라고 가정해 보자. 20X4년 12월 31일 결산시점에 실제 현금흐름은 없지만 발생주의에 의해 10월 1일부터 12월 31일까지 3개월간 타인자본을 조달한 대가 즉, 유효이자율을 적용한 이자비용을 인식해야 한다. 이때 3개월간의 유효이자, 사채할인발행차금(또는 사채할증발행차금), 표시이자 부분을 적절하게 구분하는 것이 중요하며, 표시이자 부분은 아직 지급기일이 도래하지 않았으므로 미지급이자로 처리한다. 다음의 예제를 통해 구체적으로 살펴보도록 한다.

예제 12

㈜한국은 20X4년 초에 다음과 같이 사채를 발행하였다.

발 행 일 : 20X4년 10월 1일	만 기 일 : 20X6년 9월 30일
액 면 금 액 : ₩100,000	표 시 이 자 율 : 8%
이 자 지 급 : 매년 9월 30일 지급	유 효 이 자 율 : 10%

(물음 1) 사채의 발행금액을 계산하시오.

(물음 2) 유효이자율법을 적용하는 경우 사채발행일부터 만기일까지 필요한 회계처리를 하시오. 단, 이자계산은 월할계산한다.

풀 이

(물음 1)

$$\text{사채발행금액} : ₩8,000 \times \frac{1-(1.1)^{-2}}{0.1} + ₩100,000 \times 1.1^{-2} = ₩96,529$$

(물음 2)

20X4.10. 1	(차) 현　　금	96,529	(대) 사　　채	100,000
	사채할인발행차금	3,471		
20X4.12.31	(차) 이 자 비 용	2,413 [1)]	(대) 미 지 급 이 자	2,000
			사채할인발행차금	413
20X5. 9.30	(차) 미 지 급 이 자	2,000	(대) 현　　금	8,000
	이 자 비 용	7,240 [2)]	사채할인발행차금	1,240
20X5.12.31	(차) 이 자 비 용	2,455 [3)]	(대) 미 지 급 이 자	2,000
			사채할인발행차금	455
20X6. 9.30	(차) 미 지 급 이 자	2,000	(대) 현　　금	8,000
	이 자 비 용	7,363 [4)]	사채할인발행차금	1,363
	사　　채	100,000	현　　금	100,000

1) (100,000 − 3,471) × 10% × 3/12
2) (100,000 − 3,471) × 10% × 9/12
3) {100,000 − (3,471 − 1,653)} × 10% × 3/12
4) {100,000 − (3,471 − 1,653)} × 10% × 9/12

3.8 사채의 중도상환

(1) 이자지급일의 사채상환

사채를 만기일 이전에 상환하는 경우를 사채의 중도상환이라 한다. 사채를 중도상환하는 경우에는 해당 사채의 시장가격으로 상환하기 때문에 상환금액과 사채의 장부금액이 일치하지 않아 사채상환손익이 발생할 수 있다.

예제 13

㈜한국은 20X4년 초에 다음과 같이 사채를 발행하였다.

발 행 일	: 20X4년 1월 1일	만 기 일	: 20X6년 12월 31일
액 면 금 액	: ₩100,000	표 시 이 자 율	: 8%
이 자 지 급	: 매년 말 1회 지급	유 효 이 자 율	: 10%

(물 음) 20X4년 12월 31일 ㈜한국은 위 사채를 매입하여 상환하였다. 상환당시 사채의 시장가격은 ₩97,000이었다. 발행시점부터 상환시점까지 필요한 회계처리를 하시오.

풀 이

일자	차변	금액	대변	금액
20X4. 1. 1	(차) 현 금	95,026	(대) 사 채	100,000
	사채할인발행차금	4,974		
20X4.12.31	(차) 이 자 비 용	9,503	(대) 현 금	8,000
			사채할인발행차금	1,503
	(차) 사 채	100,000	(대) 사채할인발행차금	3,471 [1)]
	사채상환손실	471	현 금	97,000

1) 4,974 − 1,503

(2) 이자지급일 사이의 사채상환

사채를 이자지급일 사이에 상환하는 경우에는 직전 이자일부터 상환시점까지의 이자비용을 인식하고 상환해야 한다. 이로 인하여 사채상환금액에는 경과이자가 포함되며, 직전 이자일부터 상환시점까지 기간에 해당하는 사채할인발행차금도 상각되어야 한다.

예제 14

위 <예제 13>에서 사채에 대한 중도상환 일자가 20X5년 4월 1일이라고 가정하고 발행시점부터 상환시점까지 필요한 회계처리를 하시오. 상환 당시 사채의 시장가격은 ₩97,000(경과이자 포함)이었다. 단, 이자계산은 월할계산한다.

풀이

일자	차변	금액	대변	금액
20X4. 1. 1	(차) 현금	95,026	(대) 사채	100,000
	사채할인발행차금	4,974		
20X4.12.31	(차) 이자비용	9,503	(대) 현금	8,000
			사채할인발행차금	1,503
20X5. 4. 1	(차) 이자비용	2,413 [1]	(대) 미지급이자	2,000
			사채할인발행차금	413
	(차) 사채	100,000	(대) 사채할인발행차금	3,058 [2]
	미지급이자	2,000	현금	97,000
			사채상환이익	1,942

1) 96,529 × 10% × 3/12

2) 4,974 − 1,503 − 413

Chapter 9 연습문제

1 화폐의 현재가치와 미래가치의 개념을 설명하시오.

2 표시이자율과 시장이자율을 설명하시오.

3 사채발행시 액면발행, 할인발행, 할증발행이 발생하는 조건을 설명하시오.

4 다음은 ㈜서울의 자료이다.

(1) 20X4년 1월 1일에 사채를 할인발행하였다.
(2) 사채의 액면총액은 ₩100,000,000이고 표시이자율은 10%이며, 이자지급일은 매년 말이다.
(3) 사채발행시의 시장이자율은 12%로 이 이자율로 계산한 사채의 현가를 현금으로 받았다.
(4) 이자는 매년 말 현금으로 지급되는데, 만기일은 20X8년 12월 31일이다.

(물음 1) 20X4년 1월 1일의 사채발행금액을 계산하고, 사채발행시의 분개를 하시오.

(물음 2) 유효이자율법에 의한 사채할인발행상각표를 작성하고, 20X4년 12월 31일에 필요한 회계처리를 하시오.

5 ㈜연무는 20X4년 1월 1일에 다음과 같은 조건의 사채를 발행하고 대가를 현금으로 받았다.

(1) 액면금액 : ₩3,000,000	(2) 표시이자율 : 8%
(3) 이자지급방법 : 매년 말 지급	(4) 만 기 : 3년
(5) 상환방법 : 만기 일시상환	

(물음 1) 시장이자율이 10%인 경우, 사채의 발행금액을 계산하시오(단, 사채발행비는 없음).

(물음 2) 사채 발행과 관련하여 부분 재무상태표를 작성하시오.

(물음 3) 20X4년 12월 31일의 이자비용과 관련된 부분 포괄손익계산서와 사채와 관련된 부분 재무상태표를 작성하시오.

(물음 4) 유효이자율법을 적용하여 20X6년 12월 31일 이자비용 인식 및 상환과 관련된 회계처리를 하시오.

6 ㈜경기는 20X4년 1월 1일에 다음과 같은 조건의 사채를 발행하였다.

(1) 액면금액 : ₩10,000,000	(2) 표시이자율 : 7%
(3) 이자지급방법 : 매년 말 지급	(4) 만 기 : 3년
(5) 시장이자율 : 10%	(6) 사채발행비용 : 발행금액의 0.5%
(7) 상환방법 : 만기 일시상환	

(물음 1) 사채발행비가 없다고 가정할 경우 사채발행금액을 계산하시오.

(물음 2) 사채발행비를 계산하시오.

(물음 3) 유효이자율을 계산하기 위한 방정식을 설정하시오.

7 ㈜한국은 20X4년 1월 1일 다음과 같은 조건의 사채를 발행하였다.

(1) 액면금액 : ₩1,000,000	(2) 표시이자율 : 8%
(3) 이자지급방법 : 매 분기말 지급 (연 4회)	(4) 만　　기 : 2년
(5) 시장이자율 : 10%	(6) 상환방법 : 만기 일시상환

(물음 1) 사채의 발행금액을 계산하시오.

(물음 2) 유효이자율법을 적용하여 ㈜한국의 입장에서 매 분기말 필요한 회계처리를 하시오.

8 ㈜공기는 20X4년 7월 1일 다음과 같은 조건의 사채를 발행하였다.

(1) 액면금액 : ₩1,000,000	(2) 표시이자율 : 6%
(3) 이자지급방법 : 매년 6월 30일	(4) 만　　기 : 3년
(5) 시장이자율 : 8%	(6) 상환방법 : 만기 일시상환

(물 음) ㈜공기가 20X4년 7월 1일부터 20X5년 12월 31일까지 해야 할 회계처리를 하시오.

9 ㈜공기는 20X4년 1월 1일 다음과 같은 조건의 사채를 발행하였다. 사채할인발행차금은 유효이자율법에 의해 상각하고 있다.

(1) 액면금액 : ₩1,000,000	(2) 표시이자율 : 6%
(3) 이자지급방법 : 매년 말 지급	(4) 만　　기 : 3년
(5) 시장이자율 : 10%	(6) 상환방법 : 만기 일시상환

(물음 1) ㈜공기가 20X4년 12월 31일 위 사채를 ₩950,000에 상환할 경우 필요한 회계처리를 하시오.

(물음 2) ㈜공기가 20X5년 9월 1일 위 사채를 ₩950,000에 상환할 경우 필요한 회계처리를 하시오. 단, 상환금액에는 경과이자가 포함되어 있다.

Chapter 10

금융자산 Ⅱ

Chapter 10 금융자산 II

1 금융자산의 정의

1.1 금융자산의 정의

한국채택국제회계기준의 정의에 따르면 금융자산은 거래당사자 일방에게 금융자산을 발생시키고 동시에 다른 거래상대방에게 금융부채나 지분상품을 발생시키는 모든 계약을 말한다. 금융자산에는 다음과 같은 자산이 포함된다.

(1) 현금
(2) 다른 기업의 지분상품
(3) 다음 중 하나에 해당하는 계약상 권리
  (가) 거래상대방에게서 현금 등 금융자산을 수취할 계약상 권리
  (나) 잠재적으로 유리한 조건으로 거래상대방과 금융자산이나 금융부채를 교환하기로 한 계약상 권리

지분상품은 보통주, 우선주 등을 의미하며, 현금 등 금융자산을 수취할 계약상 권리는 매출채권, 대여금, 미수금, 채무상품(국 · 공채, 회사채) 등이 있다. 즉, 앞서 다루었던 현금및현금성자산, 매출채권 등의 수취채권은 모두 금융자산 범주에 포함된다. 현금및현금성자산, 수취채권에 대한 내용은 이미 다루었으므로, 본 장에서는 나머지 금융자산에 대해서 다룬다. 특히 나머지 금융자산에서 가장 중요한 비중을 차지하는 지분상품(주식)과 채무상품(채권)을 중심으로 살펴보며, 본 장에서 금융자산이라 함은 지분상품과 채무상품을 의미한다.

1.2 금융자산의 분류

금융자산은 형태상 지분상품과 채무상품으로 분류된다. 기업이 자금을 조달하기 위한 방법은 크게 두 가지로 구분될 수 있다. 첫째, 주식을 발행하여 주주들로부터 자본의 형태로 자금을 조달하는 방법이다. 이와 같이 타 회사가 발행한 주식을 취득하는 경우, 취득한 주식을 지분상품이라 한다. 여기서 주의할 점은 이러한 '지분상품'은 그 자체로 계정과목이 아니라 경제적 용어상의 분류이다. 지분상품은 원칙적으로 당기손익-공정가치(fair value through profit or loss) 측정 금융자산으로 분류하며, 특수한 경우 기타포괄손익-공정가치 측정(fair value through other comprehensive income) 금융자산으로 지정할 수 있다.[1] 둘째, 회사채(사채 또는 채권)를 발행하여 채권자들로부터 부채의 형태로 자금을 조달하는 방법이다. 타회사가 발행한 회사채(사채 또는 채권)를 취득하는 경우, 취득한 채권을 채무상품이라 한다. 마찬가지로 '채무상품'도 그 자체로 계정과목이 아니라 채무상품을 취득한 목적이 무엇인가에 따라 계정과목은 당기손익-공정가치(fair value through profit or loss) 측정 금융자산, 상각후원가 측정(amortized cost) 금융자산 및 기타포괄손익-공정가치 측정(fair value through other comprehensive income) 금융자산 3가지 가운데 하나로 결정된다. 지분상품과 채무상품의 회계상 분류(즉, 계정과목)에 대해서 구체적으로 살펴보면 다음과 같다.

1) 당기손익-공정가치 측정(fair value through profit or loss) 금융자산

일반적으로, 지분상품 및 단기매매 목적으로 취득하는 채무상품이 여기에 해당한다.

2) 상각후원가 측정(amortized cost) 금융자산

만기까지 보유하면서 계약상 현금흐름(원금과 이자)을 수취할 목적으로 취득한 채무상품이 여기에 해당한다.

---

1) 지분상품을 기타포괄손익-공정가치 측정 금융자산으로 선택하여 지정하는 경우는 회계원리 범위를 벗어나는 내용에 해당한다. 따라서 본서에서는 해당 내용을 자세하게 다루지 않는다. 구체적인 내용은 중급회계를 참조할 수 있다.

3) 기타포괄손익-공정가치 측정(fair value through other comprehensive income) 금융자산

보유기간 동안 계약 상 현금흐름(원금과 이자)을 수취하면서도 경우에 따라서는 매도할 목적으로 취득한 채무상품이 여기에 해당한다. 또한 특정 상황에서 지분상품을 기타포괄손익-공정가치 측정 금융자산으로 지정할 수 있다.

표 1 금융자산의 회계상 분류

분 류	종 류	취득목적	평 가	기말평가
당기손익-공정가치 측정	지분상품 채무상품	단기매매	공정가치평가	평가손익을 당기손익에 반영
상각후원가 측정	채무상품	원리금 수취	상각후원가법	평가손익 인식 안함
기타포괄손익-공정가치 측정	지분상품 채무상품	원리금 수취 + 매도	공정가치평가	평가손익을 자본(기타포괄손익)에 반영

2 당기손익-공정가치 측정 금융자산(이하 'PL금융자산')

2.1 PL금융자산 취득 및 보유

(1) 취 득

원칙적으로 모든 자산의 취득과정에서 발생하는 취득관련비용은 해당 자산의 취득원가에 포함시킨다. 그러나 예외적으로 PL금융자산의 취득과정에서 발생하는 취득관련비용(즉, 거래원가)은 당기비용으로 처리한다. 따라서 PL금융자산의 취득원가는 해당 금융자산의 공정가치로만 결정된다.

채무상품을 이자지급일 사이에 취득하는 경우에는 채무상품의 구입가격에 직전 이자지급일부터 취득일까지의 경과이자가 포함되어 있으므로 해당 경과이자를 미수이자의 과목으로 채무상품의 취득원가와 분리하여 인식한다. 예를 들어, 당기 7월 1일 현금

₩108,000에 구입한 사채가 시장에 유통되기 시작한 날짜(즉, 발행일)가 당기 1월 1일이고 표시이자율이 10%(매년 말 지급 조건)라고 가정하자. 7월 1일까지 해당 사채를 보유했던 투자자에게는 6개월치 이자 ₩5,000(= ₩100,000 × 10% × 6/12)에 대한 권리가 부여된다. 따라서 이전 6개월 동안 보유했던 투자자는 해당 사채를 7월 1일에 처분할 때 6개월치 이자 ₩5,000에 대가를 추가적으로 요구하게 되며, 7월 1일 사채의 시장가격에는 경과이자 ₩5,000이 포함되는 것이다. 결과적으로, ₩108,000 가운데 ₩5,000은 경과이자, ₩103,000은 순수한 사채에 대한 가치가 된다.

한편, 금융자산을 각각 다른 시점에 걸쳐서 여러 번 취득하는 경우 해당 금융자산의 단위당 취득원가는 개별법, 총평균법, 이동평균법 등 원가흐름의 가정을 적용하여 종목별로 산정한다.

예제 1

㈜서울의 다음 거래를 회계처리 하라. 단, 모든 거래는 현금거래이다.

(1) 단기매매목적으로 20X4년 2월 10일 ㈜수지의 주식 100주를 주당 ₩1,000에 취득하였다. 취득과 관련하여 발생한 수수료는 총 ₩10,000이다.

(2) 단기매매목적으로 20X4년 4월 1일 ㈜수원이 발행한 회사채를 ₩105,000에 취득하였다. 해당 회사채는 20X4년 1월 1일에 발행되었으며, 액면금액은 ₩100,000, 표시이자율은 10%(매년 말 지급 조건)이다. 취득과 관련하여 발생한 수수료는 ₩3,000이다.

풀이

(1)	(차) PL금융자산	100,000	(대) 현 금	110,000
	지급수수료	10,000		
(2)	(차) PL금융자산	102,500 1)	(대) 현 금	108,000
	미수이자	2,500 2)		
	지급수수료	3,000		

1) 105,000 − (100,000 × 10% × 3/12)

2) 100,000 × 10% × 3/12

(2) 보 유

1) 배당금수익과 이자수익의 인식

기업이 금융자산을 보유하면 증권발행자로부터 배당금 혹은 이자를 받는다. 주식 등의 지분증권을 보유하고 있는 중에 배당금을 받으면 배당금수익으로 계상하고, 사채나 국·공채 등의 채무증권을 보유하여 이자를 받으면 이자수익으로 계상한다. 배당금수익과 이자수익은 포괄손익계산서의 당기손익에 해당한다.

〈지분상품 : 배당금수익 인식〉

(차)	현 금	×××	(대) 배 당 금 수 익	×××

〈채무상품 : 이자수익 인식〉

(차)	현 금	×××	(대) 이 자 수 익	×××

예제 2

㈜서울의 다음 거래를 회계처리 하라.

(1) <예제 1>에서 취득한 주식에 대해서 배당금 ₩50,000을 받았다.

(2) <예제 1>에서 취득한 회사채에 대해서 기말에 표시이자 ₩10,000을 받았다.

풀 이

(1)	(차) 현 금	50,000	(대)	배 당 금 수 익	50,000
(2)	(차) 현 금	10,000	(대)	미 수 이 자	2,500
				이 자 수 익	7,500

1) 105,000 − (100,000 × 10% × 3/12)
2) 100,000 × 10% × 3/12

2) 기말평가

PL금융자산은 단기간 내에 처분할 목적으로 취득한 것이기 때문에 정보이용자는 PL금융자산이 곧 처분될 것으로 기대하며, 실제로 처분될 경우 얼마의 현금이 유입될 것인지에 대해서 관심을 가질 것이다. 따라서 회사는 PL금융자산에 대해서 처분가치에 가장 근접한 금액으로 기록하고 공시할 때 회계정보는 목적적합하게 된다. 여기서, 단기간 내에 처분될 것이 확실한 PL금융자산의 처분가치에 가장 근접한 것은 공시시점의 공정가치가 된다.

그러므로 PL금융자산은 기말 공정가치로 평가하고, 공정가치와 평가전 장부금액과의 차액은 PL금융자산평가손익의 과목으로 하여 당기손익으로 처리한다. 구체적으로, 재무상태표일에 PL금융자산의 공정가치가 장부금액보다 높으면 평가이익이 발생하고, 공정가치가 장부금액보다 낮으면 평가손실이 발생한다.

〈공정가치 > 장부금액〉

(차)	P L 금 융 자 산	×××	(대)	PL금융자산평가이익	×××

〈공정가치 < 장부금액〉

(차)	금융자산평가손실	×××	(대)	P L 금 융 자 산	×××

예제 3

<예제 1>에서 취득한 주식의 기말 공정가치는 주당 ₩1,100, 회사채의 기말 공정가치는 ₩100,000이다. 해당 금융자산의 기말평가에 관한 회계처리를 하라.

풀 이

(차)	P L 금 융 자 산	7,500 [1)]	(대)	PL금융자산평가이익	7,500

1) 210,000 − 202,500

2.2 PL금융자산 처분

PL금융자산 처분시에는 금융자산처분손익이 발생할 수 있다. 처분손익은 처분시점의 처분금액과 장부금액의 차이로 계산된다. 처분과정에서 발생하는 부대비용은 수수료 비용과 같은 별도의 비용계정으로 처리하는 것이 아니라 처분대가에서 차감함으로써 PL금융자산처분손익에 반영된다.

한편, 채무상품을 이자지급일 사이에 처분하는 경우, 직전 이자지급일로부터 처분시점까지의 경과이자가 처분대가에 포함되어 있으므로 이를 분리하여 회계처리한다.

〈처분금액 > 장부금액〉

(차)	현 금	×××	(대)	PL금융자산	×××
				PL금융자산처분이익	×××

〈처분금액 < 장부금액〉

(차)	현 금	×××	(대)	PL금융자산	×××
	PL금융자산처분손실	×××			

예제 4

㈜수원이 20X4년 1월 1일 현재 보유하고 있는 PL금융자산의 장부금액은 다음과 같다.

A사 주식 : 150,000

B사 사채 : 100,000(표시이자율 10%, 매년 12월 31일 지급)

(1) 20X4년 2월 1일 ㈜수원은 지분상품 가운데 60%를 ₩92,000에 처분했다. 처분과정에서 수수료 ₩1,500이 발생했다.

(2) 20X4년 10월 1일 B사 사채 전액을 ₩105,000에 처분했다. 처분과정에서 수수료 ₩1,000이 발생했다.

(물 음) 각 일자별 회계처리를 하시오.

풀 이

(1) 2월 1일

(차)	현 금	90,500	(대)	PL금융자산	90,000
				PL금융자산처분이익	500

(2) 10월 1일

(차)	미수이자	7,500 [1)]	(대)	이자수익	7,500
	현 금	104,000		PL금융자산	100,000
	PL금융자산처분손실	3,500		미수이자	7,500

1) 100,000 × 10% × 9/12

예제 5

㈜수원의 다음 거래를 분개하라.

① 8월 1일 : 시장성이 있는 ㈜현대자동차 주식을 단기 매매차익 목적으로 3,500만원에 취득하고 거래수수료 15만원을 지급하였다.

② 9월 1일 : 자본시장에서 거래가 활발하여 시장성이 있는 국채를 단기 매매차익 목적으로 1,500만원(경과이자 포함)에 매수하고 거래수수료 5만원을 지급하였다. 국채의 발행일은 전년도 12월 1일이며, 표시이자 80만원을 1년마다 지급한다.

③ 10월 30일 : ㈜현대자동차로부터 배당금 100만원을 수령하였다.

④ 11월 30일 : 보유하고 있는 국채로 인하여 이자 80만원을 수령하였다.

⑤ 12월 31일(재무상태표일) : ㈜현대자동차 주식의 공정가치는 3,750만원이고, 국채의 이자 포함 공정가치는 1,480만원이다.

⑥ 다음 연도 1월 2일 : 보유하고 있는 주식을 3,900만원(거래수수료 20만원 별도)에, 국채를 1,260만원(거래수수료 10만원 별도)에 각각 처분하였다.

풀이

(단위 : 만원)

		차변 계정	금액		대변 계정	금액
①	(차)	PL금융자산	3,500	(대)	현금	3,515
		지급수수료	15			
②	(차)	PL금융자산	1,440	(대)	현금	1,505
		미수이자	60			
		지급수수료	5			
③	(차)	현금	100	(대)	배당금수익	100
④	(차)	현금	80	(대)	미수이자	60
					이자수익	20
⑤	(차)	PL금융자산	290	(대)	PL금융자산평가이익	290 [1]
		미수이자	6.67		이자수익	6.67
⑥	(차)	현금	5,130 [2]	(대)	PL금융자산	5,230 [3]
		PL금융자산처분손실	106.67		미수이자	6.67

1) (3,750만원 + 1,480만원) − (3,500만원 + 1,440만원) = 290만원

2) (3,900만원 − 20만원) + (1,260만원 − 10만원) = 5,130만원

3) 3,750만원 + 1,480만원 = 5,230만원

3 상각후원가 측정 금융자산(이하 'AC금융자산')

3.1 AC금융자산 취득과 보유

AC금융자산은 기업이 만기까지 보유하면서 계약상 현금흐름(즉, 원금과 이자)을 수취할 목적으로 취득한 채무상품(사채)이다. 처분목적이 아니기 때문에 기말에 공정가치 평가를 하지 않는다.

기말에 공정가치 평가를 하지 않는 대신 유효이자율법에 의한 이자수익을 인식해야 한다.[2] 다만, 일반적으로 사채의 경우 사채할인발행차금 또는 사채할증발행차금과 같은 평가계정을 사용하지만 AC금융자산은 평가계정을 사용하지 않고 순액으로 기록한다. 이처럼 평가계정을 사용하지 않고 순액으로 기록하기 때문에 이자수익을 인식할 경우 유효이자와 표시이자의 차액은 평가계정의 상각(또는 환입)이 나타나는 것이 아니라 AC금융자산의 장부금액을 직접 가감해야 한다.

한편, AC금융자산의 취득과 관련하여 발생한 비용은 취득원가에 포함한다. 이와 같이 취득관련비용이 발생하는 경우에는 시장이자율과 유효이자율이 달라져 유효이자율을 계산하여 보유기간동안의 이자수익을 인식해야 한다. 이러한 내용은 사채에서 사채발행비로 인하여 시장이자율과 유효이자율이 달라지는 논리와 동일하다.

〈취 득〉

(차)	AC금융자산	×××	(대) 현금	×××

〈이자수익 인식〉

(차)	현금	×××	(대) 이자수익	×××
	AC금융자산[1]	×××		

1) 할인발행된 사채를 취득한 것을 가정

2) 유효이자율법은 9장의 사채에 관한 회계처리를 참조할 수 있다.

예제 6

다음은 ㈜한국의 AC금융자산에 대한 거래 내용이다.

(1) 20X4년 1월 1일에 액면가액 ₩100,000, 액면이자율 5%, 만기 3년이고 매년 말에 이자가 지급되는 사채를 취득하였다.

(2) 취득당시 시장이자율은 10%였으며 별도의 거래비용은 없었다.

(물음 1) ㈜한국이 취득시점부터 만기일까지 해야 할 회계처리를 하시오.

(물음 2) 사채 취득 과정에서 거래비용 ₩2,309이 발생할 경우 유효이자율을 계산하시오.

풀 이

(물음 1)

AC금융자산 취득금액 :

$$₩5,000 \times \frac{1 - (1.1)^{-3}}{0.1} + ₩100,000 \times 1.1^{-3} = ₩87,566$$

20X4. 1. 1	(차)	AC금융자산	87,566	(대)	현금	87,566
20X4. 12. 31	(차)	현금	5,000	(대)	이자수익	8,757
		AC금융자산	3,757			
20X5. 12. 31	(차)	현금	5,000	(대)	이자수익	9,132
		AC금융자산	4,132			
20X6. 12. 31	(차)	현금	5,000	(대)	이자수익	9,545
			4,545			
	(차)	현금	100,000	(대)	AC금융자산	9,545

(물음 2)

AC금융자산의 취득관련 비용은 취득금액 가산한다. 유효이자율은 취득금액과 반비례하는 관계에 있기 때문에 증가한 취득금액(= 87,566 + 2,309 = 89,875)에 근거하여 유효이자율을 계산할 경우 시장이자율보다 감소하게 된다. 참고로 위의 예에서 유효이자율은 9%이다.

AC금융자산 취득금액 :

$$₩5,000 \times \frac{1 - (1.09)^{-3}}{0.09} + ₩100,000 \times 1.09^{-3} = ₩89,875$$

3.2 AC금융자산의 처분

AC금융자산을 만기일에 처분하는 경우 처분금액과 장부금액은 동일하기 때문에 아무런 문제가 발생하지 않는다. 그러나 만기일 이전에 처분하는 경우에는 처분시점의 시장가격에 처분하기 때문에 처분금액과 장부금액은 일치하지 않으며, 그 차액을 금융자산처분손익으로 하여 당기손익으로 인식한다. 이러한 논리는 사채의 만기상환, 중도상환의 경우와 동일하다.

예제 7

다음은 ㈜새롬의 AC금융자산에 대한 거래 내용이다.

(1) 20X4년 1월 1일 액면금액 ₩100,000, 표시이자율 4%(매년 말 지급), 3년 만기 사채를 취득하였다.
(2) 취득 당시 시장이자율은 7%였으며, 별도의 취득수수료는 없었다.

(물음 1) ㈜새롬이 위 AC금융자산을 20X4년 12월 31일에 ₩95,000에 처분한다고 가정하고 처분시점에서의 필요한 회계처리를 하시오.

(물음 2) ㈜새롬이 위 AC금융자산을 20X5년 4월 1일에 경과이자를 포함하여 ₩95,000에 처분한다고 가정하고 처분시점에서의 필요한 회계처리를 하시오.

풀이

(물음 1) 20X4. 12. 31

	차변	금액		대변	금액
(차)	현금	4,000	(대)	이자수익	6,449 1)
	AC금융자산	2,449			
(차)	현금	95,000	(대)	AC금융자산	94,576 2)
				AC금융자산처분이익	424

1) ₩92,127(취득금액) × 7%
2) ₩92,127 + ₩2,449

(물음 2) 20X5. 4. 1

	차변	금액		대변	금액
(차)	미수이자	1,000 3)	(대)	이자수익	1,655 4)
	AC금융자산	655			
(차)	현금	95,000	(대)	미수이자	1,000
	AC금융자산처분손실	1,231		AC금융자산	95,231 5)

3) ₩4,000(표시이자) × 3/12
4) ₩94,576(20X4년 말 장부금액) × 7% × 3/12
5) ₩94,576 + ₩655

4 기타포괄손익-공정가치 측정 금융자산(이하 'OCI금융자산')

계약 상 현금흐름(원금과 이자)의 수취와 매도 모두를 목적으로 취득한 채무상품이 여기에 해당한다. 또한 특정 상황에서 지분상품을 OCI금융자산으로 지정할 수 있다.

OCI금융자산으로 분류되는 지분상품은 기말에 공정가치로 평가한다. 이때 인식되는 평가손익은 포괄손익계산서상의 당기손익이 아닌 기타포괄손익으로 인식하고 마감분개를 통해서 재무상태표상의 기타포괄손익누계액(자본요소)으로 집계한다.

4.1 OCI금융자산 취득과 보유

OCI금융자산은 처분할 가능성이 내재되어 있는 자산이다. 처분가능성을 고려하면 기말에 공정가치로 평가하여 평가손익을 인식하는 것이 타당할 것이다. 그러나 단기간 내에 처분할 가능성이 높다고 할 수 없기 때문에 당해 평가손익이 실질적인 손익으로 실현될 것으로 보긴 어렵다. 이러한 관점에서 OCI금융자산은 기말에 공정가치로 평가하되, 평가손익을 실현되지 않은, 즉 미실현손익으로 간주한다. 포괄손익계산서 상에서 이러한 미실현손익을 나타내는 항목이 바로 기타포괄손익이며, 기타포괄손익으로 분류된 손익은 재무상태표상의 기타포괄손익누계액으로 집계된다.[3] 한편, 취득시점에는 취득부대비용이 발생하면 AC금융자산과 동일하게 동 비용을 OCI금융자산의 취득원가에 포함한다.

4.2 OCI금융자산의 처분

OCI금융자산을 처분하면 보유기간동안 인식되었던 누적공정가치손익을 자본에서 당기손익으로 재분류한다. 단, 지분상품이 OCI금융자산으로 지정된 경우에는 처분하더라도 누적공정가치손익을 당기손익으로 재분류하지 않는다.[4]

---

3) 포괄손익계산서의 당기손익은 모두 재무상태표상의 이익잉여금으로 집계되며, 포괄손익계산서의 기타포괄손익은 재무상태표상의 기타포괄손익누계액으로 집계된다. 다만, 중급회계에서 다루는 보험수리적손익의 경우 기타포괄손익임에도 불구하고 이익잉여금으로 분류될 수 있다.

4) 누적공정가치손익을 당기손익으로 재분류하는 방법은 회계원리 범위를 벗어나는 내용에 해당한다. 따라서 본 교재의 예제에서는 구체적으로 다루지 않으며, 자세한 내용은 중급회계에서 학습하기 바란다.

예제 8

다음은 ㈜서울의 OCI금융자산에 대한 거래 내용이다.

(1) 20X4년 1월 1일 액면금액 ₩100,000, 표시이자율 5%(매년 말 지급), 3년 만기 사채를 취득하고 OCI금융자산으로 분류하였다.

(2) 취득 당시 시장이자율은 5%였으며, 별도의 취득수수료는 없었다.

(3) 20X4년 말과 20X5년 말의 공정가치는 각각 ₩99,000과 ₩102,000이다.

(물음 1) 위 OCI금융자산의 취득과 기말평가와 관련하여 필요한 회계처리를 하시오.

(물음 2) ㈜서울의 20X5년 말 부분재무상태표를 작성하시오.

풀이

(물음 1)

20X4. 1. 1	(차)	OCI금융자산	100,000	(대)	현금	100,000
20X4.12.31	(차)	현금	5,000	(대)	이자수익	5,000
	(차)	OCI금융자산평가손실	1,000	(대)	OCI금융자산	1,000
(마감분개)	(차)	OCI금융자산평가손익 (기타포괄손익누계액)	1,000	(대)	OCI금융자산평가손실	1,000
20X5.12.31	(차)	현금	5,000	(대)	이자수익	5,000
	(차)	OCI금융자산	3,000	(대)	OCI금융자산평가이익	3,000
(마감분개)	(차)	OCI금융자산평가이익	3,000	(대)	OCI금융자산평가손익 (기타포괄손익누계액)	3,000

(물음 2)

부분재무상태표

20X5년 12월 31일 현재

비유동자산		기타자본요소	
OCI금융자산	₩102,000	기타포괄손익누계액	
		OCI금융자산평가손익	₩2,000

Chapter 10 연습문제

1 금융자산의 보유 목적과 특징을 설명하시오.

2 사채를 만기까지 보유할 목적으로 액면금액보다 낮은 금액으로 취득한 경우, 동 자산의 재무상태표 표시는 사채할인발행의 경우와 비교할 때 어떤 차이가 있는지 설명하시오.

3 기타포괄손익-공정가치 평가 금융자산의 공정가치평가손익은 재무제표에 어떻게 표시하는지 설명하시오.

4 다음 거래를 분개하시오.

(1) ㈜경기는 ㈜서울의 사채(액면 ₩2,000,000, 만기 5년, 표시이자 15% 연 1회 지급)를 만기까지 보유할 목적으로 ₩1,800,000(경과이자 ₩200,000 포함)에 현금 매입하다.
(2) 위의 사채에 대한 1년분의 이자 ₩300,000을 현금으로 받다. 단, 위 사채를 1년간 보유했을 때의 인식할 유효이자는 ₩360,000으로 가정한다.
(3) 20X4년 12월 31일 단기투자목적으로 보유하고 있는 주식 1,000주(취득원가 주당 ₩7,000)의 공정가치가 주당 ₩5,700이다.
(4) 20X4년 12월 31일 단기투자목적으로 보유하고 있는 주식 1,000주(취득원가 주당 ₩6,000)의 공정가치가 주당 ₩6,500이다.

5 ㈜광교는 다음과 같은 사채를 만기까지 보유할 목적으로 취득하였다.

사채취득일 : 20X4년 1월 1일　　　　액면금액 : ₩200,000
표시이자율 : 연 8% (매년 말 지급조건)　　　　유효이자율 : 연 10%
만　　기 : 3년

(물음 1) 사채의 취득금액을 계산하시오(취득부대비용은 없다고 가정함).

(물음 2) 취득시점부터 만기까지 필요한 회계처리를 하시오.

6 다음의 거래를 분개하시오.

(1) ① 단기보유 목적으로 액면 ₩10,000,000(1,000좌)의 사채를 1좌당 ₩9,700으로 매입하다.
② 상기 사채 중 400좌를 1좌당 ₩9,800에 매각하고 대금은 현금으로 받다.
③ 결산 시에 상기의 사채 나머지를 1좌당 ₩9,600으로 평가하다.

(2) ① 20X4년 4월 21일에 단기보유목적으로 시장성 있는 주식 1,000주를 1주당 ₩8,000에 매입하고 주식매입에 따른 수수료 ₩60,000을 현금으로 지급하다.
② 20X4년 6월 30일 제5기 결산일에 위 주식의 공정가치는 1주당 ₩5,200이다.
③ 20X4년 9월 31일 주식을 1주당 ₩7,800에 처분하다.

7 20X4년 12월 31일 필요한 회계처리를 하시오.

(1) 20X4년 10월 1일 : 일시적인 자금 운용의 목적으로 A주식 10주를 1주당 ₩10,000, B주식 5주를 1주당 ₩6,000, 그리고 C주식 5주를 1주당 ₩5,000에 각각 매입하였다.
(2) 20X4년 12월 31일 : A, B, C 주식의 1주당 시가는 각각 ₩5,700, ₩4,400, ₩5,400이었다.

8 ㈜경기는 단기투자목적으로 시장성이 있는 다음의 금융자산을 취득하여 보유하고 있다. 관련된 자료에 대해서 분개를 하시오.

(1) 7월 1일 : ㈜종로의 주식 ₩150,000을 매입하다. 매입수수료는 ₩1,500이다.
(2) 7월 2일 : ㈜을지 사채를 ₩95,000에 현금으로 구입하였다. 액면가액은 ₩100,000이고, 이자는 10%로 매년 6월 30일에 지급한다.
(3) 8월 2일 : ㈜종로로부터 현금배당 ₩10,000을 받다.
(4) 12월 31일 : 금융자산의 시가는 다음과 같다.

㈜종로 주식	₩140,000
㈜을지 사채	₩ 90,000

(5) 다음 연도 1월 5일 : ㈜종로의 주식을 ₩160,000에 매각하다. 매각수수료 ₩1,000을 공제한 ₩159,000을 현금으로 받다.

9 다음은 ㈜수원의 20X3년 말 재무상태표의 일부이다.

부분재무상태표

㈜수원 20X3년 12월 31일

유동자산		자 본	
현 금	50,000	기타포괄손익누계액	
PL금융자산	500,000	OCI금융자산평가손익	50,000
비유동자산			
AC금융자산	650,000		
OCI금융자산	800,000		

20X4년 중에 ㈜수원의 금융자산 보유액을 변동시킨 거래는 다음과 같다.

① 2/10 : PL금융자산 중 ₩300,000(장부금액)의 주식을 매각처분하고 ₩320,000의 현금을 받았다.
② 4/10 : 보유하고 있는 주식에 대한 현금배당 ₩30,000을 받았다.
③ 12/31 : AC금융자산의 유효이자율은 10%이며, 현금이자로 ₩56,000을 받았다.

④ 12/31 : 보유하고 있는 PL금융자산의 공정가치는 ₩190,000, OCI금융자산(지분상품)의 공정가치는 ₩740,000으로 확인되었다.
⑤ 12/31 : ㈜수원의 20X4년도 당기순이익은 ₩1,000,000이다.

위의 정보를 반영하여 ㈜수원의 20X4년도 부분재무상태표와 부분포괄손익계산서를 작성하시오.

Chapter 11

자 본

Chapter 11 자 본

1 주식발행을 통한 자본조달

1.1 주식회사제도와 자본조달

현대사회에서 기업이 경영활동을 하여 성장을 하기 위해서는 대규모의 자금이 필요하다. 기업이 내부에서 자금을 조달하는 데는 한계가 있기 때문에 기업이 성장할수록 필요한 자금은 외부에서 조달하게 된다. 외부조달은 크게 은행과 같은 채권자로부터 빌리는 방법과 주식을 발행하여 조달하는 방법으로 나눌 수 있다. 기업이 발행한 주식을 매수한 투자자를 주주라 한다.

현대사회에서 대부분의 기업들은 주식(stocks)을 발행하여 자본을 조달하는 주식회사의 형태를 취하고 있다. 많은 기업들이 주식회사 형태로 운영되는 이유는 다음과 같은 주식회사의 특징 때문이다.

① **독립된 법인격을 갖춘 실체**

회사는 법인 그 자체의 명의와 계산으로 자산을 취득하고 계약을 체결하며, 그 결과 회사의 모든 권리와 의무는 그 자체에 귀속되며 주주와는 별개이다.

② **주주의 유한책임(limited liability)**

주주는 투자한 범위 내에서만 기업의 손실에 대해 책임을 부담한다.

③ **주식의 자유로운 양도**

주주는 투자금을 회수하고 싶은 경우에 다른 투자자들에게 주식을 양도하여 자금을 회수할 수 있다.

④ **자금조달 용이**

주주의 유한책임과 주식의 자유로운 양도가 가능하기 때문에 소액으로 분할된 주식을 투자자들이 쉽게 매수할 수 있다. 이를 통해 기업은 다수의 개별 투자자들을 대상으로 거액의 자금조달이 가능하다.

이상과 같은 주식시장의 장점 때문에 현대에는 대다수의 기업이 주식회사의 형태로 운영되고 있으며, 대부분의 회계처리규정도 주식회사의 형태를 전제로 하여 제정된다.

표 1 주주와 채권자 비교

	주 주	채권자
이 익 배 분	배당은 이익발생여부에 영향을 받으며 그 금액도 사전에 확정되어 있지 않음	이익발생여부와 관계없이 확정이자를 받음
청 산 시	잔여재산에 대하여만 청구권 행사	주주에 우선하여 청구권 행사
의 결 권	의결권을 행사하여 회사 경영에 참여	의결권이 없으므로 회사 경영에 참가할 수 없음

주식회사는 자본시장을 통하여 장점이 극대화된다. 자본시장을 통해 투자 기회를 찾는 많은 투자자들로부터 수익성이 양호한 기업은 거액의 자금을 조달할 수 있고, 투자자는 자본시장을 통해 보유하고 있는 주식을 거래할 수 있으므로 투자금에 대한 회수가능성도 보장받는다. 이렇게 자본주의 경제에서 주식회사제도는 중요하게 활용된다.

주식발행을 통하여 조달한 자금은 기업의 자기자본으로 분류된다. 이는 타인자본(부채)과 달리 상환만기가 없다. 즉, 주식회사가 청산되지 않는 한 자기자본은 반환되지 않는다. 타인자본과 달리, 자기자본에 대해서는 부채에 대한 이자와 달리 자본 사용에 대한 확정된 대가를 지급할 의무도 없다. 단, 기업이 벌어들인 이익에 대해 주주들이 배당을 요구하거나 지급받을 수 있다. 배당으로 지급받지 않더라도 기업의 이익은 주주들의 몫이므로 미래에 분배받을 권리가 있다. 그리고 기업이 이익을 많이 창출하면 주식가치가 상승하므로, 주주는 주식을 매도하여 자본이득을 실현할 수 있다.

1.2 주식의 종류

기업이 발행하는 주식은 보통주와 우선주로 구분될 수 있다.

(1) 보통주(common stock)

모든 주식회사가 발행하는 표준적인 주식으로 의결권이 부여된 주식이다. 의결권은 보통주를 보유한 주주가 기업의 경영자 선임, 기업합병, 이익처분 등 회사 운영에 관한 주요사항을 결정할 수 있는 권리이다. 또한 보통주를 소유한 주주는 회사의 이익을 분배받을 수 있는 배당권과 청산시 잔여재산 분배에 참여할 수 있는 권리가 있으며, 신주가 발행될 때 주주가 우선적으로 배정받을 수 있는 신주인수권을 가진다.

(2) 우선주(preferred stock)

우선주는 의결권이 없는 대신 이익분배와 잔여재산 분배와 관련하여 보통주에 비해 유리한 조건이 부여된 주식이다. 자본시장에서는 일반적으로 배당과 관련된 유리한 조건보다 의결권을 높게 평가하므로 우선주는 보통주에 비해 낮게 평가된다. 우선주는 배당과 관련된 조건 뿐 아니라 보통주로 전환될 수 있는 권리가 부여되는 경우도 있다.

1.3 주식발행의 형태

주식회사는 회사가 발행할 수 있는 주식의 총수를 정관에 정해두고 설립시에 그의 1/4 이상을 발행하여야 하며, 나머지 부분에 대해서는 설립 후에 이사회의 결정에 따라 필요한 때에 발행할 수 있다. 발행할 수 있는 주식의 총수를 미리 정관에 기재하고 설립시에 그 일부를 납입하고, 미발행주식은 필요에 따라 주식총수의 범위 내에서 발행할 수 있도록 한 제도를 수권자본제도라고 한다.

기업은 발행하는 주식수를 고려하여 액면금액을 결정한다. 액면금액은 상법의 규정에 따라 자본금을 표시하기 위해 정해진 것에 불과하므로 경제적 의미가 작다. 일반적으로 주식의 발행가액은 액면금액과 관계없이 기업의 실제 가치를 고려하여 결정된다. 즉, 주식의 발행가액에는 1주당 순자산 금액이나 미래 수익성 등이 반영된다. 일반적으로 발행가액이 액면금액에 비해 높기 때문에 할증발행된다. 발행가액과 액면금액이 동일한 경우를 액면발행이라 부르고 발행가액이 액면금액에 비해 낮은 경우를 할인발행이라 부른다. 국내 상법에서는 기업의 자본충실과 채권자 보호를 위해 원칙적으로 할인발행이 금지되어 있다.

주식의 액면금액은 1주당 100원 이상으로 하여야 하는 것이 원칙이다. 그러나 회사가 정관으로 정한 경우에는 주식의 전부를 무액면주식으로 발행할 수 있으며, 이러한 경우에는 액면주식은 발행할 수 없다.

2 자본의 구성

2.1 자본의 구성

회계에 있어 자본이란 기업에 대한 소유주지분(청구권)을 의미한다. 소유주지분, 즉 자본은 자산총액에서 부채총액을 뺀 순자산이다. 소유주지분은 채권자청구권이 우선적으로 행사된 다음에 잔액이 있을 경우에만 성립될 수 있으므로, 소유주지분은 잔여지분이라고 할 수 있다.

기업회계기준에서는 자본을 크게 납입자본, 이익잉여금 및 기타자본요소로 분류하고 있다. 납입자본은 자본금과 자본잉여금을 포함하며, 기타자본요소는 기타포괄손익누계액과 자본조정을 포함한다.

그림 1 자본의 분류

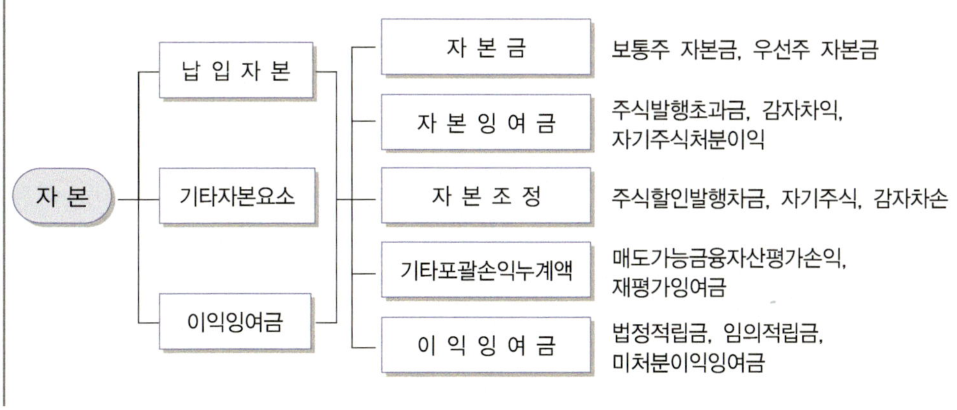

2.2 납입자본(자본금과 자본잉여금)

(1) 자본금(capital)

자본금은 주주들이 납입한 법정자본금으로 액면금액에 발행주식수를 곱한 금액이다. 현재 상법에서는 주식을 발행할 때 액면금액을 설정하도록 규정되어 있다. 이러한 제도는 주주가 마음대로 자본을 감소시키지 못하도록 하여 채권자들을 보호할 수 있는 최소한의 자산을 기업 내에 유보할 수 있도록 고안된 조치이다. '자본금'은 자본의 한 항목을 나타내는 표현이므로 '자본금'과 '자본'을 혼동하지 말고 반드시 구분하여야 한다.

자본금 = 발행주식수 × 1주당 액면가액

예를 들어, 1주당 액면가액이 ₩5,000인 주식을 1,000주 발행한다면, 자본금은 ₩5,000,000 (= ₩5,000 × 1,000주)이 된다.

예제 1

다음 거래를 분개하시오.

발기인들은 ㈜서울이 발행할 주식의 총수 20,000주(1주의 액면 ₩5,000) 중에서 설립 시점에 발행할 주식 10,000주를 액면가액으로 현금으로 주고 인수하였다.

풀 이

(차) 현 금	50,000,000	(대) 자 본 금	50,000,000

(2) 자본잉여금(capital surplus)

자본잉여금은 기업의 영업활동과 관계가 없는 자본거래로부터 발생하며, 이는 기업의 정상적인 영업활동의 결과로 나타나는 이익잉여금과 구분된다. 자본잉여금은 자본금과 함께 주주의 납입자본을 구성한다. 납입자본은 주주들이 기업에 납입한 금액을 말한다. 자본잉여금은 자본전입이나 결손금 보전 이외에는 처분할 수 없다. 이는 자본잉여금을 배당금의 지급 등 사외로 유출시킬 경우 자본을 잠식할 수 있기 때문이다. 자본잉여금에는 주식발행초과금, 감자차익, 자기주식처분이익 등이 있다.

1) 주식발행초과금

발행회사의 과거 영업성과가 양호하고 미래의 수익성이 높을 것으로 기대할 수 있을 경우에는 액면가액 이상으로 주식을 발행한다. 액면을 초과하는 금액은 주식발행초과금으로 분류되며, 이는 주주가 납입한 불입자본금이므로 사실상 자본금과 다를 바가 없다.

(차) 현 금	×××	(대) 자 본 금	×××
		주식발행초과금	×××

예제 2

다음 거래를 분개하라.

㈜경기는 액면 ₩5,000의 주식 1,000주를 1주당 ₩5,500에 발행하고 납입금은 현금으로 받았다.

풀이

① (차) 현 금	5,500,000	(대) 자 본 금	5,000,000 [1]
		주식발행초과금	500,000

1) ₩5,000 × 1,000주 = ₩5,000,000

2) 감자차익

자본을 감소하는 과정에서 발생한 것으로 자본감소액이 자본금을 감소하는데 소요되는 금액을 초과하는 경우 그 차액을 감자차익이라 한다.

(차) 자 본 금	×××	(대) 현 금	×××
		감 자 차 익	×××

예제 3

다음 거래를 분개하라.

㈜경기는 주식 10,000주(1주당 액면가액 ₩5,000)를 1주당 ₩4,000에 매입소각하였다.

풀 이

① (차)	자 본 금	50,000,000	(대) 현 금	40,000,000
			감 자 차 익	10,000,000

3) 자기주식처분이익

자기주식의 처분가액이 취득가액을 초과하는 경우 그 차액을 자기주식처분이익이라 한다.

(차)	현 금	×××	(대) 자 기 주 식	×××
			자기주식처분이익	×××

2.3 자본조정(capital adjustment)

자본조정은 자본에 속하는 항목이지만 자본금, 자본잉여금, 이익잉여금, 기타포괄손익누계액의 어느 항목에도 속하지 아니하고 자본총계에 가산 또는 차감하는 형식으로 표시하는 항목을 말한다.

(1) 주식할인발행차금

주식회사에 있어서 자본증자시 발행하는 주식이 액면가액보다 낮은 경우에 발생하는 차액을 주식할인발행차금이라 하며, 개념적으로는 자본잉여금의 감소항목으로 처리된다. 국내에서는 주식발행초과금은 자본잉여금 항목에, 주식할인발행차금은 자본에서 차감하는 자본조정 항목에 포함시키고 있다.

주식을 액면가액보다 낮은 가격으로 발행하는 것은 상법에 의하여 원칙적으로는 금지되고 있으나, 이 원칙을 고수하게 되면 발행주식이 액면가액보다 낮은 가격으로 거래되고 있는 경우에는 신주발행에 의한 자금조달을 할 수 없게 된다. 주주총회의 특별결의가 있고 법원의 인가를 얻으면 액면가액에 미달하여 주식을 발행하는 것을 허용하고 있다. 신주를 액면가액 보다 낮은 가격으로 발행하는 경우 그 차액을 주식할인발행차금이라 하고, 자본에 대한 차감적인 평가계정으로 재무상태표에 다음과 같이 표시한다.

(차)	현 금	×××	(대)	자 본 금	×××
	주식할인발행차금	×××			

재무상태표

자 본	
Ⅰ. 자 본 금	×××
Ⅱ. 자 본 잉 여 금	×××
Ⅲ. 자 본 조 정	
주 식 할 인 발 행 차 금	**(×××)**
Ⅳ. 기 타 포 괄 손 익 누 계 액	×××
Ⅴ. 이 익 잉 여 금	×××
자 본 총 계	×××

주식할인발행차금은 주식발행연도 또는 증자연도부터 3년 이내의 기간에 매기 균등액을 상각하고 이익잉여금으로 처분한다. 다만, 처분할 이익잉여금이 부족하거나 결손이 있는 경우에는 차기 이후 연도에 이월하여 상각할 수 있다.

예제 4

다음 거래를 분개하라.

① 액면 ₩5,000의 주식 1,000주를 1주당 ₩4,700에 발행하고 현금으로 받다.

② 결산일에 주식할인발행차금 ₩100,000을 상각하다.

풀이

① (차) 현　　　　금　4,700,000　(대) 자　본　금　5,000,000
　　주식할인발행차금　300,000
② (차) 미처분이익잉여금　100,000　(대) 주식할인발행차금　100,000[1)]

1) ₩300,000 ÷ 3년 = ₩100,000

(2) 자기주식(treasury stock)

자기주식은 발행한 주식 중에서 발행회사가 매입하거나 증여에 의하여 재취득한 주식을 말하며, 그 회계처리방법에는 액면가액법과 원가법이 있다.

국내 기업회계기준에서는 원가법을 적용하며, 자기주식은 장부가액(취득가액)을 자본에서 차감하는 형식으로 기재하고 그 취득경위, 향후 처리계획 등을 주석으로 기재하도록 규정하고 있다. 취득시점의 회계처리는 다음과 같고, 자세한 회계처리는 3절에서 설명한다.

(차) 자 기 주 식　×××　(대) 현　　금　×××

(3) 감자차손

자본을 감소시키는 과정에서 발생한 것으로 자본감소액이 자본금을 감소하는데 소요되는 금액에 미달하는 경우 그 차액을 감자차손이라고 한다.

(차) 자　본　금　×××　(대) 현　　금　×××
　　감 자 차 손　×××

예제 5

다음 거래를 분개하라.

주당 액면가액 ₩5,000의 주식 1,000주를 감자하면서 주주에게 주당 ₩6,000을 지급하였다.

풀 이

(차)		(대)	
자 본 금	5,000,000	현 금	6,000,000
감 자 차 손	1,000,000		

2.4 기타포괄손익누계액(accumulated other comprehensive income)

기타포괄손익누계액은 포괄손익 중 현행 기업회계기준에 의해 당기순이익에서 배제되고 재무상태표상의 자본에 직접 가감되는 항목의 누계액을 의미한다. 포괄손익이란 회계기간 동안 유상증자, 유상감자, 자기주식 취득 등 소유주와의 거래 이외에 기업에서 발생한 모든 거래나 사건으로 인한 순자산의 변동을 말한다.

기타포괄손익누계액의 대표적인 항목으로 매도가능금융자산평가손익이 있다. 매도가능금융자산평가손익은 매도가능금융자산으로 분류된 금융자산이 재무상태표일 현재 공정가치로 평가될 때 장부가액과 차이가 나는 금액이다. 일반적으로 매도가능금융자산은 장기투자목적으로 취득된 경우가 많으므로 이러한 목적에 부합되도록 공정가치로 평가하지만, 당기손익에는 반영되지 않도록 회계처리가 규정되어 있다.

일반적으로 영업활동을 통한 손익은 재무상태표의 이익잉여금을 통하여 자본에 반영되지만, 매도가능금융자산평가손익은 당기손익 항목이 아니므로 영업활동이지만 이익잉여금에 반영되지 못한다. 따라서 손익거래이지만 이익잉여금에 반영되지 못하는 항목을 기타포괄손익누계액으로 자본에 반영한다.

2.5 이익잉여금(earned surplus)

(1) 이익잉여금의 개념

이익잉여금은 기업의 정상적인 영업활동인 손익거래에서 발생한 잉여금으로 유보이익(retained earnings)이라고도 한다. 기업이 자본을 투자하여 벌어들인 이익은 주주들의 몫이다. 이러한 이익은 주주들에게 분배되거나 재투자를 위하여 기업에 유보된다.

이익잉여금은 법정적립금과 임의적립금 및 미처분이익잉여금으로 구성된다.

1) 법정적립금

법에 의해 강제적으로 적립하는 금액을 말한다. 대표적으로 상법에 의해 기업이 매결산기에 금전에 의한 이익배당액의 10분의 1 이상의 금액을 자본금의 2분의 1에 달할 때까지 적립해야 하는 이익준비금을 들 수 있다. 법정적립금은 결손보전과 자본전입 이외의 목적으로는 사용할 수 없다.

2) 임의적립금

법에 의하여 강제적으로 적립하는 것이 아니라, 회사의 정관의 규정에 의해 특별히 적립하거나 주주총회의 결의에 의하여 특정목적을 위해 적립한 금액을 말한다. 임의적립금에는 사업확장 등의 기업가치를 증대시키기 위하여 적립되는 사업확장적립금, 사채상환에 대비하기 위한 감채적립금, 결손에 대비하기 위한 결손보전적립금, 배당지급을 일정하게 유지하기 위한 배당평균적립금 등이 있다.

3) 미처분이익잉여금

법정적립금과 임의적립금을 제외한 나머지 이익잉여금이다. 이는 사용목적이 정해지지 않고 일시적으로 기업 내에 유보된 이익으로 주주들에게 배당될 수 있는 이익잉여금이다.

(2) 이익잉여금 처분과 배당지급

이익잉여금은 기업이 영업활동을 통하여 벌어들인 이익이므로 주주들에게 배당될 수 있는 금액이다. 기업은 지속적인 경영활동을 통해서 벌어들인 이익 중 일부를 재투자하므로 일반적으로 모든 이익을 주주들에게 배당하지는 못한다. 따라서 기업이 지속적인 영업활동을 목적으로 일부 이익잉여금에 구분표시를 하여 배당을 제한한다. 이를 적립이라고 한다. 적립은 현금이 기업 내에 쌓여 있다는 것이 아니라 단지 배당되지 못하도록 구분되어 있음을 뜻한다. 법적으로 강제되어 적립된 금액이 법정적립금이며, 기업이 자발적으로 적립한 금액이 임의적립금이다.

이익잉여금 중에서 강제적이나 임의적인 사유 외에 구분표시 되지 않은 금액은 주주들에게 배당이 될 수 있다. 이러한 이익의 적립이나 배당은 이익잉여금의 처분이라고 하는데, 이는 주주의 몫에 대해 이루어지는 행위이므로 회계연도 종료 후에 개최되는 주주총회에서 결정된다.[1] 이러한 이익잉여금처분은 일반적으로 기업의 배당정책에 따라 이루어진다. 현금배당과 관련하여 다음과 같은 사항들이 있다.

① 배당기준일 : 주주명부에 기재된 주주들에게 배당을 받을 권리가 주어지는 기준일

② 배당선언일 : 배당의사를 공식적으로 발표한 주주총회일로 이익잉여금을 감소시키는 회계처리를 하는 시점

③ 배당지급일 : 배당기준일에 주주로서 확정된 주주에게 실제로 배당을 지급하는 시점

〈배당선언일 회계처리〉

(차)	미처분이익잉여금	×××	(대)	이익준비금	×××
				미지급배당금	×××

〈배당지급일 회계처리〉

(차)	미지급배당금	×××	(대)	현금	×××

1) 이익배당은 주주총회에서 결의로 정하는 것이 원칙이나, 재무제표를 이사회가 승인하는 경우에는 이사회의 결의로 정할 수 있다(상법 제462조).

예제 6

다음 거래를 분개하라.

주주총회에서 이익잉여금의 처분을 다음과 같이 확정하였다. 처분사항 확정시점과 현금배당 지급 시점의 회계처리를 하시오.

- 현금배당 : ₩30,000,000
- 이익준비금 적립 : 현금배당액의 10%

풀이

① 처분사항 확정시점

(차)	미처분이익잉여금	33,000,000	(대)	이 익 준 비 금	3,000,000 [1]
				미 지 급 배 당 금	30,000,000

1) ₩30,000,000 × 10% = ₩3,000,000

② 현금배당 지급시점

(차)	미 지 급 배 당 금	30,000,000	(대)	현 금	30,000,000

표 2 이익잉여금처분계산서 양식

이익잉여금처분계산서

20××년 1월 1일 ~ 20××년 12월 31일
처분확정일 20××년 3월 27일

㈜경기 (단위 : 원)

Ⅰ. 미처분이익잉여금		×××
전기이월미처분이익잉여금	×××	
당기순이익	×××	
Ⅱ. 임의적립금이입액		×××
사업확장적립금	×××	
Ⅲ. 이익잉여금처분액		×××
이익준비금	×××	
배당평균적립금	×××	
현금배당	×××	
Ⅳ. 차기이월미처분이익잉여금		×××

3 주식 변동과 자기주식

3.1 유상증자와 유상감자

(1) 유상증자

주식회사가 설립된 후에 새로운 설비투자를 하거나 부채의 상환을 위하여 자금이 필요할 때 신주를 발행하여 자금을 조달할 수 있다. 이와 같이 신주발행을 통하여 자본금을 증가시킬 때에는 자본금의 증가만큼 자산이 증가하게 되는데 이를 유상증자라고 한다.

(2) 유상감자

유상감자는 자본금의 감소와 함께 자산의 감소를 수반한다. 이러한 유상감자는 흔히 있을 수 있는 일은 아니지만 예를 들어, 기업의 장래성이 없어 사업규모를 축소하는 경우 과잉자본을 주주들에게 환급하게 되면 자본금이 감소하고 동시에 자산도 감소하게 된다. 유상감자의 방법에는 주금을 환급하는 방법과 주식을 매입소각하는 방법이 있다. 주식을 매입소각하는 경우 자본금의 감소액보다 자산의 감소액이 적을 경우에는 감자차익이 발생하고, 반대의 경우에는 감자차손이 발생한다.

3.2 주식배당, 무상증자, 액면분할

(1) 주식배당(stock dividends)

주식배당이란 기업이 영업활동에서 획득한 이익잉여금의 일부를 기업내부에 영구적으로 유보시켜 자본화하기 위한 목적으로 현금 대신 주식으로 배당하는 것이다. 즉, 배당가능이익을 불입자본에 전입함으로써 그에 해당하는 신주를 발행하여 주주에게 주식소유비율에 따라 무상으로 분배하는 것이다.

주식배당은 자본 내에서 항목들의 금액이 재분류되는 현상이다. 따라서 주식배당 후에도 자본총액은 변함이 없다. 주주 입장에서 보면 현금배당과 달리, 주식배당은 사실상 투자수익이 아니다. 즉, 주식배당으로 증가하는 주식수만큼 1주의 가격이 비례적으로 하락한다.

(2) 무상증자

신주발행 시 자본금은 증가하지만 자산의 증가가 없는 증자를 무상증자라고 한다. 따라서 무상증자의 경우에도 주식배당과 마찬가지로, 회사의 자본금은 증가하지만 자본총액은 변화가 없다. 또한 자본 총액이 동일하게 유지되면서 단순히 발행주식수만 늘어나므로 무상증자 후에는 주식수가 증가하는 비율만큼 주식가격이 하락한다. 단지 회계처리 관점에서 보면, 무상증자는 주식배당과 달리, 배당의 재원이 아닌 자본잉여금 또는 법정적립금이 자본금으로 전입되어 이루어진다.

(3) 액면분할

액면분할은 주식의 액면금액을 줄이면서 비례적으로 발행주식수를 증가시키는 행위를 말한다. 액면분할을 하면 주식가격이 크게 낮아지므로 유동성이 증대되는 효과를 보인다. 예를 들어, 1주당 주가가 50만원인 주식(액면금액 5천원)에 대해 1대 10으로 액면분할하면, 액면금액은 500원이 되고 발행주식수는 10배로 증대되면서 주가는 5만원으로 낮아진다. 이렇게 유동성이 증대되면 소액투자자들이 주식투자를 쉽게 할 수 있으므로 주식거래가 활성화되는 현상이 나타난다.

표 3 주식배당, 무상증자 및 액면분할의 비교

	주 당 액면금액	발 행 주식수	자본금	자 본 잉여금	이 익 잉여금	자본총액	주 가
주식배당	불 변	증 가	증 가	불 변	감 소	불 변	발행주식수 증가비율로 낮아짐
무상증자	불 변	증 가	증 가	감 소	감 소	불 변	
액면분할	감 소	증 가	불 변	무변화	불 변	불 변	

예제 7

다음 거래를 분개하시오.

① 보통주 1주당 0.1주의 주식배당(또는 10% 주식배당)을 결의하였다. 주식배당 전 보통주 발행주식수는 4,000주이고 1주당 액면금액은 ₩5,000이다.

② 주식발행초과금 ₩5,000,000을 자본전입하기로 주주총회에서 결의하고 신주 1,000주(액면 ₩5,000, 보통주)를 발행하여 주주에게 무상으로 교부하다.

풀이

① (차) 미처분이익잉여금 2,000,000 [1] (대) 자 본 금 2,000,000

1) ₩5,000 × 4,000주 × 10% = ₩2,000,000

② (차) 주식발행초과금 5,000,000 (대) 자 본 금 5,000,000

3.3 자기주식

자기주식(treasury stock)은 자사발행의 주식을 취득하여 소유하고 있는 것을 말한다. 상법상 자기주식의 취득은 자본이 충실히 유지되고, 경영층이 주가조작을 위하여 자기주식을 취득하는 행위를 방지하기 위하여 엄격히 제한된다. 그러나 다음과 같은 경우에 자기주식의 일시적 소유가 예외적으로 인정되고 있다.

① 주식을 소각하기 위한 때

② 회사의 합병 또는 다른 회사의 영업 전부를 양수하였을 때

③ 회사의 권리를 실행함에 있어 그 목적을 달성하기 위하여 필요한 때

④ 단주의 처리를 위하여 필요한 때

⑤ 주주가 주식매수청구권을 행사한 때

원칙적으로 상법에서 인정하는 예외적인 상황에서 일시적으로 취득한 자기주식을 소각(감자)하지 않고 처분함으로써 발생하는 이익(자기주식처분이익)은 자본잉여금으로 처리하여야 한다. 국내 기업회계기준에서는 자기주식은 자본조정 사항에 자기주식의 과목으로 구분하여 표시하고, 그 취득 경위 등을 주석으로 기재하도록 규정하고 있다.

자기주식에 대한 회계처리 사항은 다음과 같다.

① 자기주식 취득시 회계처리

(차) 자기주식	×××	(대) 현금	×××

② 자기주식 처분시 회계처리

처분가액 > 취득원가				처분가액 < 취득원가			
현금	×××	자기주식	×××	현금	×××	자기주식	×××
		자기주식처분이익	×××[1]	자기주식처분손실	×××[2]		

1) 자기주식처분이익 = 자기주식 처분가액 − 자기주식 취득원가
2) 자기주식처분손실 = 자기주식 취득원가 − 자기주식 처분가액
(자기주식처분이익과 자기주식처분손실은 서로 상계가능하다)

③ 자기주식 소각시 회계처리

액면가액 〉 취득원가				액면가액 〈 취득원가			
자본금	×××	자기주식	×××	자본금	×××	자기주식	×××
		감자차익	×××[1]	감자차손	×××[2]		

1) 감자차익 = 자기주식 액면가액 − 자기주식 취득원가
2) 감자차손 = 자기주식 취득원가 − 자기주식 액면가액
(감자차익과 감자차손은 서로 상계가능하다.)

예제 8

20X1년 1월 1일 현재 주주지분은 자본금 ₩50,000,000, 주식발행초과금 ₩20,000,000, 이익잉여금 ₩10,000,000으로 구성되어 있다. 다음 거래를 분개하라.

① 20X1년 1월 5일 : 자기주식 1,000주를 주당 ₩6,000(액면금액 ₩5,000)으로 취득하고 대금은 현금으로 지급하다.
② 20X1년 3월 24일 : 자기주식 중 200주를 주당 ₩6,500에 매각하다.
③ 20X1년 5월 27일 : 자기주식 중 300주를 주당 ₩5,000에 매각하다.
④ 20X1년 8월 23일 : 남은 자기주식을 모두 소각하다.

풀 이

	(차)		(대)	
①	자 기 주 식	6,000,000[1)]	현 금	6,000,000

1) ₩6,000 × 1,000주 = ₩6,000,000

	(차)		(대)	
②	현 금	1,300,000[2)]	자 기 주 식	1,200,000
			자기주식처분이익	100,000

2) ₩6,500 × 200주 = ₩1,300,000

	(차)		(대)	
③	현 금	1,500,000	자 기 주 식	1,800,000
	자기주식처분이익	100,000		
	자기주식처분손실	200,000[3)]		

3) (₩6,000 − ₩5,000) × 300주 − ₩100,000 = ₩200,000

	(차)		(대)	
④	자 본 금	2,500,000	자 기 주 식	3,000,000
	감 자 차 손	500,000		

4 자본변동표

자본은 기업에 대한 주주들의 몫이므로 자본이 어떤 원인으로 어떻게 변동되었는가에 대한 정보가 주주들에게 제공될 필요가 있다. 이를 위하여 기업은 자본변동표(statement of changes in equity)를 작성하여 공시한다. 자본변동표에는 자본의 항목인 자본금, 자본잉여금, 자본조정, 기타포괄손익누계액 및 이익잉여금의 연간 변동내역이 나타난다.

일반적으로 자본은 배당, 유상증자, 무상증자, 자기주식, 당기순이익 등을 원인으로 하여 변동된다. 현금배당으로 전기의 이익배당이 당기에 확정되어 이익잉여금이 감소된다. 유상증자를 통하여 일반적으로 자본금과 자본잉여금(주식발행초과금)이 증가되며, 무상증자가 이루어지면 자본잉여금이 감소되면서 자본금이 증가된다. 자기주식을 취득하면 자본조정에서 자본을 차감하는 계정으로 기록하고, 자기주식을 처분하면 자본조정에서 처분한 금액의 취득원가만큼 제거한다. 당기순이익에 대해서는 장부마감을 통하여 이익잉여금에 반영한다.

표 4 자본변동표 양식

<u>자본변동표</u>

20××년 1월 1일 ~ 20××년 12월 31일

㈜경기 (단위 : 원)

구 분	자본금	자 본 잉여금	자 본 조 정	기타포괄 손익누계액	이 익 잉여금	총 계
20××. 1. 1(기초금액)	×××	×××	(×××)	×××	×××	×××
유 상 증 자	×××	×××				×××
무 상 증 자	×××	(×××)			(×××)	×××
당 기 순 이 익(손실)					×××	×××
자 기 주 식 취 득			(×××)			(×××)
매도가능금융자산평가이익				×××		×××
20××. 12. 31(기말금액)	×××	×××	(×××)	×××	×××	×××

Chapter 11 연습문제

1 주식회사의 특징에 대해 설명하시오.

2 자기자본과 타인자본에 의한 자본조달방법의 차이에 대하여 설명하시오.

3 자기주식의 개념과 취득목적에 대하여 설명하시오.

4 다음의 거래를 분개하시오.

(1) ㈜충정은 주식회사를 설립하기로 하였다. 설립시 발행할 총주식수는 1,000주이며, 그 중 발기인 인수주식수 300주, 공모주식 700주이고 1주의 액면금액은 주당 ₩5,000이다. 발기인으로부터는 현금을 받고, 공모 700주에 대하여 1,000주만큼 청약신청되어 1주당 ₩5,000씩 청약증거금을 받다.

(2) ㈜충정은 위의 발기인과 주식인수청약자에게 주식을 배정 하고, 배정주에 대해서는 청약비율만큼 주식으로 발행하고 공모주를 초과하는 금액에 대해서는 환불하다.

(3) ㈜서울은 액면 ₩5,000의 주식 500주를 1주에 대하여 ₩6,000으로 발행하고, 납입금을 현금으로 받다.

(4) ㈜진리는 회사설립 시점에 발기인인 김씨로부터 건물 ₩10,000,000과 기계 ₩5,000,000을 현물출자로 하여 주식 ₩3,000주(액면 ₩5,000)를 액면발행하고 주식의 납입금에 대신하다.

5 다음은 ㈜서울의 자료이다.

> (1) 2년 전에 설립된 ㈜서울의 주당 액면가액은 ₩5,000이고 설립시 보통주 ₩10,000주를 발행하였다.
> (2) 20X1년 1월 1일 현재 이익잉여금계정의 잔액은 ₩7,000,000이다.
> (3) 20X1년 1월 1일 현재 자기주식처분이익은 ₩100,000이다.

20X1년 3월 1일에 자기주식 100주를 주당 ₩6,000에 취득하였다가 20X1년 5월 3일 100주를 4,000에 재발행할 경우 일자별 분개를 하시오.

6 다음은 ㈜판교의 재무상태표에 표시된 자본항목들을 나열한 것이다. 다음의 물음에 답하시오.

보통주자본금(주당 액면가액 ₩1,000)	₩10,000,000
우선주자본금(주당 액면가액 ₩1,000)	4,000,000
주식발행초과금	3,000,000
자본조정(자기주식 보통주 200주)	250,000
기타포괄손누계액	1,500,000
이익잉여금	3,200,000

(물음 1) 보통주와 우선주 발행주식수를 각각 계산하시오.

(물음 2) 보통주 유통주식수를 계산하시오.

(물음 3) 주식발행 당시 주주들이 납입한 총액을 계산하시오.

(물음 4) 현재 자본 총액을 계산하시오.

7 다음 자료를 이용하여 ㈜서대문의 20X1년 자본변동표를 완성하시오.

(1) 1월 1일 : 자본금 ₩5,000,000(액면가액 ₩1,000), 주식발행초과금 ₩4,000,000, 자본조정 ₩0, 기타포괄손익누계액 ₩0, 이익잉여금 ₩2,500,000
(2) 2월 15일 : 주주총회에서 2010년도 현금배당 ₩250,000의 지급을 결의하고 지급하였다.
(3) 8월 7일 : 주식발행초과금 재원으로 20% 무상증자를 실시하였다(1,000주를 액면가로 발행).
(4) 4월 25일 : 유상증자를 하여 보통주 200주를 주당 ₩3,500에 발행하였다.
(5) 10월 17일 : 자기주식 30주를 주당 ₩4,000에 취득하였다.
(6) 12월 31일 : 기타포괄손익-공정가치 측정 금융자산에 대한 평가이익이 ₩500,000 발생하였다.
(7) 12월 31일 : 당기순이익은 ₩1,300,000이다.

자 본 변 동 표

20X1년 1월 1일 ~ 20X1년 12월 31일

㈜서대문 (단위 : 천원)

구 분	자본금	자 본 잉여금	자 본 조 정	기타포괄 손익누계액	이 익 잉여금	총 계
20X1. 1. 1(기초금액)						
배당금 지급						
무상증자						
유상증자						
자기주식 취득						
당기순이익(손실)						
OCI금융자산평가이익						
20X1. 12. 31(기말금액)						

Chapter 12

현금흐름표와 재무정보의 활용

Chapter 12 현금흐름표와 재무정보의 활용

1 현금흐름표

1.1 현금흐름표의 정의

(1) 의 의

현금흐름표(statement of cash flow)란 일정기간동안 기업의 영업활동, 투자활동, 재무활동으로 인한 현금의 유입과 유출을 적정하게 표시함으로써 현금의 변동내용을 나타내는 보고서이다. 즉, 현금흐름표는 현금흐름의 변동내역을 포괄적으로 설명하는 재무제표이다.

(2) 유용성 및 한계

발생주의를 적용하여 계산된 포괄손익계산서상 당기순이익은 기업의 이익창출능력을 판단할 수 있게 하지만, 투자자가 궁극적으로 관심을 갖는 현금흐름에 관한 정보를 상세하게 제공하지 못한다. 반면 현금흐름표는 현금흐름에 관한 정보를 체계적으로 제공한다. 기업의 현금흐름정보는 재무제표이용자에게 현금및현금성자산의 창출능력과 현금흐름의 사용 용도를 평가하는 데 유용한 기초를 제공한다. 재무제표이용자는 경제적 의사결정을 하기 위하여 현금및현금성자산의 창출능력 및 현금흐름의 시기와 확실성을 평가해야 한다. 현금흐름표의 유용성은 다음과 같다.

① 다른 재무제표와 같이 사용되는 경우 순자산의 변화, 재무구조(유동성과 지급능력 포함), 그리고 변화하는 상황과 기회에 적응하기 위하여 현금흐름의 금액과 시기를 조절하는 능력을 평가하는 데 유용한 정보를 제공한다.

② 현금흐름정보는 현금및현금성자산의 창출능력을 평가하는 데 유용할 뿐만 아니라, 서로 다른 기업의 미래현금흐름의 현재가치를 비교·평가하는 모형을 개발할 수 있도록 한다.

③ 현금흐름정보는 동일한 거래와 사건에 대하여 서로 다른 회계처리를 적용함에 따라 발생하는 영향을 제거하기 때문에 영업성과에 대한 기업 간의 비교가능성을 제고한다.

④ 역사적 현금흐름정보는 미래현금흐름의 금액, 시기 및 확실성에 대한 지표로 자주 사용된다. 또한 과거에 추정한 미래현금흐름의 정확성을 검증하고, 수익성과 순현금흐름 간의 관계 및 물가 변동의 영향을 분석하는 데 유용하다.

현금흐름표는 위와 같은 유용성을 가지고 있음에도 불구하고 다음과 같은 단점을 가지고 있다.

① 장기적인 미래현금흐름의 예측에는 현금주의 회계정보보다 발생주의 회계정보가 더 유용할 수 있다. 현금흐름표의 정보는 미래현금흐름의 예측에 있어서 재무상태표와 포괄손익계산서 등 다른 발생주의에 의해 작성된 재무제표와 연계하여 사용되어야 한다.

② 매출채권의 회수시기, 부채의 상환시기 등에 따라 기업의 현금보유액이 달라지며, 현금 이외의 유동자산으로 보유하는 경우에는 현금보유액이 작게 표시된다.

(3) 현금의 범위

현금흐름표 작성의 기준이 되는 현금의 범위는 현금 및 현금성자산이다.

현금은 통화 및 타인발행수표 등 통화대용증권과 기한이 1년 이내에 도래하는 당좌예금·보통예금 등이 있고, 현금성자산(cash equivalents)은 취득당시 만기가 3개월 이내에 도래하는 채권, 취득당시 상환일까지의 기간이 3개월 이내인 상환우선주, 3개월 이내의 환매조건인 환매채 등이 있다.

1.2 현금흐름표의 작성방법

(1) 현금흐름표의 양식

현금흐름표는 현금의 원천과 사용을 영업활동, 투자활동 및 재무활동으로 세분하여 나타낸다. 기업회계기준에서 정하는 현금흐름표의 기본양식은 다음과 같다.

표 1 현금흐름표 양식

현 금 흐 름 표

20××년 1월 1일 ~ 20××년 12월 31일

㈜승리		(단위 : 원)
Ⅰ. 영업활동으로 인한 현금흐름		×××
(직접법과 간접법에 따라 표시내용이 다름)	×××	
Ⅱ. 투자활동으로 인한 현금흐름		×××
1. 투자활동으로 인한 현금유입액	×××	
2. 투자활동으로 인한 현금유출액	×××	
Ⅲ. 재무활동으로 인한 현금흐름		×××
1. 재무활동으로 인한 현금유입액	×××	
2. 재무활동으로 인한 현금유출액	×××	
Ⅳ. 현금의 증가(감소) (Ⅰ+Ⅱ+Ⅲ)		×××
Ⅴ. 기초의 현금		×××
Ⅵ. 기말의 현금		×××

(2) 현금흐름의 활동별 분류

현금흐름표는 기업의 세 가지 경영활동인 영업활동, 투자활동 및 재무활동으로 구분표시 한다.

① **영업활동** : 기업의 주요 수익창출활동, 그리고 투자활동이나 재무활동이 아닌 기타의 활동을 말한다. 따라서 영업활동 현금흐름은 일반적으로 당기순손익의 결정에 영향을 미치는 거래나 그 밖의 사건의 결과로 발생한다. 영업활동은 주로 제품의 생산과 판매활동, 상품과 용역의 구매와 판매활동 및 관리활동을 포함한다.

② **투자활동** : 장기성 자산 및 현금성자산에 속하지 않는 기타 투자자산의 취득과 처

분을 말한다. 투자활동은 유·무형자산, 다른 기업의 지분상품이나 채무상품 등의 취득과 처분활동, 제3자에 대한 대여 및 회수활동 등을 포함한다.

③ **재무활동** : 기업의 납입자본과 차입금의 크기 및 구성내용에 변동을 가져오는 활동을 말한다. 재무활동은 자본과 차입금의 조달, 환급 및 상환에 관한 활동을 포함한다.

하나의 거래에는 서로 다른 활동으로 분류되는 현금흐름이 포함될 수 있다. 예를 들어 이자와 차입금을 함께 상환하는 경우, 이자지급은 영업활동으로 분류될 수 있고 원금상환은 재무활동으로 분류된다. 한국채택국제회계기준에서 제시하고 있는 각 활동의 예는 [표 2]와 같다.

표 2 현금의 유입·유출을 가져오는 거래 규정[1)]

현금유입	활 동	현금유출
• 재화의 판매와 용역 제공 • 로열티, 수수료, 중개료 및 기타수익에 따른 유입액 • 이자수익 • 배당금수익 • 법인세의 환급 • 단기매매목적으로 보유하는 유가증권의 판매	영업활동	• 재화와 용역의 구입 • 종업원과 관련하여 직·간접으로 발생하는 유출액 • 이자비용 • 법인세의 납부 • 단기매매목적으로 보유하는 유가증권의 취득
• 유형자산, 무형자산 및 기타 장기성자산의 처분 • 다른 기업의 지분상품이나 채무상품 및 공동기업 투자지분의 처분 • 제3자에 대한 선급금 및 대여금의 회수 • 선물계약, 선도계약, 옵션계약 및 스왑계약	투자활동	• 유형자산, 무형자산 및 기타 장기성자산의 취득 • 다른 기업의 지분상품이나 채무상품 및 공동기업 투자지분의 취득 • 제3자에 대한 선급금 및 대여금의 지급 • 선물계약, 선도계약, 옵션계약 및 스왑계약
• 주식이나 기타 지분상품의 발행 • 담보·무담보부사채 및 어음의 발행 • 장·단기차입금의 차입	재무활동	• 주식의 취득이나 상환 • 다른 기업의 지분상품이나 채무상품 및 공동기업 투자지분의 취득 • 차입금의 상환

1.3 현금흐름표 작성방법

(1) 영업활동으로 인한 현금흐름

영업활동으로 인한 현금흐름은 매출, 매입 등 기업의 주된 수익창출활동으로부터 발생하는 현금유입과 현금유출을 뜻한다. 영업활동으로 인한 현금흐름을 계산하는 방법에는 직접법과 간접법이 있다.

① **직접법** : 총현금유입과 총현금유출을 주요 항목별로 구분하여 표시하는 방법

② **간접법** : 당기순손익에 현금을 수반하지 않는 거래, 과거 또는 미래의 영업활동 현금유입이나 현금유출의 이연 또는 발생, 투자활동 현금흐름이나 재무활동 현금흐름과 관련된 손익항목의 영향을 조정하여 표시하는 방법

한국채택국제회계기준에서는 영업활동 현금흐름을 보고하는 경우에는 직접법을 사용할 것을 권장한다. 직접법을 적용하여 표시한 현금흐름은 간접법에 의한 현금흐름에서는 파악할 수 없는 정보를 제공하며, 미래현금흐름을 추정하는 데 보다 유용한 정보를 제공한다. 그러나 직접법은 전문적인 회계지식이 없더라도 개별항목으로 파악할 수 있기 때문에 쉽게 이해 가능하지만, 필요이상의 회사내부정보의 유출이 될 수 있으며, 작성이 어렵다는 이유로 실무적으로는 많이 사용되지 않고 있다. 간접법은 기존의 재무제표와 회계시스템상의 재무정보만으로 쉽게 작성될 수 있다는 장점을 가지고 있으나, 정보이용자의 이해가능성 및 미래 현금흐름의 예측용이성 측면에서는 한계점을 보이고 있다.

---

1) 한국채택국제회계기준에서는 현금흐름표 작성시 기업의 재량성을 상당부분 허용하고 있다. 예를 들면, 이자와 배당금의 수취 및 지급에 따른 현금흐름은 매 기간 일관성 있게 영업활동, 투자활동 또는 재무활동으로 분류할 수 있다. 그러나 과거부터 동 항목들은 영업활동으로 분류하는 기업이 일반적이었으므로 본서에서도 다른 언급이 없는 한 영업활동으로 분류하기로 한다. 한편 법인세의 경우에는 재무활동과 투자활동에 명백히 관련되지 않는 한 영업활동으로 분류하도록 되어 있다.

표 3 영업활동으로 인한 현금흐름의 보고 방법 비교

직 접 법		간 접 법	
I. 영업활동으로 인한 현금흐름		I. 영업활동으로 인한 현금흐름	
고객으로부터 유입된 현금	×××	당기순이익(손실)	×××
공급자와 종업원에 대한 현금유출	(×××)	현금의 유출입이 없는 수익	(×××)
영업으로부터 창출된 현금	×××	현금의 유출입이 없는 비용	×××
이자수입	×××	영업활동과 관련없는 수익	(×××)
이자지급	(×××)	영업활동과 관련없는 비용	×××
배당금수입	×××	영업활동으로 인한 자산의 순변동	(×××)
법인세 납부	(×××)	영업활동으로 인한 부채의 순변동	×××
영업활동순현금흐름	×××	영업활동순현금흐름	×××

1) 직접법

직접법은 [표 3]에서 보는 바와 같이 현금을 수반하여 발생하는 포괄손익계산서상의 수익과 비용항목을 각각의 원천이나 용도별로 구하여 표시하는 방식이다. 직접법에서는 발생기준으로 측정한 손익들을 현금기준으로 전환해야 한다. 이를 구하기 위해서는 포괄손익계산서상의 수익과 비용항목들과 관련된 자산과 부채의 T계정을 이용하면 유용하다.

예를 들어, 다음의 예제 1에 제시되는 사항들을 이용하여 매출로부터의 현금유입액을 구하기 위해서는 관련된 매출채권 계정을 이용하면 된다. 편의상 모든 매출액은 외상매출액이라고 가정하자. 재무상태표와 포괄손익계산서의 자료를 이용하여 다음의 T계정을 작성하면 다음의 표시된 현금회수액 4,670,000이 바로 구하고자 하는 현금주의의 유입액이 된다.

매 출 채 권

기 초 잔 액	1,300,000	현 금 회 수 액	4,670,000
매 출 액	5,000,000	기 말 잔 액	1,630,000
	6,300,000		6,300,000

이러한 방식으로 매출원가, 매입 등의 자료를 이용하여 발생주의에서 현금주의으로 전

환할 수 있다.

예제 1

다음 자료에 의하여 직접법에 의한 ㈜SM의 영업활동 중 매출 등으로부터 의 현금유입액 및 매입 등으로부터의 현금유출액을 구하시오.

비교재무상태표

(단위 : 원)

	20X1. 12. 31	20X0. 12. 31	증 감 액
현 금	4,780,000	4,000,000	780,000
매 출 채 권	1,630,000	1,300,000	330,000
재 고 자 산	1,200,000	1,900,000	(700,000)
선 급 비 용	2,040,000	1,050,000	990,000
건 물	2,100,000	2,000,000	100,000
(건물감가상각누계액)	(1,200,000)	(1,000,000)	(200,000)
자 산 총 계	10,550,000	9,250,000	
매 입 채 무	1,100,000	800,000	300,000
미 지 급 비 용	500,000	300,000	200,000
사 채	1,000,000	2,000,000	(1,000,000)
자 본 금	7,500,000	6,000,000	1,500,000
이 익 잉 여 금	450,000	150,000	300,000
부채와 자본총계	10,550,000	9,250,000	

포괄손익계산서

20X1. 1. 1 ~ 20X1. 12. 31 (단위 : 원)

매 출	5,000,000
매 출 원 가	3,040,000
매 출 총 이 익	1,960,000
판매비와 관리비(감가상각비는 제외)	(780,000)
감 가 상 각 비	(500,000)
유형자산처분이익	20,000
당 기 순 이 익	700,000

풀 이

1. 매출 등으로부터의 현금유입액 : 4,670,000(본문 참조)
2. 매입 등으로부터의 현금유출액 : 2,040,000

재 고 자 산

기 초 잔 액	1,900,000	매 출 원 가	3,040,000
매 입	2,340,000	기 말 잔 액	1,200,000
	4,240,000		4,240,000

매 입 채 무

현 금 지 급	2,040,000	기 초 잔 액	800,000
기 말 잔 액	1,100,000	매 입	2,340,000
	3,140,000		3,140,000

3. 영업비용(판매 관리비) 현금유출액 :

매 입 채 무

현 금 지 급	2,040,000	기 초 잔 액	800,000
기 말 잔 액	1,100,000	매 입	2,340,000
	3,140,000		3,140,000

2) 간접법

포괄손익계산서상의 당기순이익(손실)에서 출발하여 현금의 유출이 없는 비용 등을 가산하고, 영업활동과 관련없는 수익과 비용을 가감하며, 마지막으로 영업활동으로 인한 자산, 부채의 변동을 가감하여 산출하는 방법이다. 발생주의에 따른 포괄손익계산서상의 당기순이익에는 현금의 유출이 없는 수익과 비용(예, 금융자산평가이익, 감가상각비)이 포함되어 있으므로 이를 다시 가감해야 한다. 그리고 당기순이익에는 영업활동과 관련없는 여러 수익과 비용(예, 유형자산 처분이익 및 손실)을 제거해야만 현금주의에 의한 금액의 도출이 가능하다. 마지막으로 영업활동과 관련된 자산과 부채의 변동을 조정하면 발생주의에 의한 당기순이익이 현금주의에 의한 영업활동으로 인한 현금흐름으로 전환할 수 있다. 이 때 현금흐름표의 현금은 재무상태표의 현금의 기말잔액과 기초잔액의 차이로 표시되는데 재무상태표의 구조상 부채나 자본이 늘어나고, 자산이 증가하면 현금은 줄어들고, 반대로 부채나 자본이 줄어들고, 자산이 감소하면 현금은 늘어난다. 그러므로 영업관련 자산, 부채의 변동을 가감할 때에는 현금 외의 영업관련 자산의 증가(감소)는 차감(가산)하고, 영업관련 부채의 증가(감소)는 가산(차감)하면 된다. 이상을 요약하여 간접법을 적용한 영업활동으로 인한 현금흐름액의 계산과정을 나타내면 다음과 같다.

포괄손익계산서상의 당기순이익
± 현금의 유출입이 없는 수익 및 비용
± 영업활동과 관련없는 수익 및 비용
± 영업관련 자산, 부채의 증감

참고로 당기순이익에 가산 및 차감할 항목의 예시는 다음과 같다.

① 당기순이익에 가산할 항목

a. 현금의 유출이 없는 비용 : 감가상각비, 사채할인발행차금의 상각으로 인한 이자비용, 금융자산평가손실 등
b. 영업활동에서 발생한 것이 아닌 비용 : 매도가능(만기보유)금융자산처분손실, 투자자산처분손실, 유형자산처분손실, 사채상환손실, 장기차입금 상환손실 등
c. 영업활동과 관련된 자산계정(현금및현금성자산 제외)의 감소액 : 매출채권의 감소액, 재고자산의 감소액, 선급비용의 감소액, 미수수익의 감소액, 단기매매금융자산의 감소 등.
d. 영업활동과 관련된 부채계정의 증가액 : 매입채무의 증가액, 미지급비용의 증가액, 선수금의 증가액, 선수수익의 증가액, 퇴직급여충당금의 증가액 등

② 당기순이익에서 차감할 항목

a. 현금의 유입이 없는 수익 : 금융자산평가이익 등
b. 영업활동에서 발생한 것이 아닌 수익 : 투자자산처분이익, 유형자산처분이익, 매도가능(만기보유)금융자산처분이익 등
c. 영업활동과 관련된 자산계정(현금및현금성자산 제외)의 증가액 : 매출채권의 증가액, 재고자산의 증가액, 선급비용의 증가액, 미수수익의 증가액, 단기매매금융자산의 증가 등
d. 영업활동과 관련된 부채계정의 감소액 : 매입채무의 감소액, 미지급비용의 감소액, 선수금의 감소액, 선수수익의 감소액 등

예제 2

[예제 1]을 바탕으로 ㈜SM의 현금흐름표 중 영업활동으로 인한 현금흐름을 간접법으로 작성하시오.

풀이

현 금 흐 름 표

Ⅰ. 영업활동으로 인한 현금흐름			₩1,060,000
1. 당기순이익		₩700,000	
2. 현금의 유출이 없는 비용 등의 가산			
감가상각비		500,000	
3. 영업활동과 관련없는 수익 등의 차감			
유형자산처분이익		(20,000)	
4. 영업활동으로 인한 자산·부채의 변동			
재고자산의 감소	₩700,000		
매입채무의 증가	300,000		
미지급비용의 증가	200,000		
매출채권의 증가	(330,000)		
선급비용의 증가	(990,000)	(120,000)	

(2) 투자활동으로 인한 현금흐름

투자활동이란 현금의 대여와 회수활동, 금융자산·투자자산·유형자산의 취득 및 처분활동을 뜻한다. 영업활동이 반복적이고 기업의 주된 활동인데 반하여 투자활동은 비반복적이며 보조적인 활동이다.

투자활동 현금흐름은 미래수익과 미래현금흐름을 창출할 자원의 확보를 위하여 지출된 정도를 나타내기 때문에 현금흐름을 별도로 구분 공시하는 것이 중요하다. 재무상태표에 자산으로 인식되는 지출만이 투자활동으로 분류하기에 적합하다.

투자활동으로 인한 현금유입에는 대여금의 회수, 금융자산 및 투자자산의 처분, 유형자산의 처분 등이 포함된다. 투자활동으로 인한 현금유출에는 현금의 대여, 금융자산 및 투자자산의 취득, 유형자산의 취득 등이 포함된다.

투자활동으로 인한 현금흐름을 계산할 때는 간접법과 직접법에 관계없이 모두 총액으로 파악하여 도출하면 된다.

예제 3

다음 자료에 의하여 ㈜진리의 현금흐름표에 표시될 투자활동으로 인한 현금흐름을 계산하시오.

(1) 장부가액 ₩400,000(취득원가 ₩700,000)의 건물을 ₩420,000에 처분하였다.
(2) 새로운 건물을 ₩800,000에 구입하다.
(3) ㈜진리 발행주식 2,000주를 ₩260,000에 매입하였다.
장부가액 ₩300,000의 투자사채를 ₩350,000에 매각하였다.
(4) 정기예금증서를 ₩500,000에 매입하였다. 연말에 당년도 이자수익 ₩37,500을 회수하였다.
(5) 투자주식에 대해 ₩12,000의 배당금을 수령하였다.

풀 이

① 유입액 : 건물 처분액		₩420,000
투자사채 매각액		350,000
② 유출액 : 건물 구입액		(800,000)
투자주식 매입액		(260,000)
정기예금증서 매입액		(500,000)
③ 투자활동으로 인한 현금 증가(감소)액 :	① − ② =	(₩790,000)

(3) 재무활동으로 인한 현금흐름

재무활동이란 현금의 차입 및 상환활동, 신주발행이나 배당금의 지급활동 등과 같이 부채 및 자본계정에 영향을 미치는 거래이다. 재무활동 현금흐름은 미래현금흐름에 대한 자본 제공자의 청구권을 예측하는 데 유용하기 때문에 현금흐름을 별도로 구분 공시하는 것이 중요하다.

재무활동으로 인한 현금의 유입에는 단기·장기차입금의 차입, 어음·사채의 발행, 주식의 발행 등이 포함된다. 재무활동으로 인한 현금의 유출에는 배당금의 지급, 유상감자, 자기주식의 취득, 차입금의 상환, 자산의 취득에 따른 부채의 지급 등이 포함된다.

재무활동으로 인한 현금흐름도 투자활동과 동일하게 직접법 및 간접법에 상관없이 총액으로 도출한다.

❖ 예제 4

다음의 자료를 이용하여 ㈜경기의 현금흐름표에 표시되어야 할 재무활동으로 인한 현금흐름을 계산하시오.

(1) 액면가액 ₩5,000의 주식 100주를 발행하고 현금으로 납입받았다.
(2) 자기주식(장부가액 ₩86,000)을 ₩95,000에 처분하였다.
(3) 액면가액 ₩1,000,000의 사채를 ₩750,000에 조기에 상환하였다.
(4) 주주들에게 배당금으로 ₩62,000을 지급하였다.

풀이

① 유입액 :	주식 발행		500,000
	자기주식처분가액		95,000
② 유출액 :	사채조기상환액		(750,000)
	배당금의 지급		(62,000)
③ 재무활동으로 인한 현금 증가(감소)액 :		① − ② =	(₩217,000)

1.4 재무재표 간의 연계성

지금까지 배운 기본 재무제표들의 연관성을 다음의 그림을 통해 살펴보자. 일정시점에서 기업의 재무현황을 나타내는 재무상태표는 당기의 포괄손익계산서에서 나타내는 여러 수익, 비용 거래들의 결과인 포괄손익계산서와 현금흐름의 변동을 나타내는 현금흐름표 및 자본의 변동을 보여주는 자본변동표와 밀접하게 관련되어 있다. 즉, 당기의 포괄손익계산서에 집계되는 여러 거래들이 반영되어 재무상태표의 여러 계정잔액이 기초잔액에서 기말잔액으로 바뀌게 되고, 포괄손익계산서에 집계되는 당기순이익은 기초이익잉여금에 포함되어 이익잉여금 기말잔액을 구성하게 된다. 그리고 기초 재무상태표의 현금은 현금흐름표에 나타나는 거래들을 통해 기말 재무상태표의 현금잔액으로 바뀐다. 또한, 재무상태표의 자본에 대한 당기 변동을 자세하게 나타내는 자본변동표의 잔액이 결국 재무상태표의 자본 항목에 대한 기말잔액을 나타내게 되는 것이다. 그리고 자본변동표의 기타누적포괄손익은 포괄손익계산서를 거치지 않고 바로 재무상태표의 자본에 가감된다. 그리고 현금흐름표를 작성하기 위해서는 포괄손익계산서의 항목들을 이용하며, 재무상태표의 자산, 부채의 변동분을 조정하여 도출하게 된다. 한편, 현금흐름표상 재무활동은 자본변동표와 관련성이 높다. 예를 들면 주식발행의 재무활동은 회사의 자본을 변동시키므로 자본변동표에 반영된다. 이처럼 지금까지 배운 재무제표들은 개별적으로 존재하는 것이 아니라 서로 큰 관련성을 가지면서 존재한다.

그림 1

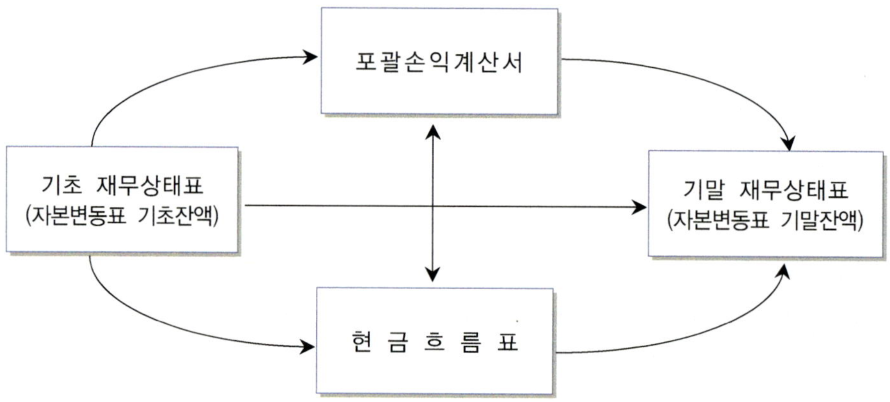

2 재무제표 분석

2.1 재무제표 분석의 의의와 활용

(1) 재무제표 분석의 의의

재무제표 분석은 재무제표의 정보를 이용하여 기업의 경제적 상황 및 기업가치 등을 산출하기 위한 정보를 만들어 내는 분석과정이다. 앞서 살펴본 바와 같이 회계순환과정 및 주요 계정과목별 회계기록 원칙은 최종적으로 재무상태표, 포괄손익계산서, 자본변동표 및 현금흐름표에 반영되어 나타난다. 재무제표는 일정기간 동안 기업이 수행한 경영활동이 의미 있게 요약된 기업정보에 대한 원천자료이므로 이를 통하여 기업의 이해관계자들은 기업에 관련된 의사결정을 위한 정보를 도출하고자 한다. 하지만 원천자료를 이해하여 이해관계자들의 목적에 맞는 정보를 생산하기 위해서는 추가적으로 정보를 가공하여 재무제표에 담겨져 있는 정보를 눈에 보이게 만들어 줄 필요가 있다. 즉, 재무제표분석은 기업의 경제적 실상에 관한 평가에 관심있는 기업 내·외부의 이해관계자에게 유용한 정보를 제공하기 위한 목적으로 행하는 자료의 가공 및 분석활동을 의미한다.

(2) 재무제표 분석의 활용

기업 정보와 관련한 이해관계자들은 다양한 목적으로 재무제표 분석에 관심을 갖는다. 회계가 '정보이용자의 의사결정에 유용한 경제적 정보를 식별·측정·전달하는 정보시스템'으로 정의되고 재무제표가 기업에 대한 최종적인 결과물임을 감안할 때, 이해관계자들이 재무제표를 분석대상으로 삼는 것은 필연적이다. 재무제표 분석은 다음의 목적으로 활용된다.

1) 기업가치평가

일반적으로 기업의 가치는 미래 발생하는 현금흐름의 현재가치로 평가될 수 있다. 이 때 기업의 가치를 결정하는 주된 요인은 기업의 미래 수익성과 위험이며, 기업의 미래 수익성은 결국 기업의 현금창출능력이라고 할 수 있다. 이 때 기업의 미래 현금창출능력은 현재 및 과거의 재무제표에 있는 정보를 이용하여 예상할 수 있다. 즉 미래의 배당금액이나 이익수준은 과거 및 현재의 재무제표에 나타나는 과거 및 현재의 배당금액 또는 이익수준과 기업의 환경 및 내부 성장요인 등을 고려하여 예측된다. 그러므로 이러한 예측을 위해서는 재무제표 분석이 필수적이다. 그리고 위험은 기업의 미래 현금흐름을 현재가치로 전환하기 위해 필요한 할인율에 반영되는데, 재무제표분석이 기업의 잠재적인 위험을 파악하는데 효과적으로 활용될 수 있다.

2) 자금대여 결정

금융기관의 자금대여 결정은 자금수요자의 대출요청에 의하여 대출승인 여부 및 대출금액, 이자율, 대출기간, 담보여부 등의 대출조건에 대한 결정을 의미한다. 금융기관은 자금대여 결정을 할 때, 대출신청기업의 재무제표, 주요 재무제표 항목에 대한 추정치, 세부 사업계획서 및 담보자산 내역 등에 관한 정보를 고려한다. 특히, 여신결정에서 중요한 사항은 대출신청기업의 대출금 상환능력에 있다. 이와 관련하여 단기간 혹은 장기간에 걸친 기업의 현금흐름 및 지급능력을 파악하기 위하여 재무제표 분석을 활용하게 된다.

3) 기업도산예측

기업의 도산이란 기업이 만기가 도래하는 채무를 상환할 수 없는 지급불능상태를 의미한다. 이러한 도산이 발생하면 기업의 영업을 중지하는 파산 또는 청산과정을 거치거나 회생시키는 절차를 밟게 된다. 이러한 기업도산예측은 금융기관의 자금대여 결정과 관련하여 중요할 뿐만 아니라, 투자자들이 투자대상 기업의 적절한 선정을 통해 최적의 포트폴리오를 구성하기 위해서 중요하다. 일반적으로 기업의 수익성, 유동성 및 재무구조 등을 파악하여 기업의 도산 가능성을 예측한다.

4) 신용등급평가

자본시장에서는 정보비대칭으로 인한 역선택이 발생할 수 있는 가능성이 존재하므로 이를 완화하기 위하여 신용평가기관인 정보중개인이 기업에 대한 신용을 평가한다. 신용평가기관은 기업이 발행한 사채나 어음 등의 상환가능성에 대해 재무제표 분석을 통하여 투자자들에게 기업의 위험에 대한 정보를 제공한다. 국내 신용평가기관은 사업분석,

재무분석, 자금조달능력분석 등을 통하여 기업의 잠재적 위험에 등급을 부여하여 평가하고 있다.

2.2 재무제표 분석

(1) 증감액과 증감률 분석

기업의 재무제표는 당기와 전기의 회계자료를 비교하는 형식으로 작성되는데, 이를 비교재무제표라고 한다. 비교재무제표에 나타나는 회계자료에서 당기와 전기의 금액들을 비교하여 당해 연도에 변동된 금액을 파악하는 분석을 할 수 있다. 이러한 분석 중 대표적인 것이 증감액 분석과 증감률 분석인데, 전기대비 당기의 증가한 금액의 분석을 증감액 분석이라고 하며, 이를 비율로써 표시한 것이 증감률 분석이라고 한다. 증감액 분석 및 증감률 분석은 비교되는 대상으로 전기금액뿐만 아니라 과거의 특정시점을 비교하여 분석하는 것도 가능하다.

설명을 위해 유통업을 하는 가상의 기업 ㈜충정의 재무제표를 이용하기로 한다. [표 4]는 ㈜충정의 비교재무상태표에서 주요 항목에 대한 20X1년 대비 20X2년의 증감액과 증감률을 보여주고 있다. 비교재무상태표에서 증감률은 모든 항목 및 합계치에 대해 산정할 수 있다. 예를 들어, 총자산증가율에 대해 살펴보자. 총자산(자산총계)은 기업의 규모를 나타내는 측정치이므로 총자산증가율은 기업규모의 증가속도를 나타낸다고 할 수 있다. 20X2년말 충정의 총자산(자산총계)은 8조 2,480억원으로 20X1년말(20X2년초) 총자산 7조 5,197억원에 비해 7,282억원이 증가하였고, 이는 20X1년 대비 9.68% 증가한 것이다.

$$\text{총자산증가율} = \frac{\text{당기말의 총자산} - \text{전기말의 총자산}}{\text{전기말의 총자산}} \times 100$$

$$= \frac{\text{8조 2,480억원} - \text{7조 5,197억원}}{\text{7조 5,197억원}} \times 100 = 9.69(\%)$$

부채와 자본으로 나눠서 보면, 상대적으로 자본의 증가율이 높았음을 알 수 있다. [표 4]에서 부채총액의 증가율은 5.47%인 반면, 자본총액의 증가율은 16.61%에 달한다. 또한 자산 구성의 관점에서 보면, 총자산의 증가는 유형자산 증가로 인한 영향을 가장 많이 받은 것임을 파악할 수 있다. 유형자산의 증가액은 5,391억원이고, 증가율은 10.18%에 이른다.

표 4 재무상태표의 주요 항목에 대한 증감액과 증감률

비교재무상태표

㈜충정 (단위 : 백만원, %)

	20X2년 말		20X1년 말		20X1년 대비 20X2년 증감	
					증감액	증감률
자 산						
유동자산		433,884		396,238	37,646	9.50
현 금	17,948		33,925		-15,977	-47.10
매출채권	170,943		119,794		51,149	42.70
재고자산	213,267		199,054		14,213	7.14
비유동자산		7,814,155		7,123,557	690,598	9.69
투자자산	1,390,773		1,309,010		81,763	6.25
유형자산	5,834,264		5,295,146		539,118	10.18
자산총계		8,248,039		7,519,797	728,242	9.68
부 채						
유동부채		2,557,363		2,353,572	203,791	8.66
매입채무	672,358		718,405		-46,047	-6.41
단기차입금	229,573		340,056		-110,483	-32.49
비유동채무		2,371,969		2,320,297	51,672	2.23
장기차입금	1,091,161		785,247		305,914	38.96
사 채	1,020,917		1,309,668		-288,751	-22.05
부채총계		4,929,332		4,673,869	255,463	5.47
자 본						
자본금		94,303		94,303	0	0.00
자본잉여금		711,953		711,953	0	0.00
이익잉여금		2,500,338		2,023,343	476,995	23.57
자본총계		3,318,707		2,845,928	472,779	16.61
부채와자본총계		8,248,039		7,519,797	728,242	9.68

[표 5]는 ㈜충정의 비교포괄손익계산서에서 보고되는 주요 항목에 대한 증감액과 증

감율을 보여주고 있다. 포괄손익계산서 중에서 일반적으로 관심의 대상이 되는 항목은 매출액과 이익 항목이다. 기업의 성장은 매출의 증가에서 출발하고 최종적으로는 이익을 많이 창출할수록 기업의 가치가 향상되기 때문이다. [표 5]에서 매출액증가율, 영업이익증가율 및 순이익증가율은 다음과 같이 계산된다.

$$\text{매출액증가율} = \frac{\text{당기말의 매출액} - \text{전기말의 매출액}}{\text{전기말의 매출액}} \times 100$$

$$= \frac{\text{8조 4,101억원} - \text{8조 875억원}}{\text{8조 875억원}} \times 100 = 3.99(\%)$$

$$\text{영업이익증가율} = \frac{\text{당기말의 영업이익} - \text{전기말의 영업이익}}{\text{전기말의 영업이익}} \times 100$$

$$= \frac{\text{7,658억원} - \text{7,098억원}}{\text{7,098억원}} \times 100 = 7.89(\%)$$

$$\text{순이익증가율} = \frac{\text{당기말의 당기순이익} - \text{전기말의 당기순이익}}{\text{전기말의 당기순이익}} \times 100$$

$$= \frac{\text{5,006억원} - \text{4,734억원}}{\text{4,734억원}} \times 100 = 5.74(\%)$$

표 5 포괄손익계산서의 주요 항목에 대한 증감액과 증감률

비교포괄손익계산서

㈜충정 (단위 : 백만원, %)

	20X2년 말	20X1년 말	20X1년 대비 20X2년 증감	
			증감액	증감률
매 출 액	8,410,063	8,087,476	322,587	3.99
매 출 원 가	5,842,608	5,738,883	103,725	1.81
매 출 총 이 익	2,567,455	2,348,594	218,861	9.32
판매비와 관리비	1,801,682	1,638,840	162,842	9.94
영 업 이 익	765,773	709,754	56,019	7.89
영 업 외 수 익	94,249	80,658	13,591	16.85
영 업 외 비 용	176,695	142,794	33,901	23.74
이 자 비 용	144,994	98,731	46,263	46.86
법인세비용차감전순이익	683,327	647,617	35,710	5.51
법 인 세 비 용	182,756	174,234	8,522	4.89
당 기 순 이 익	500,571	473,384	27,187	5.74

(2) 항목의 구성비 분석

재무제표의 내용을 분석하는 또 다른 방법으로 특정 항목이 전체에서 어느 정도의 비중을 차지하고 있는지를 살펴보는 방법이 있다. 재무상태표에서 각 항목 및 합계치를 총자산에 대한 구성비율의 형태로 나타내면 기업의 자산, 부채 및 자본의 구성을 쉽게 파악할 수 있다. 또한, 포괄손익계산서에서는 수익과 비용을 매출액에 대한 비율로 측정하면 기업의 손익구조를 파악할 수 있다.

이러한 분석을 위해 재무제표의 각 항목을 총액에 대한 구성비율로 재구성한 재무제표를 공통형 재무제표 또는 백분율 재무제표라고 한다.

표 6 공통형 비교재무상태표

공통형 비교재무상태표

㈜충정 (단위 : 백만원, %)

	20X2년 말			20X1년 말		
	금액		백분율	금액		백분율
자 산						
유동자산		433,884	5.26		396,238	5.27
현금	17,948		0.22	33,925		0.45
매출채권	170,943		2.07	119,794		1.59
재고자산	213,267		2.59	199,054		2.65
비유동자산		7,814,155	94.74		7,123,557	94.73
투자자산	1,390,773		16.86	1,309,010		17.41
유형자산	5,834,264		70.74	5,295,146		70.42
자산총계		8,248,039	100.00		7,519,797	100.00
부 채						
유동부채		2,557,363	31.01		2,353,572	31.30
매입채무	672,358		8.15	718,405		9.55
단기차입금	229,573		2.78	340,056		4.52
비유동채무		2,371,969	28.76		2,320,297	30.86
장기차입금	1,091,161		13.23	785,247		10.44
사채	1,020,917		12.38	1,309,668		17.42
부채총계		4,929,332	59.76		4,673,869	62.15

자 산				
자본금	94,303	1.14	94,303	1.25
자본잉여금	711,953	8.63	711,953	9.47
이익잉여금	2,500,338	30.31	2,023,343	26.91
자 본 총 계	3,318,707	40.24	2,845,928	37.85
부 채 와 자 본 총 계	8,248,039	100.00	7,519,797	100.00

[표 6]은 ㈜충정의 공통형 비교재무상태표를 나타내고 있다. 20X2년말 현재 유동자산은 총자산(자산총계)의 5.26%이고, 유형자산은 총자산의 70.74%를 차지하고 있다. 또한, 20X2년말 현재 부채의 비중은 59.76%로 20X1년에 비해 약간 감소했고, 이는 20X2년의 이익증가수준에 비해 비유동부채가 감소했기 때문으로 파악된다. 이러한 자산, 부채 및 자본의 구성을 살펴보면 기업의 특징을 알 수 있으며, 그 구성의 변화를 살펴보면 기업이 어떤 활동에 치중했는지를 파악할 수 있다. 예를 들어, 네이버 등의 인터넷 기업은 유형자산이나 재고자산의 비중이 아주 작고, 현금이나 매출채권의 비중이 상대적으로 클 것이며, 이마트 등의 유통회사는 토지 및 건물, 재고자산의 비중이 상대적으로 클 것이다. 그리고 기업이 전년도에 비해 부채대비 자본의 비중이 커졌다면 주식발행 등의 자본조달을 하였거나 부채를 상환했을 가능성이 있다. 이렇게 공통형 비교재무상태표를 이용하면 기업의 상태를 유추하고 분석하는 데 유용하게 사용할 수 있다.

[표 7]에서 ㈜충정의 백분율 비교포괄손익계산서를 보여주고 있다. 20X2년의 경우 매출액과 비교한 매출원가는 69.47%이고 판매비와 관리비가 매출액의 21.42%를 차지하고 있다. 따라서 매출액 대비 영업이익율은 9.11%이다. 즉, 매출액 ₩1,000당 약 ₩9의 이익이 실현되었음을 의미한다. 당기순이익을 매출액과 비교하여 살펴보면 5.95% 수준임을 알 수 있다. 이는 최종적으로 매출액 ₩1,000당 약 ₩6의 이익을 달성했음을 의미한다. 이러한 순이익률은 20X1년과 비교하여 큰 차이를 보이고 있지는 않다.

표 7 **백분율 비교포괄손익계산서**

백분율 비교포괄손익계산서

㈜충정 (단위 : 백만원, %)

	20X2년말		20X1년말	
	금 액	백 분 율	금 액	백 분 율
매출액	8,410,063	100.00	8,087,476	100.00
매출원가	5,842,608	69.47	5,738,883	70.96
매출총이익	2,567,455	30.53	2,348,594	29.04
판매비와관리비	1,801,682	21.42	1,638,840	20.26
영업이익	765,773	9.11	709,754	8.78
영업외수익	94,249	1.12	80,658	1.00
영업외비용	176,695	2.10	142,794	1.77
이자비용	144,994	1.72	98,731	1.22
법인세비용차감전순이익	683,327	8.13	647,617	8.01
법인세비용	182,756	2.17	174,234	2.15
당기순이익	500,571	5.95	473,384	5.85

이러한 백분율 재무제표는 다른 기업과 비교하기 위하여 사용하기도 한다. 예를 들어, ㈜신세계를 분석하기 위해서는 경쟁관계에 있는 ㈜롯데쇼핑의 재무제표에 대해 백분율 재무제표를 작성하여 두 기업의 자본 및 자산 구조와 손익구조를 비교하여 각 기업의 장점과 약점을 파악할 수 있다. 경영자는 기업의 현재 경영전략을 평가하고, 수정하여 미래의 경영전략을 수립하는데 이러한 분석을 유용하게 이용할 수 있다.

2.3 재무비율 분석

투자의사결정과 신용의사결정을 위한 재무제표 분석의 핵심사항은 기업의 수익성과 재무위험을 분석하는 과정이다. 기업의 수익성과 재무위험을 분석하기 위하여 다양한 각도에서 재무제표 정보를 활용하여 분석한다. 예를 들어, 포괄손익계산서의 당기순이익과 재무상태표의 자기자본을 대응시켜 주주의 자기자본 투자금액에 대해 획득된 순이익을 파악하여 기업의 수익성을 파악할 수 있는 것이다. 기업의 수익성과 재무위험을 분석하기 위해 다음과 같은 다양한 비율들을 사용한다. 이러한 분석을 재무비율 분석이라고 부른다.

(1) 수익성 분석

기업의 수익성은 기업가치 평가에 있어서 핵심적인 사항이므로 주식투자 의사결정을 위해서는 반드시 분석해야하는 사항이다. 또한 기업의 수익성 분석은 주식투자 결정뿐만 아니라 금융기관이 자금대여를 결정할 때에도 중요한 사항이다. 기업의 수익성은 최종적으로 현금흐름 창출능력으로 나타나는데 기업의 가치평가 및 채무이행능력을 파악하는데 기본사항이 되기 때문이다. 경영자도 기업의 수익성에 대해 파악하고 있어야 경영계획을 수립하고 투자의사결정을 할 수 있으므로 재무비율 분석에서 가장 기본적인 분석 중 하나라고 할 수 있다.

1) 자기자본이익률

기업이 창출한 순이익은 한 기간 동안 기업의 경영성과를 나타내는 측정치이다. 이러한 순이익은 타인자본에 대한 이자비용을 차감한 후의 금액이므로 기업의 소유주의 몫이 된다. 기업의 규모에 따라 순이익의 규모에 차이가 존재하므로 기업이 한 기간 동안 순이익을 얼마나 많이 창출하였는가를 파악하기 위해 단순히 금액을 살펴보는 것에는 한계가 있다. 주주가 투자한 금액에 대비하여 창출된 순이익을 파악하면, 기업의 투자효율성을 측정하는 좋은 방법이 된다. 이를 자기자본이익률이라고 하는데, 계산 방법은 일반적으로 당기순이익을 기초와 기말의 자기자본 평균액으로 나누어 계산한다.[2)]

$$\text{자기자본이익률} = \frac{\text{당기순이익}}{(\text{기초자기자본} + \text{기말자기자본}) \div 2}$$

앞에서 살펴본 ㈜충정의 재무제표를 이용하여 자기자본이익률을 계산하면 다음과 같다. [표 4]에서 20X1년말 자본총계와 20X2년말 자본총계의 평균은 3조 823억원(= (2조 8,459억원 + 3조 3,187억원) ÷ 2)이다. [표 5]에서 20X2년 당기순이익은 5,006억원이다. 20X2년의 당기순이익을 20X1년과 20X2년의 평균 자기자본으로 나누면 자기자본이익률은 16.24%로 계산된다.

이러한 수치는 일반적인 금융상품(예를 들어, 정기예금, 국고채)의 수익률에 비해 높

---

2) 경우에 따라서는 기초 투자금액대비 얼마나 벌어들였는가를 측정하기 위해 기초 자기자본 금액을 사용하기도 한다.

은 것으로 판단되므로 높은 이익률을 달성한 것으로 판단할 수 있다. 과거 및 현재의 자기자본이익률은 미래의 자기자본이익률을 추정하는 데에도 사용되므로 기업가치 평가에도 유용하게 사용할 수 있다.

2) 총자산이익률

기업 전체의 관점에서는 주주들이 출자한 투자금액만 수익창출에 기여하는 것이 아니라 타인자본까지 모두 사용하여 수익을 창출한다. 즉, 총자산을 운용한 결과에 따라 기업의 전체 수익이 결정된다. 총자산의 운용성과를 분석하는 과정은 기업의 영업활동의 수익성을 평가하는 과정으로 해석된다. 이 분석을 위해 영업활동에서 획득된 이익을 총자산과 대비시켜 총자산이익률을 계산한다.

$$\text{총자산이익률} = \frac{\text{영업활동에서 획득된 이익}}{(\text{기초자산총계} + \text{기말자산총계}) \div 2} = \frac{\text{당기순이익} + \text{이자비용} \times (1 - \text{세율})}{\text{평균자산총계}}$$

당기순이익은 타인자본에 대한 대가인 이자비용이 차감된 후의 금액이다. 영업활동에서 획득된 이익을 계산하기 위해서는 타인자본의 사용으로 창출된 이익까지 고려해야 하므로 이자비용을 당기순이익에 가산하여 영업활동에서 획득된 이익을 계산한다. 단, 이자비용은 세전금액이므로 세후금액인 당기순이익과 합산할 수 있도록 세후금액으로 조정하여 계산한다.

앞에서 살펴본 ㈜충정의 재무제표를 이용하여 총자산이익률을 계산하면 다음과 같다. 20X2년 당기순이익은 5,006억원이고, 이자비용은 1,450억원이다. 20X2년의 법인세율을 27.5%로 가정하면, 영업활동에서 획득된 이익은 6,057억원이다. 20X1년말과 20X2년의 자산총계는 각각 7조 5,20억원, 8조 2,480억원이므로 평균 자산총계는 7조 8,839억원이다. 따라서 20X2년 총자산이익률은 7.68%(= 6,057억원 ÷ 7조 8,839억원 × 100)로 계산된다.

(2) 재무위험분석

기업이 조달하는 타인자본은 레버리지 효과가 있으므로 이자비용 이상의 높은 이익을 창출하는 경우에는 자기자본만을 사용할 때보다 높은 수익성을 달성할 수 있지만, 반대의 경우에는 오히려 수익성이 현저히 낮아질 수 있다. 경우에 따라서는 기업의 부채가 기업의 영업활동에 비해 많은 경우, 기업이 영업성과가 좋지 못할 때 이자비용을 부담하지 못하는 심각한 상황이 발생하여 재무적 곤경에 빠지기도 한다. 재무위험 분석은 일반적으로 기업의 지급불능위험을 파악하기 위하여 활용되는 재무분석의 일종으로 단기적인 지급능력 및 장기적인 지급능력을 평가한다.

1) 유동성비율

기업은 이해관계자 중에서 공급업자나 거래처와 신용거래를 하는 경우가 많다. 또는 금융기관으로부터 단기대출자금을 조달하기도 한다. 이러한 경우에 공급업자나 금융기관은 기업의 단기지급능력에 관심을 보이게 된다. 단기지급능력이 충분하기 위해서는 쉽게 현금화할 수 있는 자산을 충분히 보유해야 하므로 대표적으로 유동자산과 유동부채의 비율로 유동성 위험을 분석한다.

$$\text{유동비율} = \frac{\text{유동자산}}{\text{유동부채}} \times 100$$

유동부채는 대부분 재무상태표일로부터 1년 이내에 지급해야 하는 부채이고, 유동자산은 대부분 재무상태표일로부터 1년 이내에 현금화될 것으로 기대되는 자산이다. 따라서 기업의 유동자산 총액이 유동부채 총액보다 많을수록 단기지급능력이 양호한 것으로 평가할 수 있다.

㈜충정의 유동비율을 살펴보면 다음과 같다. 20X2년말 현재 유동자산은 4,339억원이고, 유동부채는 2조 5,574억원이다. 따라서 ㈜충정의 유동비율은 16.97%이다. 이렇게 낮은 유동비율을 보이는 것은 ㈜충정이 현재 이익률이 높은 편이므로 레버리지효과를 활용하기 위해 단기적인 차입금을 적극적으로 활용하기 때문인 것으로 판단된다.

2) 레버리지비율

기업은 영업성과에 상관없이 부채의 이자와 원금을 지급해야 한다. 따라서 타인자본 의존도가 높을수록 미래의 지급불능위험이 높아진다고 볼 수 있다. 일반적으로 장기차입금이나 사채는 기업이 영업활동을 하기 위해 유형자산에 투자하는 경우가 많으므로 장기간에 걸쳐 자금이 회수된다고 예상할 수 있다. 장기자금을 제공하는 금융기관이나 투자자들은 안정적인 자금의 회수를 확인하기 위해 기업의 타인자본 의존도와 원리금 지급능력에 관심을 갖는다. 타인자본 의존도와 원리금 지급능력을 분석하기 위해 사용되는 비율을 레버리지비율이라고 하며, 대표적으로 부채비율과 금융부채비율이 있다.

$$\text{부채비율} = \frac{\text{부채총계}}{\text{자본총계}} \times 100$$

$$\text{금융부채비율} = \frac{\text{단기차입금} + \text{장기차입금} + \text{사채}}{\text{자본총계}} \times 100$$

위의 비율들은 총부채 또는 금융부채 총액을 자기자본과 대비시켜 타인자본 의존도를 파악하고 있다. 부채가 많은 기업은 부채가 적은 기업에 비해 미래에 지급할 금액이 상대적으로 많으므로 원리금 지급의 불확실성이 상대적으로 높다고 할 수 있다. 따라서 위의 비율들이 기업의 장기적 부채상환능력을 평가하는 지표로 사용될 수 있다.

㈜충정의 재무제표를 이용하여 부채비율과 금융부채비율을 계산하면 다음과 같다. 20X2년말 현재 부채총계는 4조 9,293억원이고, 자본총계는 3조 3,187억원이므로 부채비율은 148.53%이다. 또한, 금융부채는 2조 3,417억원(= 단기차입금 2,296억원 + 장기차입금 1조 912억원 + 사채 1조 209억원)이므로 금융부채비율은 70.56%이다. 이러한 비율들은 동일한 산업의 경쟁 기업과 비교되어, 그 수준과 위험도를 평가할 수 있다.

(3) 비율의 비교기준

기업의 수익성과 재무위험을 분석할 때, 일반적으로 비교기준이 필요하다. 예를 들어, ㈜충정의 수익성으로 자기자본이익률이 16.24%로 계산되는데 이러한 수치에 대한 평가는 상대적이기 때문이다. 재무비율의 비교기준으로 다음과 같은 정보가 사용된다.

1) 분석대상기업의 과거 비율

기업의 수익성과 재무위험에 대해 과거의 재무비율과 비교하여 당해연도의 수준이 양호한지를 판단할 수 있다. 이와 같이 한 기간의 비율을 과거 기간의 비율과 비교하여 진행하는 분석을 추세분석이라고 한다. 일반적으로 과거 3년에서 5년간 재무비율과 비교하여 추세분석을 한다.

2) 자본비용

기업의 수익성의 수준을 판단할 때, 투자된 금액으로 창출할 것으로 기대되는 수준과 비교하게 된다. 자기자본이익률은 주주들이 투자한 금액에 대한 경영성과이므로 투자된 자기자본이 창출할 것으로 기대되는 수준인 자기자본비용과 비교한다. 자기자본비용은 주주가 투자위험에 대한 보상으로 요구하는 필요수익률이므로 자기자본이익률에 대한 비교기준으로 삼을 수 있다. 그러나 기업의 자기자본비용은 명시적으로 드러나지 않기 때문에 일반적으로 기업의 과거 주가수익률을 자기자본비용으로 사용한다.

총자산이익률에 대한 비교기준으로는 일반적으로 가중평균자본비용을 사용한다. 가중평균자본비용은 타인자본비용과 자기자본비용을 각 자본의 구성비율로 가중평균한 비용이다. 총자산이익률은 기업 전체적으로 영업활동에 대한 경영성과이므로 총 투자한 금액에 대한 수익창출 기대수준인 가중평균자본비용과 비교하는 것이 타당하다.

3) 산업평균비율 및 경쟁회사비율

특정 기업의 재무비율을 동일업종 평균비율과 비교하여 분석한다. 동일업종에 속한 기업들은 유사한 경제환경 아래에서 경쟁관계에 놓여있으므로 산업평균은 유용한 비교기준이 될 수 있다. 하지만 한 기업이 여러 업종의 사업을 하고 있을 때에 산업분류가 모호해지므로 한계가 있을 수 있다.

산업평균비율에서 나타나는 산업분류로 인한 한계점을 극복하기 위하여 기업과 경쟁관계에 있는 기업의 재무비율을 비교기준으로 사용하기도 한다. 경쟁기업은 분석대상 기업의 수익성에 영향을 줄 수 있는 관계에 놓여 있으므로 기업의 경영전략의 차이까지 고려하면, 경쟁기업의 재무비율을 수익성 분석과 수익성 예측에 유용하게 활용할 수 있다.

2.4 재무제표 분석시 고려할 사항

재무비율분석의 장점은 간편하고 빠르게 기업의 수익성과 재무위험을 파악할 수 있다는 데에 있다. 하지만 재무비율분석에 포함된 한계점들이 존재하기 때문에 재무분석을 할 때에는 다음과 같은 사항들을 추가적으로 고려해야 한다.

(1) 경영전략의 정성적 분석

재무제표는 기업활동의 결과를 계량적으로 측정하여 보고된 정보이다. 이러한 결과에는 기업의 경영전략과 소속 산업의 특성이 반영되기 마련이다. 일반적으로 성장산업에 속한 기업의 수익성은 성장이 정체된 산업에 속한 기업의 수익성에 비해 높다. 또한 기업의 경영전략에 따라 기업의 수익성에 차이를 보이기도 한다. 재무제표에 나타난 정보를 이해하기 위해서는 기업의 경영전략 및 산업의 특성을 파악하고 재무정보와 연결하여 분석할 필요가 있다.

(2) 기업의 구조적 변화

기업은 경쟁관계의 변화나 경영전략으로 인하여 합병, 분할 등과 같은 구조변화를 시도한다. 이러한 구조변화는 과거의 재무제표와 현재 및 미래의 재무제표 간의 연관성이 크게 낮아질 수 있으므로 과거 기간과 비교할 때 주의할 필요가 있다. 또한 기업의 구조변화로 인한 수익성의 변화 및 상승작용에 대한 예측의 불확실성이 크게 증가하므로 앞에서 살펴본 경영전략에 대한 정성적인 분석에 더 신중하게 접근할 필요가 있다.

(3) 회계정책의 차이 및 변경

기업회계기준에서는 다양한 회계정책을 허용하고 있다. 이러한 회계방법의 차이를 고려하여 기업 간 재무비율을 비교하여야 한다. 또한 같은 기업 내에서도 회계정책의 변경으로 인한 효과를 고려하지 않으면 기간 간 차이에 대한 원인을 잘못 해석할 수 있는 상황이 발생하기도 한다.

Chapter 12 연습문제

1 현금흐름표의 유용성에 대하여 5줄 이내로 설명하시오.

2 현금흐름표 표시방법에서 적접법과 간접법에 대한 장·단점을 설명하시오.

3 재무제표 분석의 유용성에 대해 설명하고, 재무제표 분석시의 한계 및 이에 대한 추가적 고려사항에 대해 설명하시오.

4 다음 자료에서 영업활동에서 유입된 현금을 계산하시오.

당기순이익	₩240,000
유형자산처분손실	9,000
사채할인발행차금상각	2,000
감가상각비	4,000
재고자산증가	3,000
매입채무증가	5,000

5 ㈜충정의 20X1년도 12월 31일로 종료되는 회계연도의 영업활동에서 유입된 현금은 ₩1,800,000이다. 다음 자료를 이용하여 ㈜충정의 20X1년도 당기순이익을 계산하시오.

유형자산처분이익	₩100,000
감가상각비	450,000
토지취득	760,000
재고자산감소	800,000
매출채권증가	690,000
선급비용 증가	70,000

6 다음은 ㈜충정의 20X1년도 포괄손익계산서와 재무상태표의 일부 항목이다. 영업활동으로 인한 현금흐름을 직접법에 의해 계산하시오. (아래의 부분현금흐름표 양식에 빈칸을 채우는 방법을 이용할 것)

재무상태표

	20X1. 12. 31	20X2. 12. 31
매출채권	₩56,400	₩52,000
재고자산	39,000	32,000
선급임차료	6,900	8,300
매입채무	42,000	28,000
미지급급여	5,300	4,300
미지급법인세	2,100	2,700

포괄손익계산서
20X1. 1. 1 ~ 20X1. 12. 31

매출		₩122,000
매출원가		60,000
매출총이익		62,000
판매비와 관리비		
급여	₩32,000	
임차료	16,800	
감가상각비	2,000	50,800
영업이익		11,200
법인세비용		2,400
당기순이익		8,800

부분현금흐름표

Ⅰ. 영업활동으로 인한 현금흐름		[ ]
가. 매출로부터의 유입액[1]	[ ]	
나. 매입으로부터의 유출액[2]	[ ]	
다. 영업비에 대한 유출액[3]	[ ]	
라. 법인세 등으로부터의 유출액[4]	[ ]	

7 다음의 기업 자료에 의하여 20X1년도의 투자활동과 재무활동에 관한 부분현금흐름표를 작성하시오. 단, 영업활동으로 인한 현금흐름은 ₩50,000으로 가정한다.

비교재무상태표

	20X1. 12. 31	20X2. 12. 31
현금	₩15,000	₩35,000
매출채권(순액)	105,000	85,000
재고자산	200,000	120,000
선급비용	25,000	12,000
토지	300,000	200,000
기계장치	470,000	380,000
(기계장치감가상각누계액)	(192,500)	(125,000)
자산총계	₩922,500	₩707,000
매입채무	₩145,000	₩ 90,000
미지급비용	22,500	42,000
미지급금	170,000	20,000
사채	110,000	185,000
자본금(액면가액 ₩5,000)	100,000	60,000
주식발행초과금	155,000	100,000
이익잉여금	220,000	210,000
부채와 자본총계	₩922,500	₩707,000

포괄손익계산서
20X1. 1. 1 ~ 20X1. 12. 31

매출	₩900,000
매출원가	500,000
매출총이익	400,000
판매비와 관리비	340,000
유형자산(토지)처분이익	20,000
당기순이익	₩ 80,000

<추가정보>
(1) 원가 ₩50,000의 토지를 현금 ₩70,000에 처분하다. 추가적으로 ₩150,000의 토지를 구입하고, 그 대가는 아직 미지급하였다.
(2) 기계를 ₩90,000에 구입하고 현금을 지급하다.
(3) 당기분 감가상각비로 ₩67,500을 계상하다.
(4) ₩75,000의 사채를 액면가액으로 상환하다.
(5) 1월 중에 50%의 주식배당을 선언하고 ₩30,000을 이익잉여금에서 자본금으로 대체하다.
(6) 2월 중에 액면가액 ₩500의 주식 20주를 발행하고 현금 ₩65,000을 납입받다.
(7) ₩40,000의 현금배당을 선언하여 지급하다.

8 다음은 A회사의 재무상태표로부터 발췌한 내용이다. 이를 바탕으로 A회사의 20X2년도에 대해 다음의 재무비율을 계산하시오. 단, 총자산이익률과 자기자본이익률의 분모에는 당기 평균액을 이용할 것

(1) 총자산이익률

(2) 자기자본이익률

(3) 부채비율

	20X1년 12월 31일	20X2년 12월 31일
자산총계	₩7,200,000	₩9,000,000
유동부채	₩900,000	₩1,500,000
사채 (10%)	1,800,000	1,800,000
자본금(@ ₩5,000)	3,600,000	4,500,000
이익잉여금	900,000	1,200,000
부채와 자본총계	₩7,200,000	₩9,000,000

< 추가자료 >
20X2년의 매출액은 ₩17,820,000이고 당기순이익은 ₩712,800이다. 법인세율은 20%이다.

연습문제 해설

Chapter 1 연습문제 해설

06. ②

07. ③

08.

재무상태표

(주)동해 20×1.12.31 (단위: 원)

자 산	100,000	부 채	50,000
		자 본	50,000
계	100,000	계	100,000

포괄손익계산서

(주)동해 20×1.1.1~12.31 (단위: 원)

수 익	500,000
비 용	(480,000)
당기순이익	20,000

재무상태표

(주)서해 20×1.12.31 (단위: 원)

자 산	1,500,000	부 채	1,000,000
		자 본	500,000
계	1,500,000	계	1,500,000

포괄손익계산서

(주)서해 20×1.1.1~12.31 (단위: 원)

수 익	6,500,000
비 용	(6,200,000)
당기순이익	300,000

Chapter 2 연습문제 해설

07. ⑤

08. 기초자본(500,000) + 유상증자(400,000) − 배당금(300,000) + 당기순이익(?) + 기타포괄이익(100,000) = 기말자본(800,000)

∴ 당기순이익 = ₩100,000

09.

	재무상태표(기초)		포괄손익계산서		출자 및 배당		재무상태표(기말)	
(주)서해	자 산	20,000	총수익	55,000	출 자	6,000	자 산	31,000
	부 채	10,000	총비용	50,000	배 당	2,000	부 채	12,000
	자 본	10,000	당순이	5,000			자 본	19,000
(주)남해	자 산	35,000	총수익	80,000	출 자	9,000	자 산	50,000
	부 채	20,000	총비용	60,000	배 당	5,000	부 채	11,000
	자 본	15,000	당순이	20,000			자 본	39,000

Chapter 3 연습문제 해설

03. (1) F (2) T (3) F (4) F (5) T (6) F (7) T (8) T (9) T (10) T

04. (1) 비용 (2) 부채 (3) 자본 (4) 수익 (5) 수익 (6) 자산 (7) 자산

(8) 부채 (9) 자산 (10) 부채 (11) 비용 (12) 수익

05. (물음 1)

일 자	자 산	+	비 용	=	부 채	+	자 본	+	수 익
1/1	300,000						300,000		
1/2	50,000				50,000				
1/3	−12,000		12,000						
1/4	100,000								100,000
1/5	−30,000		30,000						
1/6	200,000				200,000				
계	608,000		42,000		250,000		300,000		100,000

(물음 2)

재무상태표

(주)동해운송 20××.12.31 (단위: 원)

자 산		부 채	250,000
자 산	608,000	부 채	250,000
		자 본	358,000
계	608,000	계	608,000

포괄손익계산서

(주)동해운송 20××.1.1~12.31 (단위: 원)

수 익	100,000
비 용	(42,000)
당기순이익	58,000

06. 1) 주주가 현금 ₩500,000을 출자
2) 현금 ₩300,000을 차입
3) 매출 ₩600,000을 하고 현금으로 ₩200,000을 수취하고, ₩400,000은 외상
4) 급여 ₩10,000을 현금으로 지급
5) 차입금 ₩200,000을 상환
6) 취득원가 ₩500,000의 토지를 현금 ₩700,000에 매각

07. 분개

3/ 1	(차) 현 금	500,000	(대) 자 본 금	500,000
3/ 4	(차) 비 품	100,000	(대) 미 지 급 금	100,000
3/ 9	(차) 매 출 채 권	200,000	(대) 매 출	200,000
3/12	(차) 급 여	50,000	(대) 현 금	50,000
3/17	(차) 현 금	100,000	(대) 차 입 금	100,000
3/25	(차) 미 지 급 금	100,000	(대) 현 금	100,000

현 금

차변		대변	
3/ 1:	500,000	3/12:	50,000
3/17:	100,000	3/25:	100,000

자본금

차변		대변	
		3/ 1:	500,000

비 품

차변		대변	
3/ 4:	100,000		

미지급금

차변		대변	
3/25:	100,000	3/ 4:	100,000

매출채권

차변		대변	
3/ 9:	200,000		

매 출

차변		대변	
		3/ 4:	200,000

급 여

차변		대변	
3/12:	50,000		

차입금

차변		대변	
		3/17:	100,000

08.

합계잔액시산표

(주) 남해수송

차 변		계정과목	대 변	
잔 액	합 계		합 계	잔 액
730,000	850,000	현 금	120,000	
100,000	300,000	매 출 채 권	200,000	
200,000	400,000	선 박	200,000	
		미 지 급 금	400,000	400,000
		자 본 금	500,000	500,000
		매 출	300,000	300,000
100,000	100,000	급 여		
20,000	20,000	보 험 료		
50,000	50,000	유형자산처분손실		
1,200,000	1,720,000	합 계	1,720,000	1,200,000

09. (물음 1)

1/1	(차) 현금	500,000	(대) 토지	400,000
			유형자산처분이익	100,000
2/1	(차) 현금	240,000	(대) 임대료수익	240,000
3/1	(차) 비품	50,000	(대) 미지급금	50,000
4/1	(차) 현금	800,000	(대) 매출	1,200,000
	매출채권	400,000		
5/1	(차) 차입금	500,000	(대) 현금	510,000
	이자비용	10,000		
6/1	(차) 보험료	120,000	(대) 당좌예금	120,000
7/1	분개없음			
8/1	(차) 급여	200,000	(대) 현금	200,000
9/1	(차) 당좌예금	200,000	(대) 매출채권	200,000
10/1	(차) 현금	500,000	(대) 자본금	500,000

(물음 3)

합계잔액시산표

(주)북해통운 20×2.12.31 (단위 : 원)

차변		계정과목	대변	
잔액	합계		합계	잔액
2,230,000	2,940,000	현금	710,000	
880,000	1,000,000	당좌예금	120,000	
400,000	600,000	매출채권	200,000	
400,000	800,000	토지	400,000	
800,000	800,000	건물		
50,000	50,000	비품		
	500,000	차입금	1,500,000	1,000,000
		미지급금	550,000	550,000
		자본금	2,000,000	2,000,000
		매출	1,200,000	1,200,000
		유형자산처분이익	100,000	100,000
		임대료수익	240,000	240,000
10,000	10,000	이자비용		
200,000	200,000	급여		
120,000	120,000	보험료		
5,090,000	7,020,000	합계금액	7,020,000	5,090,000

Chapter 4 연습문제 해설

03.

	차변	금액	대변	금액
(1)	(차) 이 자 비 용	500,000	(대) 미 지 급 이 자	500,000
(2)	(차) 미 수 임 대 료	600,000	(대) 임 대 료 수 익	600,000
(3)	(차) 감 가 상 각 비	200,000	(대) 감가상각누계액	200,000
(4)	(차) 소 모 품 비	50,000	(대) 소 모 품	50,000
(5)	(차) 이 자 수 익	100,000	(대) 선 수 이 자	100,000
(6)	(차) 선 급 보 험 료	200,000	(대) 보 험 료	200,000

04. (물음 1)

	차변	금액	대변	금액
(1)	(차) 감 가 상 각 비	50,000	(대) 감가상각누계액	50,000
(2)	(차) 이 자 비 용	38,000	(대) 미 지 급 이 자	38,000
(3)	(차) 임 대 료 수 익	12,000	(대) 선 수 임 대 료	12,000
(4)	(차) 소 모 품 비	60,000	(대) 소 모 품	60,000
(5)	(차) 선 급 보 험 료	6,000	(대) 보 험 료	6,000
(6)	(차) 급 여	50,000	(대) 미 지 급 급 여	50,000

(물음 2)

시 산 표

(주)동해컨설팅 (단위 : 원)

차 변	계정과목	대 변
잔 액		잔 액
150,000	현 금	
50,000	매 출 채 권	
300,000	건 물	
	감 가 상 각 누 계 액	50,000
40,000	소 모 품	
6,000	선 급 보 험 료	
	차 입 금	100,000
	미 지 급 금	50,000
	미 지 급 이 자	38,000
	선 수 임 대 료	12,000

	미 지 급 급 여	50,000
	자 본 금	200,000
	매 출	226,000
	임 대 료 수 익	12,000
	이 자 수 익	36,000
50,000	급 여	
50,000	감 가 상 각 비	
50,000	이 자 비 용	
60,000	소 모 품 비	
18,000	보 험 료	
774,000	합 계	774,000

05. (물음 1)

재무상태표

(주)남해항공 20×0.12.31 현재 (단위: 원)

자산	금액	부채 및 자본	금액
현 금	300,000	차 입 금	600,000
항 공 기	700,000	미 지 급 금	800,000
건 물	500,000	부 채 총 계	1,400,000
비 품	200,000		
		자 본 총계	300,000
자 산 총 계	1,700,000	부채와 자본 총계	1,700,000

재무상태표

(주)남해항공 20×1.12.31 현재 (단위: 원)

자산	금액	부채 및 자본	금액
현 금	800,000	차 입 금	400,000
항 공 기	600,000	미 지 급 금	700,000
건 물	450,000	부 채 총 계	1,100,000
비 품	100,000		
		자 본 총 계	850,000
자 산 총 계	1,950,000	부채와 자본 총계	1,950,000

포괄손익계산서

(주)남해항공 20×1.1.1 ~ 20×1.12.31 (단위: 원)

매 출 액	1,000,000	
수 수 료 수 익	?	

급 여	(850,000)
감 가 상 각 비	(150,000)
이 자 비 용	(200,000)
임 차 료	(200,000)
당 기 순 이 익	550,000

수익(1,000,000 + ?) − 비용(1,400,000) = 당기순이익(550,000)
∴ ? (수수료수익) = 950,000

(물음 2)

(차)	집 합 손 익	1,400,000	(대)	급 여	850,000
				보 험 료	150,000
				이 자 비 용	200,000
				임 차 료	200,000
(차)	매 출	1,000,000	(대)	집 합 손 익	1,950,000
	수 수 료 수 익	950,000			
(차)	집 합 손 익	550,000	(대)	이 익 잉 여 금	550,000

06. (물음 1)

(1)	(차)	감 가 상 각 비	200,000	(대)	감가상각누계액	200,000
(2)	(차)	소 모 품	30,000	(대)	소 모 품 비	30,000
(3)	(차)	미 수 임 대 료	24,000	(대)	임 대 료 수 익	24,000
(4)	(차)	이 자 비 용	50,000	(대)	미 지 급 이 자	50,000
(5)	(차)	보 험 료	25,000	(대)	선 급 보 험 료	25,000

(물음 2)

시 산 표

(주)서해운송 20×1.12.31 (단위: 원)

차 변		계 정 과 목	대 변	
잔 액	합 계		합 계	잔 액
140,000	290,000	현 금	150,000	
210,000	300,000	매 출 채 권	90,000	
500,000	500,000	건 물		

		감가상각누계액	200,000	200,000
30,000	30,000	소 모 품		
24,000	24,000	미 수 임 대 료		
25,000	50,000	선 급 보 험 료	25,000	
	130,000	차 입 금	190,000	60,000
	300,000	미 지 급 금	400,000	100,000
		미 지 급 이 자	50,000	50,000
		자 본 금	200,000	200,000
		매 출 액	600,000	600,000
		임 대 료 수 익	24,000	24,000
60,000	60,000	이 자 비 용		
20,000	50,000	소 모 품 비	30,000	
200,000	200,000	감 가 상 각 비		
25,000	25,000	보 험 료		
1,234,000	1,959,000	합 계	1,959,000	1,234,000

(물음 3)

재무상태표

(주)서해운송 20×1.12.31 현재 (단위: 원)

현 금	140,000	차 입 금	60,000
매 출 채 권	210,000	미 지 급 금	100,000
건 물	300,000	미 지 급 이 자	50,000
소 모 품	30,000	**부 채 총 계**	210,000
미 수 임 대 료	24,000	자 본 금	200,000
선 급 보 험 료	25,000	이 익 잉 여 금	319,000
		자 본 총 계	519,000
자 산 총 계	729,000	**부채와 자본 총계**	729,000

포괄손익계산서

(주)서해운송 20×1.1.1 ~ 20×1.12.31 (단위: 원)

매 출	600,000
임 대 료 수 익	24,000
이 자 비 용	(60,000)
소 모 품 비	(20,000)
감 가 상 각 비	(200,000)

보 험 료	(25,000)
당 기 순 이 익	319,000

(물음 4)

(차) 집 합 손 익	305,000	(대)	이 자 비 용	60,000
			소 모 품 비	20,000
			감 가 상 각 비	200,000
			보 험 료	25,000
(차) 매 출	600,000	(대)	집 합 손 익	624,000
수 수 료 수 익	24,000			
(차) 집 합 손 익	319,000	(대)	이 익 잉 여 금	319,000

07. (물음 1)

(1)	(차) 감 가 상 각 비	150,000	(대) 감 가 상 각 누 계 액	150,000
(2)	(차) 선 급 보 험 료	40,000	(대) 보 험 료	40,000
(3)	(차) 이 자 비 용	50,000	(대) 미 지 급 이 자	50,000
(4)	(차) 소 모 품 비	80,000	(대) 소 모 품	80,000

(물음 2)

정 산 표

(주)동해택배 20×1.12.31 (단위: 원)

계정과목	수정전시산표		수정분개		포괄손익계산서		재무상태표	
	차 변	대 변	차 변	대 변	차 변	대 변	차 변	대 변
현 금	1,300,000						1,300,000	
건 물	1,200,000						1,200,000	
감누액(건물)		200,000		150,000				350,000
선급보험료			40,000				40,000	
소 모 품	100,000			80,000			20,000	
차 입 금		500,000						500,000
미지급이자				50,000				50,000
자 본 금		1,000,000						1,000,000
매 출		1,000,000				1,000,000		
소 모 품 비			80,000		80,000			
이 자 비 용	40,000		50,000		90,000			
감가상각비			150,000		150,000			

보 험 료	60,000			40,000	20,000			
당기순이익					**660,000**			**660,000**
합 계 금 액	2,700,000	2,700,000	320,000	320,000	1,000,000	1,000,000	2,560,000	2,560,000

(물음 3)

재무상태표

(주)동해택배 20×1.12.31 현재 (단위: 원)

현 금	1,300,000	차 입 금	500,000
건 물	1,200,000	미 지 급 이 자	50,000
감가상각누계액	(350,000)	부 채 총 계	550,000
선 급 보 험 료	40,000	자 본 금	1,000,000
소 모 품	20,000	이 익 잉 여 금	660,000
		자 본 총 계	1,610,000
자 산 총 계	2,210,000	부채와 자본 총계	2,210,000

포괄손익계산서

(주)동해택배 20×1.1.1 ~ 20×1.12.31 (단위: 원)

매 출	1,000,000
소 모 품 비	(80,000)
이 자 비 용	(90,000)
감 가 상 각 비	(150,000)
보 험 료	(20,000)
당 기 순 이 익	660,000

(물음 4)

(차)	집 합 손 익	340,000	(대)	소 모 품 비	80,000
				이 자 비 용	90,000
				감 가 상 각 비	150,000
				보 험 료	20,000
(차)	매 출	1,000,000	(대)	집 합 손 익	1,000,000
(차)	집 합 손 익	660,000	(대)	이 익 잉 여 금	660,000

Chapter 5 연습문제 해설

04. 순매출액 = 매출액(1,000,000) − 매출환입(100,000) − 매출할인(50,000) = 850,000
순매입액 = 매입액(700,000) − 매입에누리(60,000) − 매입할인(40,000) = 600,000
매출원가 = 기초상품재고액(250,000) + 순매입액(600,000) − 기말상품재고액(150,000) = 700,000
매출총이익 = 순매출액(850,000) − 매출원가(700,000) = 150,000

05.

	(주)동해	(주)서해	(주)남해
매출액	1,500,000	1,400,000	2,000,000
매출원가	600,000	900,000	1,800,000
기초상품재고액	200,000	300,000	500,000
당기매입액	800,000	700,000	2,000,000
판매가능상품	1,000,000	1,000,000	2,500,000
기말상품재고액	400,000	100,000	700,000
매출총이익	900,000	500,000	200,000

06. 순매출액 = 매출액(1,400,000) − 매출에누리(100,000) − 매출환입(50,000) = 1,250,000
순매입액 = 매입액(900,000) − 매입에누리(50,000) − 매입할인(50,000) = 800,000
매출원가 = 기초상품재고액(300,000) + 순매입액(800,000) − 기말상품재고액(200,000) = 900,000
매출총이익 = 순매출액(1,250,000) − 매출원가(900,000) = 350,000
상품의 변동 = 기말상품재고액(200,000) − 기초상품재고액(300,000) = −100,000

포괄손익계산서(성격별)

20×1년 1월 1일 ~ 12월 31일

(주)동해상사 (단위: 원)

매출액	1,250,000
용역수익	150,000
상품의 변동	(100,000)
상품의 매입	(800,000)
이자비용	(150,000)
급여	(100,000)
감가상각비	(50,000)

기타 비용	(90,000)
당기순이익	110,000
기타포괄이익	500,000
총포괄이익	610,000

포괄손익계산서(기능별)

20×1년 1월 1일 ~ 12월 31일

(주)동해상사 (단위: 원)

매 출 액	1,250,000
용역수익	150,000
매출원가	(900,000)
이자비용	(150,000)
판 매 비	(80,000)
일반관리비	(70,000)
물 류 비	(90,000)
당기순손익	110,000
기타포괄손익	500,000
총포괄손익	610,000

07. (물음 1)

1/ 1	(차) 현금	5,000,000	(대) 자본금	5,000,000
1/ 2	(차) 현금	3,000,000	(대) 차입금	3,000,000
1/ 3	(차) 매입	500,000	(대) 매입채무	500,000
1/ 4	분개없음			
1/ 5	(차) 비품	200,000	(대) 미지급금	200,000
1/ 6	(차) 현금	250,000	(대) 매출	250,000
1/ 7	(차) 상품	1,000,000	(대) 자본금	1,000,000
1/ 8	(차) 토지	1,000,000	(대) 현금	2,200,000
	건물	1,200,000		
	보험료	60,000	(대) 현금	60,000
1/ 9	(차) 당좌예금	900,000	(대) 현금	900,000
1/10	분개없음			
1/11	(차) 현금	500,000	(대) 매출	500,000
1/12	(차) 매입	800,000	(대) 현금	500,000
			매입채무	300,000

1/13	(차) 차 입 금	1,000,000	(대) 현 금	1,010,000
	이 자 비 용	10,000		
1/14	(차) 매 출 채 권	1,500,000	(대) 매 출	1,500,000
1/15	(차) 현 금	480,000	(대) 임 대 료	480,000
1/16	(차) 임 차 료	120,000	(대) 당 좌 예 금	120,000
1/17	(차) 소 모 품 비	50,000	(대) 당 좌 예 금	50,000
1/18	(차) 현 금	800,000	(대) 매 출 채 권	800,000
1/19	(차) 현 금	100,000	(대) 수 수 료 수 익	100,000
1/20	(차) 급 여	30,000	(대) 현 금	30,000

(물음 2)

현 금		당좌예금		매 출		매 입	
5,000,000	2,200,000	900,000	120,000		250,000	500,000	
3,000,000	60,000		50,000		500,000	800,000	
250,000	900,000		170,000		1,500,000	1,300,000	
500,000	500,000				2,250,000		
480,000	1,010,000						
800,000	30,000						
100,000							
10,130,000	4,700,000						

토 지		자 본 금		매입채무		차 입 금	
1,000,000			5,000,000		500,000	1,000,000	3,000,000
			1,000,000		300,000		
			6,000,000		800,000		

건 물		소모품비		비 품		임 대 료	
1,200,000		50,000		200,000			480,000

임 차 료		미지급금		이자비용		급 여	
120,000			200,000	10,000		30,000	

상 품		매출채권		수수료수익		보 험 료	
1,000,000		1,500,000	800,000		100,000	60,000	

(물음 3)

차 변		계정과목	대 변	
잔 액	합 계		합 계	잔 액
5,430,000	10,130,000	현 금	4,700,000	
730,000	900,000	당 좌 예 금	170,000	
700,000	1,500,000	매 출 채 권	800,000	
1,000,000	1,000,000	상 품		
1,000,000	1,000,000	토 지		
1,200,000	1,200,000	건 물		
1,300,000	1,300,000	매 입		
200,000	200,000	비 품		
		매 입 채 무	800,000	800,000
	1,000,000	차 입 금	3,000,000	2,000,000
		미 지 급 금	200,000	200,000
		자 본 금	6,000,000	6,000,000
		매 출	2,250,000	2,250,000
		임 대 료	480,000	480,000
		수수료수익	100,000	100,000
120,000	120,000	임 차 료		
50,000	50,000	소 모 품 비		
10,000	10,000	이 자 비 용		
30,000	30,000	급 여		
60,000	60,000	보 험 료		
11,830,000	18,500,000	합 계 금 액	18,500,000	11,830,000

(물음 4)

1.	(차) 매출원가	1,000,000	(대) 상품	1,000,000
	(차) 매출원가	1,300,000	(대) 매입	1,300,000
	(차) 상품	750,000	(대) 매출원가	750,000
2.	(차) 감가상각비	200,000	(대) 감가상각누계액(건물)	200,000
3.	(차) 선급보험료	20,000	(대) 보험료	20,000
4.	(차) 임대료	150,000	(대) 선수임대료	150,000
5.	(차) 선급임차료	60,000	(대) 임차료	60,000
6.	(차) 미수이자	12,000	(대) 이자수익	12,000
7.	(차) 이자비용	50,000	(대) 미지급이자	50,000
8.	(차) 소모품	30,000	(대) 소모품비	30,000
9.	(차) 비품	300,000	(대) 현금	300,000

(물음 5)

재 무 상 태 표

(주)서해	20×1.12.31 현재		(단위: 원)
현금	5,130,000	매입채무	800,000
당좌예금	730,000	차입금	2,000,000
매출채권	700,000	미지급금	200,000
상품	750,000	선수임대료	150,000
토지	1,000,000	미지급이자	50,000
건물	1,000,000	부채총계	3,200,000
비품	500,000		
선급보험료	20,000	자본금	6,000,000
선급임차료	60,000	이익잉여금	732,000
미수이자	12,000	자본총계	6,732,000
소모품	30,000		
자산총계	9,932,000	부채와 자본 총계	9,932,000

(물음 6)

포괄손익계산서(계정식)

(주)서해	20×1.1.1 ~ 20×1.12.31		(단위: 원)
매출원가	1,550,000	매출	2,250,000
임차료	60,000	임대료	330,000
소모품비	20,000	수수료수익	100,000
이자비용	60,000	이자수익	12,000
감가상각비	200,000		
급여	30,000		
보험료	40,000		
당기순이익	732,000		
합계	2,692,000	합계	2,692,000

(물음 7)

(차)	매출	2,250,000	(대)	집합손익	2,692,000
	임대료	330,000			
	수수료수익	100,000			
	이자수익	12,000			
(차)	집합손익	1,960,000	(대)	매출원가	1,550,000
				임차료	60,000
				소모품비	20,000

			이 자 비 용	60,000
			감 가 상 각 비	200,000
			급 여	30,000
			보 험 료	40,000
(차)	집 합 손 익	732,000	(대) 이 익 잉 여 금	732,000

08. (물음 1)

일자		차변	금액		대변	금액
1/ 1	(차)	현 금	720,000	(대)	임 대 료	360,000
					선 수 임 대 료	360,000
2/ 2	분 개 없 음					
2/ 3	(차)	현 금	90,000	(대)	매 출 채 권	90,000
2/ 4	(차)	소 모 품	50,000	(대)	현 금	50,000
2/ 5	(차)	미 수 금	700,000	(대)	토 지	700,000
2/ 6	(차)	매 출 채 권	900,000	(대)	매 출	900,000
2/ 7	(차)	자 본 금	500,000	(대)	현 금	500,000
2/ 8	(차)	당 좌 예 금	300,000	(대)	매 출 채 권	300,000
2/ 9	(차)	보 험 료	240,000	(대)	당 좌 예 금	240,000
2/10	(차)	차 량	200,000	(대)	미 지 급 금	200,000
2/11	(차)	여 비	10,000	(대)	당 좌 예 금	10,000
2/12	(차)	매 입 채 무	800,000	(대)	차 입 금	1,000,000
		현 금	200,000			
2/13	(차)	당 좌 예 금	5,000	(대)	이 자 수 익	5,000
2/14	(차)	현 금	100,000	(대)	수 수 료 수 익	100,000
2/15	(차)	급 여	180,000	(대)	현 금	180,000
2/16	(차)	차 입 금	900,000	(대)	현 금	920,000
		이 자 비 용	20,000			
2/17	(차)	비 품	70,000	(대)	미 지 급 금	70,000
2/18	(차)	매 입	900,000	(대)	현 금	500,000
					매 입 채 무	400,000
2/19	(차)	광 고 선 전 비	35,000	(대)	당 좌 예 금	35,000
2/20	(차)	수 선 유 지 비	3,000	(대)	현 금	3,000

(물음 2)

현 금	
1,500,000	50,000
720,000	500,000
90,000	180,000
200,000	920,000
100,000	500,000
	3,000
2,610,000	2,153,000

당좌예금	
150,000	240,000
300,000	10,000
5,000	35,000
455,000	285,000

매출채권	
300,000	90,000
900,000	300,000
1,200,000	390,000

상 품	
800,000	
800,000	0

토 지	
1,500,000	700,000
1,500,000	700,000

건 물	
750,000	
750,000	0

매입채무	
800,000	1,500,000
	400,000
800,000	1,900,000

차 입 금	
900,000	500,000
	1,000,000
900,000	1,500,000

차 량	
200,000	

소 모 품	
50,000	

미 수 금	
700,000	

선수임대료	
	360,000

자 본 금	
500,000	3,000,000

미지급금	
	200,000
	70,000
	270,000

이자비용	
20,000	

급 여	
180,000	

임 대 료	
	360,000

광고선전비	
35,000	

수선유지비	
3,000	

매 입	
900,000	

매 출	
	900,000

수수료수익	
	100,000

보 험 료	
240,000	

여 비	
10,000	

이자수익	
	5,000

비 품	
70,000	

(물음 3)

차 변		계 정	대 변	
잔 액	합 계		합 계	잔 액
457,000	2,610,000	현 금	2,153,000	
170,000	455,000	당 좌 예 금	285,000	
810,000	1,200,000	매 출 채 권	390,000	
800,000	800,000	상 품	0	
800,000	1,500,000	토 지	700,000	
750,000	750,000	건 물	0	
200,000	200,000	차 량		
50,000	50,000	소 모 품		
700,000	700,000	미 수 금		
900,000	900,000	매 입		
70,000	70,000	비 품		
	800,000	매 입 채 무	1,900,000	1,100,000
	900,000	차 입 금	1,500,000	600,000
		선 수 임 대 료	360,000	360,000
		미 지 급 금	270,000	270,000
	500,000	자 본 금	3,000,000	2,500,000
		매 출	900,000	900,000
		임 대 료	360,000	360,000
		수 수 료 수 익	100,000	100,000
		이 자 수 익	5,000	5,000
35,000	35,000	광 고 선 전 비		
3,000	3,000	수 선 유 지 비		
20,000	20,000	이 자 비 용		
180,000	180,000	급 여		
240,000	240,000	보 험 료		
10,000	10,000	여 비		
6,195,000	11,923,000	합 계 금 액	11,923,000	6,195,000

(물음 4)

	차변	금액	대변	금액
1.	(차) 매 출 원 가	800,000	(대) 상 품(기초)	800,000
	(차) 매 출 원 가	900,000	매 입	900,000
	(차) 상 품(기말)	500,000	매 출 원 가	500,000
2.	(차) 감 가 상 각 비	305,000	(대) 감가상각누계액(건물)	300,000
			감가상각누계액(차량)	5,000
3.	(차) 급 여	120,000	(대) 미 지 급 급 여	120,000
4.	(차) 선 급 보 험 료	60,000	(대) 보 험 료	60,000
5.	(차) 현 금	100,000	(대) 매 출	100,000
6.	(차) 이 자 비 용	20,000	(대) 미 지 급 이 자	20,000
7.	(차) 미 수 이 자	25,000	(대) 이 자 수 익	25,000

8. (차) 통 신 비 100,000 (대) 미지급통신비 100,000
9. (차) 소 모 품 비 35,000 (대) 소 모 품 35,000

(물음 5)

계정과목	수정전시산표		수정분개		수정후시산표	
	차 변	대 변	차 변	대 변	차 변	대 변
현 금	457,000		100,000		557,000	
당 좌 예 금	170,000				170,000	
매 출 채 권	810,000				810,000	
상 품	800,000		500,000	800,000	500,000	
토 지	800,000				800,000	
건 물	750,000				750,000	
감누액(건물)	0			300,000	(300,000)	
차 량	200,000				200,000	
감누액(차량)	0			5,000	(5,000)	
소 모 품	50,000			35,000	15,000	
미 수 금	700,000				700,000	
매 입	900,000			900,000	0	
비 품	70,000				70,000	
선 급 보 험 료	0		60,000		60,000	
미 수 이 자	0		25,000		25,000	
매 입 채 무		1,100,000				1,100,000
차 입 금		600,000				600,000
선 수 임 대 료		360,000				360,000
미 지 급 금		270,000				270,000
미 지 급 급 여		0		120,000		120,000
미 지 급 이 자		0		20,000		20,000
미지급통신비		0		100,000		100,000
자 본 금		2,500,000				2,500,000
매 출		900,000		100,000		1,000,000
임 대 료		360,000				360,000
수 수 료 수 익		100,000				100,000
이 자 수 익		5,000		25,000		30,000
매 출 원 가	0		1,700,000	500,000	1,200,000	
광 고 선 전 비	35,000				35,000	
수 선 유 지 비	3,000				3,000	
이 자 비 용	20,000		20,000		40,000	
급 여	180,000		120,000		300,000	
보 험 료	240,000			60,000	180,000	
여 비	10,000				10,000	
감 가 상 각 비	0		305,000		305,000	
통 신 비	0		100,000		100,000	
소 모 품 비	0		35,000		35,000	
합 계 금 액	6,195,000	6,195,000	2,965,000	2,965,000	6,560,000	6,560,000

(물음 6)

재무상태표

(주)남해 20×1.12.31 현재 (단위: 원)

자산	금액	부채와 자본	금액
현금	557,000	매입채무	1,100,000
당좌예금	170,000	차입금	600,000
매출채권	810,000	선수임대료	360,000
상품	500,000	미지급금	270,000
토지	800,000	미지급급여	120,000
건물	450,000	미지급이자	20,000
차량	195,000	미지급통신비	100,000
소모품	15,000	부채 총계	2,570,000
미수금	700,000		
비품	70,000	자본금	2,500,000
선급보험료	60,000	이익잉여금	(718,000)
미수이자	25,000	자본 총계	1,782,000
자산 총계	4,352,000	부채와 자본 총계	4,352,000

포괄손익계산서

(주)남해 20×1.1.1 ~ 20×1.12.31 (단위: 원)

비용	금액	수익	금액
매출원가	1,200,000	매출	1,000,000
광고선전비	35,000	임대료	360,000
수선유지비	3,000	수수료수익	100,000
이자비용	40,000	이자수익	30,000
급여	300,000		
보험료	180,000		
여비	10,000	당기순손실	718,000
감가상각비	305,000		
통신비	100,000		
소모품비	35,000		
합계	2,208,000	합계	2,208,000

(물음 7)

(차)		(대)	
매출	1,000,000	집합손익	1,490,000
임대료	360,000		
수수료수익	100,000		
이자수익	30,000		

(차)	집 합 손 익	2,208,000	(대)	매 출 원 가	1,200,000
				광 고 선 전 비	35,000
				수 선 유 지 비	3,000
				이 자 비 용	40,000
				급 여	300,000
				보 험 료	180,000
				여 비	10,000
				감 가 상 각 비	305,000
				통 신 비	100,000
				소 모 품 비	35,000
(차)	이 익 잉 여 금	718,000	(대)	집 합 손 익	718,000

Chapter 6 연습문제 해설

01. 통화 + 타인발행수표 + 배당지급통지표 + 만기가 도래한 국채이자표 = ₩2,620,000

02.

(1)	(차) 현금	10,000	(대) 매출	10,000
(2)	(차) 상품	40,000	(대) 당좌예금	30,000
			단기차입금	10,000
(3) ①	(차) 현금과부족	2,000	(대) 현금	2,000
②	(차) 통신비	1,500	(대) 현금과부족	1,500
③	(차) 잡손실	500	(대) 현금과부족	500
(4) ①	(차) 현금	3,000	(대) 현금과부족	3,000
②	(차) 현금과부족	2,000	(대) 급여	2,000
③	(차) 현금과부족	1,000	(대) 잡이익	1,000

03.

은행계정조정표

조정 전 회사측 잔액	₩900,000	조정 전 은행측 잔액	?
(2) 은행수수료 미통지액	(50,000)	(1) 은행측 미기입예금	400,000
(4) 매출채권회수 미통지액	150,000	(3) 은행미인출수표	(300,000)
(5) 입금과대계상액	(315,000)	(7) 은행기록오류 과대예입	(250,000)
(6) 미통지 부도수표	(200,000)		
조정 후 회사측 잔액	₩485,000	조정 후 은행측 잔액	₩485,000

∴ 수정전 은행측이 제시한 명세서상 잔액은 ₩635,000이 된다.

04.

은행계정조정표

㈜한국 20X1년 12월 31일

조정 전 회사측 잔액	₩405,000	조정 전 은행측 잔액	₩400,000
3) 회사측 오류	(4,500)	1) 은행미인출수표	(52,000)
4) 당좌거래 수수료	(5,000)	2) 은행미기입예금	37,000
5) 부도수표	(42,000)		
6) 외상매출금 입금	31,500		
조정 후 회사측 잔액	₩385,000	조정 후 은행측잔액	₩385,000

(회사측의 수정분개)

			차변	금액		대변	금액
	3)	(차)	매 출 채 권	4,500	(대)	당 좌 예 금	4,500
	4)	(차)	수수료비용	5,000	(대)	당 좌 예 금	5,000
	5)	(차)	부 도 수 표	42,000	(대)	당 좌 예 금	42,000
	6)	(차)	당 좌 예 금	31,500	(대)	매 출 채 권	31,500
05.	(1)	(차)	현 금	100,000	(대)	매 출	200,000
			매 출 채 권	100,000			
	(2)	(차)	미 수 금	500,000	(대)	토 지	500,000
	(3)	(차)	현 금	100,000	(대)	매 출 채 권	100,000
	(4)	(차)	선 급 금	50,000	(대)	현 금	50,000
	(5)	(차)	미 수 이 자	30,000	(대)	이 자 수 익	30,000
	(6)	(차)	선급구독료	50,000	(대)	구 독 료	50,000

Chapter 7 연습문제 해설

03.

부분포괄손익계산서

㈜공기		(단위 : 원)
매 출 액		970,000
총매출액	1,020,000	
매출에누리와환입	(20,000)	
매출할인	(30,000)	
매 출 원 가		630,000
기초재고액	70,000	
총매입액	710,000	
매입에누리와환출	(50,000)	
매입할인	(20,000)	
기말재고액	(80,000)	
매출총이익		340,000

	차변	금액		대변	금액
(차)	매출원가	70,000	(대)	상품	70,000
	매출원가	640,000		매입	640,000
	기말재고자산	80,000		매출원가	80,000

04. (물음 1)

(1) 개 별 법 : ① 계속기록법: ₩83,500 ② 실사법: 계속기록법과 동일

(2) 선입선출법 : ① 계속기록법: ₩86,000 ② 실사법: 계속기록법과 동일

(3) 가중평균법*: ① 계속기록법: ₩82,750 ② 실사법: ₩82,400

* 평균단가 계산시 소수점 첫째자리에서 반올림

(물음 2)

(1) 이동평균법 (계속기록법 + 가중평균법)

일자		차변	금액		대변	금액
6. 4	(차)	상품	205,000	(대)	매입채무	205,000
6. 7	(차)	매출채권	120,000	(대)	매출	120,000
		매출원가	81,400		상품	81,400
6.15	(차)	상품	45,000	(대)	매입채무	45,000
6.20	(차)	매출채권	292,500	(대)	매출	292,500
	(차)	매출원가	185,850	(대)	상품	185,850

(2) 총평균법 (실사법 + 가중평균법)

6. 4	(차)	매입	205,000	(대)	매입채무	205,000
6. 7	(차)	매출채권	120,000	(대)	매출	120,000
6.15	(차)	매입	45,000	(대)	매입채무	45,000
6.20	(차)	매출채권	292,500	(대)	매출	292,500
6.30	(차)	매출원가	100,000	(대)	상품	100,000
		매출원가	250,000		매입	250,000
		상품	82,400		매출원가	82,400

05. (물음 1)

(1) 선입선출법 : 기말재고 ₩11,000 매출원가 ₩295,500 재고자산감모손실 ₩11,000

(2) 가중평균법*: 기말재고 ₩9,920 매출원가 ₩297,660 재고자산감모손실 ₩9,920

* 평균단가 계산시 소수점 첫째자리에서 반올림

(물음 2)

4. 1	(차)	매입	157,500	(대)	매입채무	150,000
					현금	7,500
5. 1	(차)	현금	360,000	(대)	매출	360,000
8. 1	(차)	매입	110,000	(대)	현금	110,000
10. 1	(차)	현금	240,000	(대)	매출	240,000
12.31	(차)	매출원가	50,000	(대)	상품	50,000
		매출원가	267,500		매입	267,500
		상품	22,000		매출원가	22,000
		재고자산감모손실	11,000		상품	11,000

06. (물음 1) 재고자산감모손실: ₩25,000 재고자산평가손실: ₩10,250

(물음 2) ₩2,605,250

(물음 3)

(차)	매출원가	400,000	(대)	상품	400,000
	매출원가	2,500,000		매입	2,500,000
	상품	330,000		매출원가	330,000
	재고자산감모손실	25,000		상품	25,000
	재고자산평가손실	10,250		재고자산평가충당금	10,250

(물음 5) 재고자산감모손실: ₩25,000 재고자산평가손실: ₩1,250

Chapter 8 연습문제 해설

05. (1) (차) 현금 300,000 (대) 건물 1,000,000
미수금 100,000 유형자산처분이익 40,000
감가상각누계액 640,000

(2) (차) 건물 340,000 (대) 현금 400,000
수선비 60,000

(3) (차) 수선비 100,000 (대) 현금 100,000

06. (1) 감가상각대상금액 : ₩550,000(취득원가) − 50,000(잔존가치) = ₩500,000
매년 감가상각비 : ₩500,000(감가상각대상금액) ÷ 5년(내용연수) = ₩100,000

(2) 상각율 : 38.1% ($= 1 - \sqrt[5]{\frac{50,000}{550,000}}$)

연 차	상각율	감가상각비	상각누계액	장부가액
				₩550,000
1	38.1%[1)]	₩209,550	₩209,550	340,450
2	38.1	129,711	339,261	210,739
3	38.1	80,292	419,553	130,447
4	38.1	49,700	469,253	80,747
5	38.1	30,747[2)]	500,000	50,000

1) 소수점 둘째자리에서 반올림
2) 내용연수 종료시점에 장부금액을 잔존가치 ₩50,000에 일치시키기 위한 감가상각비

(3)

연 차	상각율	감가상각비	상각누계액	장부가액
				₩550,000
1	5/15	₩166,667	₩166,667	383,333
2	4/15	133,333	300,000	250,000
3	3/15	100,000	400,000	150,000
4	2/15	66,667	466,667	83,333
5	1/15	33,333	500,000	50,000

07. (물음 1) ₩160,000

(물음 2)

(차)	감가상각비	120,000	(대)	감가상각누계액	120,000
	현금	350,000		기계장치	1,300,000
	감가상각누계액	840,000			
	유형자산처분손실	110,000			

08. $100,000 \times 0.95 \times \frac{30,000}{200,000} =$ ₩14,250

09. (물음 1) 20X4년: ₩37,500　　20X5년: ₩42,500

(물음 2) ₩52,500(= 150,000 − 97,500)

(물음 3) 처분이익 ₩10,000

(물음 4)

(차)	현금	62,500	(대)	건물	150,000
	감가상각누계액	97,500		유형자산처분이익	10,000

10. (물음 1)

부분재무상태표

(주)한국　　20X4년 12월 31일 현재

유형자산		자　본	
토　지	320,000	재평가잉여금	20,000

포괄손익계산서

(주)한국　　20X4년 1월 1일부터 12월 31일까지

당기순손익	×××
기타포괄손익	
재평가이익	20,000

(물음 2)

부분재무상태표

(주)한국	20X4년 12월 31일 현재		
유형자산		자 본	
토 지	270,000	이익잉여금	×××*

* 재평가손실은 다른 수익, 비용과 동일하게 이익잉여금에 반영되어 있다.

포괄손익계산서

(주)한국	20X4년 1월 1일부터 12월 31일까지
⋮	
재평가손실	(30,000)
⋮	
당기순손익	×××

11. (1) (차) 광 업 권 4,500,000 (대) 현 금 4,500,000

(2) (차) 무형자산상각비 900,000 [1)] (대) 광 업 권 900,000

1) $₩4,500,000 \times \frac{300,000(톤)}{1,500,000} = ₩900,000$

12. 20X4년

(차)	연 구 비	2,100,000	(대)	현 금	2,100,000
(차)	개 발 비	3,000,000	(대)	원 재 료	700,000
				급 여	500,000
				위탁연구비	800,000
				감가상각비	1,000,000

20X5년

(차)	개 발 비	2,500,000	(대)	현 금	2,500,000
(차)	특 허 권	400,000	(대)	현 금	400,000
(차)	개발비상각비	550,000 [1)]	(대)	개 발 비	550,000
(차)	특허권상각비	40,000 [2)]	(대)	특 허 권	40,000

1) ₩5,500,000 ÷ 10년 = ₩550,000

2) ₩400,000 ÷ 10년 = ₩40,000

13. 개발비상각비 ₩1,000,000 ÷ 5년 = ₩200,000
특허권상각비 ₩500,000 ÷ 5년 ÷ 2 = ₩50,000

(차)	개발비상각비	200,000	(대)	개발비	200,000
(차)	특허권상각비	50,000	(대)	특허권	50,000

14. (1) ㈜소망의 순자산 공정가치 : 자산의 공정가치 630억원 − 부채의 공정가치 430억원 = 200억원

(2) 영업권 : 합병대가 230억원 − 순자산 공정가치 200억원 = 30억원

(3) (단위 : 억원)

(차)	매출채권	80	(대)	현금	230
	재고자산	130		매입채무	80
	토지	220		단기차입금	140
	건물	200		장기차입금	210
	영업권	30			

Chapter 9 연습문제 해설

04. (물음 1) 사채발행가액

$$100,000,000 \times 10\% \times \frac{1-(1+12\%)^{-5}}{12\%} + 100,000,000 \times (1+12\%)^{-5} = ₩92,790,448$$

또는 ₩10,000,000 × 3.60478 (12%, 5년 연금현가계수) + 100,000,000 × 0.56743 (12%, 5년 현가계수)

(차) 현 금	92,790,448	(대) 사 채	100,000,000
사채할인발행차금	7,209,552		

(물음 2)

유효이자율 상각표

연 도	유효이자(A) 기초 D × 12%	표시이자(B) ₩100,000,000 × 10%	상각액(C) A − B	장부금액(D) 기초 D + C
취 득 시				₩92,790,448
20X4년말	₩11,134,854	₩10,000,000	₩1,134,854	93,925,302
20X5년말	11,271,036	10,000,000	1,271,036	95,196,338
20X6년말	11,423,561	10,000,000	1,423,561	96,619,899
20X7년말	11,594,388	10,000,000	1,594,388	98,214,287
20X8년말	11,785,713	10,000,000	1,785,713	100,000,000
합 계	₩57,209,552	₩50,000,000	₩7,209,552	

(차) 이 자 비 용	11,134,854	(대) 현 금	10,000,000
		사채할인발행차금	1,134,854

05. (물음 1) 사채발행가액

$$₩3,000,000 \times 8\% \times \frac{1-(1+10\%)^{-3}}{10\%} + 3,000,000 \times (1+10\%)^{-3} = ₩2,850,789$$

(물음 2)

(차) 현 금	2,850,789	(대) 사 채	3,000,000
사채할인발행차금	149,211		

부분재무상태표

비유동부채	
사　채	3,000,000
사채할인발행차금	(149,211)

(물음 3)

(차)	이 자 비 용	285,079	(대)	현　　금	240,000
				사채할인발행차금	45,079

부분포괄손익계산서

이자비용	285,079

부분재무상태표

	비유동부채	
	사　채	3,000,000
	사채할인발행차금	(104,132)

(물음 4)

(차)	이 자 비 용	294,545	(대)	현　　금	240,000
				사채할인발행차금	54,545
(차)	사　　채	3,000,000	(대)	현　　금	3,000,000

06. (물음 1) 사채발행비 계산 전 사채발행금액

$$₩10,000,000 \times 7\% \times \frac{1-(1+10\%)^{-3}}{10\%} + 10,000,000 \times (1+10\%)^{-3} = ₩9,253,944$$

(물음 2) 사채발행비

₩9,253,944 × 0.5% = ₩46,270

최종 발행가액 = ₩9,207,674

(물음 3) 유효이자율

$$₩10,000,000 \times 7\% \times \frac{1-(1+r\,\%)^{-3}}{r\,\%} + 10,000,000 \times (1+r\,\%)^{-3} = ₩9,207,674$$

참고) r = 10.1971%

07. (물음 1) 사채발행금액

$$₩20,000 \times \frac{1-(1+2.5\%)^{-8}}{2.5\%} + 10,000,000 \times (1+2.5\%)^{-8} = ₩964,149$$

(물음 2)

일자		차변	금액		대변	금액
20X4. 3. 31	(차)	이 자 비 용	24,104	(대)	현 금	20,000
					사채할인발행차금	4,104
6. 30	(차)	이 자 비 용	24,206	(대)	현 금	20,000
					사채할인발행차금	4,206
9. 30	(차)	이 자 비 용	24,311	(대)	현 금	20,000
					사채할인발행차금	4,311
12. 31	(차)	이 자 비 용	24,419	(대)	현 금	20,000
					사채할인발행차금	4,419
20X5. 3. 31	(차)	이 자 비 용	24,530	(대)	현 금	20,000
					사채할인발행차금	4,530
6. 30	(차)	이 자 비 용	24,643	(대)	현 금	20,000
					사채할인발행차금	4,643
9. 30	(차)	이 자 비 용	24,759	(대)	현 금	20,000
					사채할인발행차금	4,759
12. 31	(차)	이 자 비 용	24,879	(대)	현 금	20,000
						4,879

08.

일자		차변	금액		대변	금액
20X4. 7. 1	(차)	현 금	948,458	(대)	사 채	1,000,000
		사채할인발행차금	51,542			
12. 31	(차)	이 자 비 용	37,939	(대)	미 지 급 이 자	30,000
					사채할인발행차금	7,939
20X5. 6. 30	(차)	이 자 비 용	37,938	(대)	현 금	60,000
		미 지 급 이 자	30,000		사채할인발행차금	7,938
12. 31	(차)	이 자 비 용	38,574	(대)	미 지 급 이 자	30,000
					사채할인발행차금	8,574

09. (물음 1)

	차변	금액		대변	금액
(차)	사 채	1,000,000	(대)	현 금	950,000
	사 채 상 환 손 실	19,421		사채할인발행차금	69,421

(물음 2)

	차변	금액		대변	금액
(차)	사 채	1,000,000	(대)	현 금	950,000
	미 지 급 이 자	40,000		사채할인발행차금	47,382
				사 채 상 환 이 익	42,618

Chapter 10 연습문제 해설

04. (1) (차) AC금융자산 1,600,000 (대) 현금 1,800,000
미수이자 200,000

(2) (차) 현금 300,000 (대) 미수이자 200,000
AC금융자산 20,000 이자수익 120,000[1)]

(3) (차) PL금융자산평가손실 1,300,000 (대) PL금융자산 1,300,000

(4) (차) PL금융자산 500,000 (대) PL금융자산평가이익 500,000

1) 1년간의 표시이자가 ₩300,000인데 반해 취득시점의 경과이자가 ₩200,000이므로 AC금융자산 취득시점은 연간 이자지급일 4개월 전. 즉, ㈜경기는 해당 사채를 4개월간 보유하고 이자수익을 인식함. 따라서 표시이자 수취시점에서 인식할 이자수익은
₩360,000(1년간 유효이자) × (4/12) = ₩120,000

05. (1) $₩190,053 = [₩200,000 \times 8\% \times \frac{1-(1+10\%)^{-3}}{10\%} + 200,000 \times (1+10\%)^{-3}]$

또는 ₩16,000 × 2.48685 (10%, 3년 연금현가계수) + 200,000 × 0.75131 (10%, 3년 현가계수)

(2) 20X4년 초

(차) AC금융자산 190,053 (대) 현금 190,053

20X4년 말

(차) 현금 16,000 (대) 이자수익 19,005
AC금융자산 3,005

20X5년 말

(차) 현금 16,000 (대) 이자수익 19,306
AC금융자산 3,306

20X6년 말

(차) 현금 16,000 (대) 이자수익 19,636
AC금융자산 3,636
(차) 현금 200,000 (대) AC금융자산 200,000

06.

	차변	금액	대변	금액
(1) ①	(차) P L 금 융 자 산	9,700,000	(대) 현 금	9,700,000
②	(차) 현 금	3,920,000	(대) P L 금 융 자 산	3,880,000[1]
			PL금융자산처분이익	40,000
③	(차) PL금융자산평가손실	60,000[2]	(대) P L 금 융 자 산	60,000
(2) ①	(차) P L 금 융 자 산	8,000,000	(대) 현 금	8,060,000
	지 급 수 수 료	60,0000		
②	(차) PL금융자산평가손실	2,800,000[1]	(대) P L 금 융 자 산	2,800,000

1) ₩5,200,000 − 8,000,000 = − ₩2,800,000

	차변	금액	대변	금액
③	(차) 현 금	7,800,000	(대) P L 금 융 자 산	5,200,000
			PL금융자산처분이익	2,600,000[2]

07.

종 류	취득원가	공정가치	평가손익
A주식	100,000	57,000	−43,000
B주식	30,000	22,000	−8,000
C주식	25,000	27,000	2,000

차변	금액	대변	금액
(차) PL금융자산평가손실	49,000	(대) P L 금 융 자 산	49,000

08.

	차변	금액	대변	금액
(1)	(차) P L 금 융 자 산	150,000	(대) 현 금	151,500
	지 급 수 수 료	1,500		2)
(2)	(차) P L 금 융 자 산	95,000	(대) 현 금	95,000
(3)	(차) 현 금	10,000	(대) 배 당 금 수 익	10,000
(4)	(차) PL금융자산평가손실	15,000	(대) P L 금 융 자 산	15,000
(5)	(차) 현 금	159,000	(대) P L 금 융 자 산	140,000
			PL금융자산처분이익	19,000

09.

부분재무상태표

㈜수원	20X4년 12월 31일		
유동자산		자　본	
현　금	456,000	기타포괄손익누계액	
PL금융자산	190,000	OCI금융자산평가손익누계액	(60,000)
비유동자산			
AC금융자산	659,000		
OCI금융자산	740,000		

부분포괄손익계산서

㈜수원	20X4년 1월 1일 ~ 20X4년 12월 31일
수　익	
:	
이자수익	65,000
배당금수익	30,000
비　용	
:	
PL금융자산평가손실	(10,000)
:	
당기순손익	1,000,000
기타포괄손익	
OCI금융자산평가손실	(60,000)

Chapter 11 연습문제 해설

04. (1)

	차변	금액		대변	금액
(차)	현금	1,500,000	(대)	자본금	1,500,000 [1]
	현금	5,000,000	(대)	주식청약증거금[2]	5,000,000 [3]

1) ₩5,000 × 300주 = ₩1,500,000
2) 자본조정 항목
3) ₩5,000 × 1,000주(청약 신청 주식수) = ₩5,000,000

(2)

	차변	금액		대변	금액
(차)	주식청약증거금	5,000,000	(대)	현금	1,500,000 [4]
				자본금	3,500,000 [5]

4) 현금 반환액 : ₩5,000 × (1,000주 − 700주) = ₩1,500,000
5) ₩5,000 × 700 = ₩3,500,000

(3)

	차변	금액		대변	금액
(차)	현금	3,000,000	(대)	자본금	2,500,000
				주식발행초과금	500,000 [6]

6) (₩6,000 − ₩5,000) × 500주 = ₩500,000

(4)

	차변	금액		대변	금액
(차)	건물	10,000,000	(대)	자본금	15,000,000 [7]
	기계장치	5,000,000			

7) ₩5,000 × 3,000주 = ₩15,000,000

05. (취 득)

	차변	금액		대변	금액
(차)	자기주식	600,000 [1]	(대)	현금	600,000

1) ₩6,000 × 100주 = ₩600,000

(재발행)

	차변	금액		대변	금액
(차)	현금	400,000	(대)	자기주식	600,000
	자기주식처분이익	100,000			
	자기주식처분손실	100,000 [2]			

2) (₩6,000 − ₩4,000) × 100주 − ₩100,000 = ₩100,000

06. (1) 보통주 발행주식수 : 보통주자본금 ₩10,000,000 ÷ 액면가액 ₩1,000 = 10,000주
우선주 발행주식수 : 우선주자본금 ₩4,000,000 ÷ 액면가액 ₩1,000 = 4,000주

(2) 보통주 유통주식수 : 보통주 발행주식수 10,000주 − 자기주식 200주 = 9,800주

(3) 납입총액
보통주자본금 ₩10,000,000 + 우선주자본금 ₩4,000,00 + 주식발행초과금 ₩3,000,000
= ₩17,000,000

(4) 자본총액
납입총액 ₩17,000,000 + 미처분이익잉여금 ₩3,200,000 + 기타포괄손익누계액 ₩1,500,000
− 자기주식 ₩250,000 = ₩50,250,000

07.

자본변동표

20X1년 1월 1일 ~ 20X1년 12월 31일

㈜서대문 (단위 : 천원)

구 분	자본금	자본 잉여금	자본 조정	기타 포괄손익 누계액	이익 잉여금	총 계
20X1. 1. 1(기초금액)	5,000	4,000	(0)	0	₩2,500	₩11,500
배당금 지급					(250)	(250)
무상증자	1,000	(1,000)				0
유상증자	200	500				700
자기주식 취득			(120)			(120)
당기순이익(손실)					1,300	1,300
OCI금융자산평가이익				500		500
20X1. 12. 31(기말금액)	6,200	3,500	(120)	500	3,550	13,630

Chapter 12 연습문제 해설

04.

당기순이익		240,000
유형자산처분이익	(+)	9,000
사채할인발행차금상각	(+)	2,000
감가상각비	(+)	4,000
재고자산의 증가	(−)	3,000
매입채무의 증가	(+)	5,000
영업활동에서 유입된 현금		257,000

05.

당기순이익		?
유형자산처분이익	(−)	100,000
감가상각비	(+)	450,000
재고자산감소	(+)	800,000
매출채권 증가	(−)	690,000
선급비용 감소	(+)	70,000
영업활동에서 유입된 현금		1,800,000

∴ 당기순이익은 ₩1,270,000이다.

06.

부분현금흐름표

Ⅰ. 영업활동으로 인한 현금흐름		15,200
가. 매출로부터의 유입액[1]	117,600	
나. 매입으로부터의 유출액[2]	(53,000)	
다. 영업비에 대한 유출액[3]	(46,400)	
라. 법인세 등으로부터의 유출액[4]	(3,000)	

1) ₩122,000 − 4,400 = ₩117,600
2) ₩60,000 + 7,000 − 14,000 = ₩53,000
3) ₩50,800 − 2,000 − 1,400 − 1,000 = ₩46,400
4) ₩2,400 + 600 = ₩3,000

04.

현금흐름표

Ⅰ. 영업활동으로 인한 현금흐름			50,000
Ⅱ. 투자활동으로 인한 현금흐름			(20,000)
1. 투자활동으로 인한 현금유입액			
토지의 처분		70,000	
2. 투자활동으로 인한 현금유출액			
기계의 취득		(90,000)	
Ⅲ. 재무활동으로 인한 현금흐름			(50,000)
1. 재무활동으로 인한 현금유입액			
유상증자		65,000	
2. 재무활동으로 인한 현금유출액			
사채의 상환	75,000		
배당금의 지급	40,000	(115,000)	
Ⅳ. 현금의 증가(Ⅰ+ Ⅱ + Ⅲ)			(20,000)
Ⅴ. 기초의 현금			35,000
Ⅵ. 기말의 현금			15,000

07. 이자비용과 법인세비용차감전순이익 : ₩891,000 + 180,000 = ₩1,071,000

① 총자본이익률 : ₩1,071,000 ÷ [(₩7,200,000 + 9,000,000) ÷ 2] = 13.22%

② 자기자본이익률 : ₩712,800 ÷ [(₩4,500,000 + 5,700,000) ÷ 2] = 13.98%

③ 부채비율 : ₩3,300,000 ÷ ₩5,700,000 = 57.89%

부 록

부록 1 현가계산표

표 1 단일금액 1원의 현재가치

$$PVIF = \frac{1}{(1+i)^n} \quad (n = \text{기간},\ i = \text{기간당 할인율})$$

n/i	1.0	2.0	3.0	4.0	5.0	6.0	7.0	8.0	9.0	10.0
1	0.99010	0.98039	0.97087	0.96154	0.95238	0.94340	0.93458	0.92593	0.91743	0.90909
2	0.98030	0.96117	0.94260	0.92456	0.90703	0.89000	0.87344	0.85734	0.84168	0.82645
3	0.97059	0.94232	0.91514	0.88900	0.86384	0.83962	0.81630	0.79383	0.77218	0.75131
4	0.96098	0.92385	0.88849	0.85480	0.82270	0.79209	0.76290	0.73503	0.70843	0.68301
5	0.95147	0.90573	0.86261	0.82193	0.78353	0.74726	0.71299	0.68058	0.64993	0.62092
6	0.94205	0.88797	0.83748	0.79031	0.74622	0.70496	0.66634	0.63017	0.59627	0.56447
7	0.93272	0.87056	0.81309	0.75992	0.71068	0.66506	0.62275	0.58349	0.54703	0.51316
8	0.92348	0.85349	0.78941	0.73069	0.67684	0.62741	0.58201	0.54027	0.50187	0.46651
9	0.91434	0.83676	0.76642	0.70259	0.64461	0.59190	0.54393	0.50025	0.46043	0.42410
10	0.90529	0.82035	0.74409	0.67556	0.61391	0.55839	0.50835	0.46319	0.42241	0.38554
11	0.89632	0.80426	0.72242	0.64958	0.58468	0.52679	0.47509	0.42888	0.38753	0.35049
12	0.88745	0.78849	0.70138	0.62460	0.55684	0.49697	0.44401	0.39711	0.35553	0.31863
13	0.87866	0.77303	0.68095	0.60057	0.53032	0.46884	0.41496	0.36770	0.32618	0.28966
14	0.86996	0.75788	0.66112	0.57748	0.50507	0.44230	0.38782	0.34046	0.29925	0.26333
15	0.86135	0.74301	0.64186	0.55526	0.48102	0.41727	0.36245	0.31524	0.27454	0.23939
16	0.85282	0.72845	0.62317	0.53391	0.45811	0.39365	0.33873	0.29189	0.25187	0.21763
17	0.84438	0.71416	0.60502	0.51337	0.43630	0.37136	0.31657	0.27027	0.23107	0.19784
18	0.83602	0.70016	0.58739	0.49363	0.41552	0.35034	0.29586	0.25025	0.21199	0.17986
19	0.82774	0.68643	0.57029	0.47464	0.39573	0.33051	0.27651	0.23171	0.19449	0.16351
20	0.81954	0.67297	0.55368	0.45639	0.37689	0.31180	0.25842	0.21455	0.17843	0.14864

n/i	11.0	12.0	13.0	14.0	15.0	16.0	17.0	18.0	19.0	20.0
1	0.90090	0.89286	0.88496	0.87719	0.86957	0.86207	0.85470	0.84746	0.84034	0.83333
2	0.81162	0.79719	0.78315	0.76947	0.75614	0.74316	0.73051	0.71818	0.70616	0.69444
3	0.73119	0.71178	0.69305	0.67497	0.65752	0.64066	0.62437	0.60863	0.59342	0.57870
4	0.65873	0.63552	0.61332	0.59208	0.57175	0.55229	0.53365	0.51579	0.49867	0.48225
5	0.59345	0.56743	0.54276	0.51937	0.49718	0.47611	0.45611	0.43711	0.41905	0.40188
6	0.53464	0.50663	0.48032	0.45559	0.43233	0.41044	0.38984	0.37043	0.35214	0.33490
7	0.48166	0.45235	0.42506	0.39964	0.37594	0.35383	0.33320	0.31393	0.29592	0.27908
8	0.43393	0.40388	0.37616	0.35056	0.32690	0.30503	0.28478	0.26604	0.24867	0.23257
9	0.39092	0.36061	0.33288	0.30751	0.28426	0.26295	0.24340	0.22546	0.20897	0.19381
10	0.35218	0.32197	0.29459	0.26974	0.24718	0.22668	0.20804	0.19106	0.17560	0.16151
11	0.31728	0.28748	0.26070	0.23662	0.21494	0.19542	0.17781	0.16192	0.14757	0.13459
12	0.28584	0.25668	0.23071	0.20756	0.18691	0.16846	0.15197	0.13722	0.12400	0.11216
13	0.25751	0.22917	0.20416	0.18207	0.16253	0.14523	0.12989	0.11629	0.10421	0.09346
14	0.23199	0.20462	0.18068	0.15971	0.14133	0.12520	0.11102	0.09855	0.08757	0.07789
15	0.20900	0.18270	0.15989	0.14010	0.12289	0.10793	0.09489	0.08352	0.07359	0.06491
16	0.18829	0.16312	0.14150	0.12289	0.10686	0.09304	0.08110	0.07078	0.06184	0.05409
17	0.16963	0.14564	0.12522	0.10780	0.09293	0.08021	0.06932	0.05998	0.05196	0.04507
18	0.15282	0.13004	0.11081	0.09456	0.08081	0.06914	0.05925	0.05083	0.04367	0.03756
19	0.13768	0.11611	0.09806	0.08295	0.07027	0.05961	0.05064	0.04308	0.03670	0.03130
20	0.12403	0.10367	0.08678	0.07276	0.06110	0.05139	0.04328	0.03651	0.03084	0.02608

표 2 정상연금 1원의 현재가치

$$PVIFa = \frac{1 - \frac{1}{(1+i)^n}}{i}$$

n/i	1.0	2.0	3.0	4.0	5.0	6.0	7.0	8.0	9.0	10.0
1	0.99010	0.98039	0.97087	0.96154	0.95238	0.94340	0.93458	0.92593	0.91743	0.90909
2	1.97039	1.94156	1.91347	1.88609	1.85941	1.83339	1.80802	1.78326	1.75911	1.73554
3	2.94098	2.88388	2.82861	2.77509	2.72325	2.67301	2.62432	2.57710	2.53129	2.48685
4	3.90197	3.80773	3.71710	3.62990	3.54595	3.46511	3.38721	3.31213	3.23972	3.16987
5	4.85343	4.71346	4.57971	4.45182	4.32948	4.21236	4.10020	3.99271	3.88965	3.79079
6	5.79548	5.60143	5.41719	5.24214	5.07569	4.91732	4.76654	4.62288	4.48592	4.35526
7	6.72819	6.47199	6.23028	6.00206	5.78637	5.58238	5.38929	5.20637	5.03295	4.86842
8	7.65168	7.32548	7.01969	6.73275	6.46321	6.20979	5.97130	5.74664	5.53482	5.33493
9	8.56602	8.16224	7.78611	7.43533	7.10782	6.80169	6.51523	6.24689	5.99525	5.75902
10	9.47130	8.98259	8.53020	8.11090	7.72174	7.36009	7.02358	6.71008	6.41766	6.14457
11	10.36763	9.78685	9.25262	8.76048	8.30642	7.88687	7.49867	7.13896	6.80519	6.49506
12	11.25508	10.57534	9.95400	9.38507	8.86325	8.38384	7.94269	7.53608	7.16073	6.81369
13	12.13374	11.34837	10.63495	9.98565	9.39357	8.85268	8.35765	7.90378	7.48690	7.10336
14	13.00370	12.10625	11.29607	10.56312	9.89864	9.29498	8.74547	8.24424	7.78615	7.36669
15	13.86505	12.84926	11.93793	11.11839	10.37966	9.71225	9.10791	8.55948	8.06069	7.60608
16	14.71787	13.57771	12.56110	11.65230	10.83777	10.10590	9.44665	8.85137	8.31256	7.82371
17	15.56225	14.29187	13.16612	12.16567	11.27407	10.47726	9.76322	9.12164	8.54363	8.02155
18	16.39827	14.99203	13.75351	12.65930	11.68959	10.82760	10.05909	9.37189	8.75563	8.20141
19	17.22601	15.67846	14.32380	13.13394	12.08532	11.15812	10.33560	9.60360	8.95011	8.36492
20	18.04555	16.35143	14.87747	13.59033	12.46221	11.46992	10.59401	9.81815	9.12855	8.51356

n/i	11.0	12.0	13.0	14.0	15.0	16.0	17.0	18.0	19.0	20.0
1	0.90090	0.89286	0.88496	0.87719	0.86957	0.86207	0.85470	0.84746	0.84034	0.83333
2	1.71252	1.69005	1.66810	1.64666	1.62571	1.60523	1.58521	1.56564	1.54650	1.52778
3	2.44371	2.40183	2.36115	2.32163	2.28323	2.24589	2.20959	2.17427	2.13992	2.10648
4	3.10245	3.03735	2.97447	2.91371	2.85498	2.79818	2.74324	2.69006	2.63859	2.58873
5	3.69590	3.60478	3.51723	3.43308	3.35216	3.27429	3.19935	3.12717	3.05764	2.99061
6	4.23054	4.11141	3.99755	3.88867	3.78448	3.68474	3.58918	3.49760	3.40978	3.32551
7	4.71220	4.56376	4.42261	4.28830	4.16042	4.03857	3.92238	3.81153	3.70570	3.60459
8	5.14612	4.96764	4.79877	4.63886	4.48732	4.34359	4.20716	4.07757	3.95437	3.83716
9	5.53705	5.32825	5.13166	4.94637	4.77158	4.60654	4.45057	4.30302	4.16333	4.03097
10	5.88923	5.65022	5.42624	5.21612	5.01877	4.83323	4.65860	4.49409	4.33894	4.19247
11	6.20652	5.93770	5.68694	5.45273	5.23371	5.02864	4.83641	4.65601	4.48650	4.32706
12	6.49236	6.19437	5.91765	5.66029	5.42062	5.19711	4.98839	4.79323	4.61050	4.43922
13	6.74987	6.42355	6.12181	5.84236	5.58315	5.34233	5.11828	4.90951	4.71471	4.53268
14	6.98187	6.62817	6.30249	6.00207	5.72448	5.46753	5.22930	5.00806	4.80228	4.61057
15	7.19087	6.81086	6.46238	6.14217	5.84737	5.57546	5.32419	5.09158	4.87586	4.67547
16	7.37916	6.97399	6.60388	6.26506	5.95424	5.66850	5.40529	5.16235	4.93770	4.72956
17	7.54879	7.11963	6.72909	6.37286	6.04716	5.74870	5.47461	5.22233	4.98966	4.77463
18	7.70162	7.24967	6.83991	6.46742	6.12797	5.81785	5.53385	5.27316	5.03333	4.81220
19	7.83929	7.36578	6.93797	6.55037	6.19823	5.87746	5.58449	5.31624	5.07003	4.84350
20	7.96333	7.46944	7.02475	6.62313	6.25933	5.92884	5.62777	5.35275	5.10086	4.86958

표 3 단일금액 1원의 미래가치

$CVIF = (1+i)^n$ (n = 기간, i = 기간당 이자율)

n/i	1.0	2.0	3.0	4.0	5.0	6.0	7.0	8.0	9.0	10.0
1	1.01000	1.02000	1.03000	1.04000	1.05000	1.06000	1.07000	1.08000	1.09000	1.10000
2	1.02010	1.04040	1.06090	1.08160	1.10250	1.12360	1.14490	1.16640	1.18810	1.21000
3	1.03030	1.06121	1.09273	1.12486	1.15762	1.19102	1.22504	1.25971	1.29503	1.33100
4	1.04060	1.08243	1.12551	1.16986	1.21551	1.26248	1.31080	1.36049	1.41158	1.46410
5	1.05101	1.10408	1.15927	1.21665	1.27628	1.33823	1.40255	1.46933	1.53862	1.61051
6	1.06152	1.12616	1.19405	1.26532	1.34010	1.41852	1.50073	1.58687	1.67710	1.77156
7	1.07214	1.14869	1.22987	1.31593	1.40710	1.50363	1.60578	1.71382	1.82804	1.94872
8	1.08286	1.17166	1.26677	1.36857	1.47746	1.59385	1.71819	1.85093	1.99256	2.14359
9	1.09369	1.19509	1.30477	1.42331	1.55133	1.68948	1.83846	1.99900	2.17189	2.35795
10	1.10462	1.21899	1.34392	1.48024	1.62889	1.79085	1.96715	2.15892	2.36736	2.59374
11	1.11567	1.24337	1.38423	1.53945	1.71034	1.89830	2.10485	2.33164	2.58043	2.85312
12	1.12682	1.26824	1.42576	1.60103	1.79586	2.01220	2.25219	2.51817	2.81266	3.13843
13	1.13809	1.29361	1.46853	1.66507	1.88565	2.13293	2.40984	2.71962	3.06580	3.45227
14	1.14947	1.31948	1.51259	1.73168	1.97993	2.26090	2.57853	2.93719	3.34173	3.79750
15	1.16097	1.34587	1.55797	1.80094	2.07893	2.39656	2.75903	3.17217	3.64248	4.17725
16	1.17258	1.37279	1.60471	1.87298	2.18287	2.54035	2.95216	3.42594	3.97030	4.59497
17	1.18430	1.40024	1.65285	1.94790	2.29202	2.69277	3.15881	3.70002	4.32763	5.05447
18	1.19615	1.42825	1.70243	2.02582	2.40662	2.85434	3.37993	3.99602	4.71712	5.55992
19	1.20811	1.45681	1.75351	2.10685	2.52695	3.02560	3.61653	4.31570	5.14166	6.11591
20	1.22019	1.48595	1.80611	2.19112	2.65330	3.20713	3.86968	4.66096	5.60441	6.72750

n/i	11.0	12.0	13.0	14.0	15.0	16.0	17.0	18.0	19.0	20.0
1	1.11000	1.12000	1.13000	1.14000	1.15000	1.16000	1.17000	1.18000	1.19000	1.20000
2	1.23210	1.25440	1.27690	1.29960	1.32250	1.34560	1.36890	1.39240	1.41610	1.44000
3	1.36763	1.40493	1.44290	1.48154	1.52087	1.56090	1.60161	1.64303	1.68516	1.72800
4	1.51807	1.57352	1.63047	1.68896	1.74901	1.81064	1.87389	1.93878	2.00534	2.07360
5	1.68506	1.76234	1.84244	1.92541	2.01136	2.10034	2.19245	2.28776	2.38635	2.48832
6	1.87041	1.97382	2.08195	2.19497	2.31306	2.43640	2.56516	2.69955	2.83976	2.98598
7	2.07616	2.21068	2.35261	2.50227	2.66002	2.82622	3.00124	3.18547	3.37931	3.58318
8	2.30454	2.47596	2.65844	2.85259	3.05902	3.27841	3.51145	3.75886	4.02138	4.29982
9	2.55804	2.77308	3.00404	3.25195	3.51788	3.80296	4.10840	4.43545	4.78545	5.15978
10	2.83942	3.10585	3.39457	3.70722	4.04556	4.41143	4.80683	5.23383	5.69468	6.19173
11	3.15176	3.47855	3.83586	4.22623	4.65239	5.11726	5.62399	6.17592	6.77667	7.43008
12	3.49845	3.89598	4.33452	4.81790	5.35025	5.93603	6.58007	7.28759	8.06424	8.91610
13	3.88328	4.36349	4.89801	5.49241	6.15279	6.88579	7.69868	8.59936	9.59645	10.69932
14	4.31044	4.88711	5.53475	6.26135	7.07570	7.98752	9.00745	10.14724	11.41977	12.83918
15	4.78459	5.47356	6.25427	7.13794	8.13706	9.26552	10.53872	11.97374	13.58953	15.40701
16	5.31089	6.13039	7.06732	8.13725	9.35762	10.74800	12.33030	14.12902	16.17154	18.48842
17	5.89509	6.86604	7.98608	9.27646	10.76126	12.46768	14.42645	16.67224	19.24413	22.18610
18	6.54355	7.68996	9.02427	10.57517	12.37545	14.46251	16.87895	19.67324	22.90051	26.62332
19	7.26334	8.61276	10.19742	12.05569	14.23177	16.77651	19.74837	23.21443	27.25161	31.94798
20	8.06231	9.64629	11.52309	13.74348	16.36653	19.46075	23.10559	27.39302	32.42941	38.33758

표 4 정산연금 1원의 미래가치

$$CVIFa = \frac{(1+i)^n - 1}{i}$$

n/i	1.0	2.0	3.0	4.0	5.0	6.0	7.0	8.0	9.0	10.0
1	1.00000	1.00000	1.00000	1.00000	1.00000	1.00000	1.00000	1.00000	1.00000	1.00000
2	2.01000	2.02000	2.03000	2.04000	2.04500	2.06000	2.07000	2.08000	2.09000	2.10000
3	3.03010	3.06040	3.09090	3.12160	3.13702	3.18360	3.21490	3.24640	3.27810	3.31000
4	4.06040	4.12161	4.18363	4.24646	4.27819	4.37462	4.43994	4.50611	4.57313	4.64100
5	5.10100	5.20404	5.30914	5.41632	5.47071	5.63709	5.75074	5.86660	5.98471	6.10510
6	6.15201	6.30812	6.46841	6.63298	6.71689	6.97532	7.15329	7.33593	7.52333	7.71561
7	7.21353	7.43428	7.66246	7.89829	8.01915	8.39384	8.65402	8.92280	9.20043	9.48717
8	8.28567	8.58297	8.89234	9.21423	9.38001	9.89747	10.25980	10.63663	11.02847	11.43589
9	9.36853	9.75463	10.15911	10.58279	10.80211	11.49132	11.97799	12.48756	13.02104	13.57948
10	10.46221	10.94972	11.46388	12.00611	12.28821	13.18079	13.81645	14.48656	15.19293	15.93742
11	11.56683	12.16871	12.80779	13.48635	13.84118	14.97164	15.78360	16.64549	17.56029	18.53117
12	12.68250	13.41209	14.19203	15.02580	15.46403	16.86994	17.88845	18.97713	20.14072	21.38428
13	13.80933	14.68033	15.61779	16.62684	17.15991	18.88214	20.14064	21.49530	22.95338	24.52271
14	14.94742	15.97394	17.08632	18.29191	18.93211	21.01506	22.55049	24.21492	26.01919	27.97498
15	16.09689	17.29342	18.59891	20.02359	20.78405	23.27597	25.12902	27.15211	29.36091	31.77248
16	17.25786	18.63928	20.15688	21.82453	22.71933	25.67252	27.88805	30.32428	33.00339	35.94973
17	18.43044	20.01207	21.76158	23.69751	24.74170	28.21287	30.84021	33.75022	36.97370	40.54470
18	19.61474	21.41231	23.41443	25.64541	26.85508	30.90565	33.99903	37.45024	41.30133	45.59917
19	20.81089	22.84056	25.11686	27.67123	29.06356	33.75998	37.37896	41.44626	46.01845	51.15908
20	22.01900	24.29737	26.87037	29.77807	31.37142	36.78558	40.99549	45.76196	51.16011	57.27499

n/i	11.0	12.0	13.0	14.0	15.0	16.0	17.0	18.0	19.0	20.0
1	1.00000	1.00000	1.00000	1.00000	1.00000	1.00000	1.00000	1.00000	1.00000	1.00000
2	2.11000	2.12000	2.13000	2.14000	2.15000	2.16000	2.17000	2.18000	2.19000	2.20000
3	3.34210	3.37440	3.40690	3.43960	3.47250	3.50560	3.53890	3.57240	3.60610	3.64000
4	4.70973	4.77933	4.84980	4.92114	4.99337	5.06650	5.14051	5.21543	5.29126	5.36800
5	6.22780	6.35285	6.48027	6.61010	6.74238	6.87714	7.01440	7.15421	7.29660	7.44160
6	7.91286	8.11519	8.32271	8.53552	8.75374	8.97748	9.20685	9.44197	9.68295	9.92992
7	9.78327	10.08901	10.40466	10.73049	11.06680	11.41387	11.77201	12.14152	12.52271	12.91590
8	11.85943	12.29969	12.75726	13.23276	13.72682	14.24009	14.77325	15.32699	15.90203	16.49908
9	14.16397	14.77566	15.41571	16.08535	16.78584	17.51851	18.28471	19.08585	19.92341	20.79890
10	16.72201	17.54873	18.41975	19.33729	20.30372	21.32147	22.39311	23.52131	24.70886	25.95868
11	19.56143	20.65458	21.81432	23.04451	24.34927	25.73290	27.19993	28.75514	30.40354	32.15041
12	22.71318	24.13313	25.65018	27.27074	29.00166	30.85016	32.82392	34.93106	37.18021	39.58049
13	26.21163	28.02911	29.98470	32.08865	34.35191	36.78619	39.40399	42.21865	45.24445	48.49659
14	30.09491	32.39260	34.88271	37.58106	40.50470	43.67198	47.10266	50.81801	54.84090	59.19591
15	34.40535	37.27971	40.41746	43.84241	47.58041	51.65949	56.11012	60.96525	66.26067	72.03509
16	39.18994	42.75327	46.67173	50.98034	55.71747	60.92501	66.64883	72.93899	79.85019	87.44210
17	44.50083	48.88367	53.73906	59.11759	65.07508	71.67301	78.97913	87.06801	96.02173	105.93052
18	50.39592	55.74971	61.72513	68.39405	75.83635	84.14069	93.40559	103.74025	115.26585	128.11662
19	56.93947	63.43967	70.74940	78.96922	88.21180	98.60320	110.28453	123.41349	138.16636	154.73994
20	64.20282	72.05243	80.94682	91.02491	102.44357	115.37971	130.03290	146.62792	165.41797	186.68792

부록 2 재무제표 양식

다음은 우리나라 회계기준 기준서의 내용에 따라 작성된 재무제표 및 주석으로 기재하는 포괄손익계산서 양식의 예시이다.

1. 재무상태표 양식

재 무 상 태 표

제×기 20××년×월×일 현재
제×기 20××년×월×일 현재

회사명 (단위 : 원)

과 목	당 기		전 기	
자 산				
유동자산		×××		×××
당좌자산		×××		×××
현금및현금성자산	×××		×××	
단기투자자산	×××		×××	
매출채권	×××		×××	
선급비용	×××		×××	
이연법인세자산	×××		×××	
⋮	×××		×××	
재고자산		×××		×××
제 품	×××		×××	
재공품	×××		×××	
원재료	×××		×××	
⋮	×××		×××	
비유동자산		×××		×××
투자자산		×××		×××
투자부동산	×××		×××	
장기투자증권	×××		×××	
관계기업투자주식	×××		×××	
⋮	×××		×××	
유형자산		×××		×××
토 지	×××		×××	
설비자산	×××		×××	
(-) 감가상각누계액	(×××)		(×××)	
건설중인자산	×××		×××	
⋮	×××		×××	
무형자산		×××		×××
영업권	×××		×××	
산업재산권	×××		×××	
개발비	×××		×××	
⋮	×××		×××	
기타비유동자산		×××		×××
이연법인세자산	×××		×××	
⋮	×××		×××	
자 산 총 계		×××		×××

과 목	당 기		전 기	
부 채				
유동부채		×××		×××
단기차입금	×××		×××	
매입채무	×××		×××	
미지급법인세	×××		×××	
미지급비용	×××		×××	
이연법인세부채	×××		×××	
⋮	×××		×××	
비유동부채		×××		×××
사채	×××		×××	
신주인수권부사채	×××		×××	
전환사채	×××		×××	
장기차입금	×××		×××	
퇴직급여충당부채	×××		×××	
장기제품보증충당부채	×××		×××	
이연법인세부채	×××		×××	
⋮	×××		×××	
부 채 총 계		×××		×××
자 본				
자본금		×××		×××
보통주자본금	×××		×××	
우선주자본금	×××		×××	
자본잉여금		×××		×××
주식발행초과금	×××		×××	
⋮	×××		×××	
자본조정		×××		×××
자기주식	×××		×××	
⋮	×××		×××	
기타포괄손익누계액		×××		×××
매도가능금융자산평가손익	×××		×××	
해외사업환산손익	×××		×××	
현금흐름위험회피 파생상품평가손익	×××		×××	
⋮	×××		×××	
이익잉여금(또는 결손금)		×××		×××
법정적립금	×××		×××	
임의적립금	×××		×××	
미처분이익잉여금(또는 미처리결손금)	×××		×××	
자 본 총 계		×××		×××
부채 및 자본 총계		×××		×××

2. 포괄손익계산서 양식(중단사업손익이 있을 경우)

포괄손익계산서

제×기 20××년×월×일부터 20××년×월×일까지
제×기 20××년×월×일부터 20××년×월×일까지

회사명 (단위 : 원)

과 목	당 기		전 기	
매출액		×××		×××
매출원가		×××		×××
기초제품(또는 상품)재고액	×××		×××	
당기제품제조원가	×××		×××	
(또는 당기상품매입액)				
기말제품(또는 상품)재고액	(×××)		(×××)	
매출총이익(또는 매출총손실)		×××		×××
판매비와관리비		×××		×××
급여	×××		×××	
퇴직급여	×××		×××	
복리후생비	×××		×××	
임차료	×××		×××	
접대비	×××		×××	
감가상각비	×××		×××	
무형자산상각비	×××		×××	
세금과공과	×××		×××	
광고선전비	×××		×××	
연구비	×××		×××	
경상개발비	×××		×××	
대손상각비	×××		×××	
⋮	×××		×××	
영업이익(또는 영업손실)		×××		×××
영업외수익		×××		×××
이자수익	×××		×××	
배당금수익	×××		×××	
임대료	×××		×××	
단기투자자산처분이익	×××		×××	
단기투자자산평가이익	×××		×××	
외환차익	×××		×××	
외화환산이익	×××		×××	
지분법이익	×××		×××	
장기투자증권손상차손환입	×××		×××	
유형자산처분이익	×××		×××	
사채상환이익	×××		×××	
전기오류수정이익	×××		×××	
⋮	×××		×××	

과 목	당 기		전 기	
영업외비용		×××		×××
이자비용	×××		×××	
기타의대손상각비	×××		×××	
단기투자자산처분손실	×××		×××	
단기투자자산평가손실	×××		×××	
재고자산감모손실	×××		×××	
외환차손	×××		×××	
외화환산손실	×××		×××	
기부금	×××		×××	
지분법손실	×××		×××	
장기투자증권손상차손	×××		×××	
유형자산처분손실	×××		×××	
사채상환손실	×××		×××	
전기오류수정손실	×××		×××	
⋮	×××		×××	
법인세비용차감전계속사업손익		×××		×××
계속사업손익법인세비용		×××		×××
계속사업이익(또는 계속사업손실)		×××		×××
중단사업손익		×××		×××
(법인세효과: ×××원)				
당기순이익(또는 당기순손실)		×××		×××
주당손익				
기본주당계속사업손익		×××		×××
기본주당순손익		×××		×××
희석주당계속사업손익		×××		×××
희석주당순손익		×××		×××

3. 포괄손익계산서 양식(중단사업손익이 없을 경우)

포괄손익계산서

제×기 20××년×월×일부터 20××년×월×일까지
제×기 20××년×월×일부터 20××년×월×일까지

회사명 (단위 : 원)

과 목	당 기		전 기	
매출액		×××		×××
매출원가		×××		×××
기초제품(또는 상품)재고액	×××		×××	
당기제품제조원가(또는 당기상품매입액)	×××		×××	
기말제품(또는 상품)재고액	(×××)		(×××)	
매출총이익(또는 매출총손실)		×××		×××
판매비와관리비		×××		×××
급여	×××		×××	
퇴직급여	×××		×××	
복리후생비	×××		×××	
임차료	×××		×××	
접대비	×××		×××	
감가상각비	×××		×××	
무형자산상각비	×××		×××	
세금과공과	×××		×××	
광고선전비	×××		×××	
연구비	×××		×××	
경상개발비	×××		×××	
대손상각비	×××		×××	
⋮	×××		×××	
영업이익(또는 영업손실)		×××		×××
영업외수익		×××		×××
이자수익	×××		×××	
배당금수익	×××		×××	
임대료	×××		×××	
단기투자자산처분이익	×××		×××	
단기투자자산평가이익	×××		×××	
외환차익	×××		×××	
외화환산이익	×××		×××	
지분법이익	×××		×××	
장기투자증권손상차손환입	×××		×××	
유형자산처분이익	×××		×××	
사채상환이익	×××		×××	
전기오류수정이익	×××		×××	
⋮	×××		×××	

과 목	당 기		전 기	
영업외비용		×××		×××
이자비용	×××		×××	
기타의대손상각비	×××		×××	
단기투자자산처분손실	×××		×××	
단기투자자산평가손실	×××		×××	
재고자산감모손실	×××		×××	
외환차손	×××		×××	
외화환산손실	×××		×××	
기부금	×××		×××	
지분법손실	×××		×××	
장기투자증권손상차손	×××		×××	
유형자산처분손실	×××		×××	
사채상환손실	×××		×××	
전기오류수정손실	×××		×××	
⋮	×××		×××	
법인세비용차감전순손익		×××		×××
법인세비용		×××		×××
당기순이익(또는 당기순손실)		×××		×××
주당손익				
기본주당순손익		×××		×××
희석주당순손익		×××		×××

4. 이익잉여금처분계산서 양식

이익잉여금처분계산서

제 × 기	20××년×월×일부터 20××년×월×일까지	제 × 기	20××년×월×일부터 20××년×월×일까지
처분예정일	20××년×월×일	처분확정일	20××년×월×일

회사명 (단위 : 원)

구 분	당 기		전 기	
미처분이익잉여금		×××		×××
전기이월미처분이익잉여금 (또는 전기이월미처리결손금)	×××		×××	
회계정책변경누적효과	-		×××	
전기오류수정	-		×××	
중간배당액	×××		×××	
당기순이익(또는 당기순손실)	×××		×××	
임의적립금등의이입액		×××		×××
×××적립금	×××		×××	
×××적립금	×××		×××	
합 계		×××		×××
이익잉여금처분액		×××		×××
이익준비금	×××		×××	
기타법정적립금	×××		×××	
주식할인발행차금상각액	×××		×××	
배당금	×××		×××	
현금배당				
주당배당금(률) 보통주 : 당기 ××원(%)				
전기 ××원(%)				
우선주 : 당기 ××원(%)				
전기 ××원(%)				
주식배당				
주당배당금(률) 보통주 : 당기 ××원(%)				
전기 ××원(%)				
우선주 : 당기 ××원(%)				
전기 ××원(%)				
사업확장적립금	×××		×××	
감채적립금	×××		×××	
⋮				
차기이월미처분이익잉여금		×××		×××

5. 결손금처리계산서 양식

<u>결손금처리계산서</u>

제 × 기	20××년×월×일부터 20××년×월×일까지	제 × 기	20××년×월×일부터 20××년×월×일까지
처리예정일	20××년×월×일	처리확정일	20××년×월×일

회사명 (단위 : 원)

구 분	당 기		전 기	
미처리결손금		×××		×××
전기이월미처분이익잉여금 (또는 전기이월미처리결손금)	×××		×××	
회계정책변경누적효과	-		×××	
전기오류수정	-		×××	
중간배당액	×××		×××	
당기순이익(또는 당기순손실)	×××		×××	
결손금처리액		×××		×××
임의적립금이입액	×××		×××	
법정적립금이입액	×××		×××	
자본잉여금이입액	×××		×××	
차기이월미처리결손금		×××		×××

6. 자본변동표 양식

자 본 변 동 표

제×기 20××년×월×일부터 20××년×월×일까지
제×기 20××년×월×일부터 20××년×월×일까지

회사명 (단위 : 원)

구 분	자본금	자본 잉여금	자본조정	기타포괄 손익누계액	이익 잉여금	총 계
20××.×.×(보고금액)	×××	×××	×××	×××	×××	×××
회계정책변경누적효과					(×××)	(×××)
전기오류수정					(×××)	(×××)
수정후 이익잉여금					×××	×××
연차배당					(×××)	(×××)
처분후 이익잉여금					×××	×××
중간배당					(×××)	(×××)
유상 증자(감자)	×××	×××				×××
당기순이익(손실)					×××	×××
자기주식 취득			(×××)			(×××)
해외사업환산손익				(×××)		(×××)
20××.×.×	×××	×××	×××	×××	×××	×××
20××.×.×(보고금액)	×××	×××	×××	×××	×××	×××
회계정책변경누적효과					(×××)	(×××)
전기오류수정					(×××)	(×××)
수정후 이익잉여금					×××	×××
연차배당					(×××)	(×××)
처분후 이익잉여금					×××	×××
중간배당					(×××)	(×××)
유상 증자(감자)	×××	×××				×××
당기순이익(손실)					×××	×××
자기주식 취득			(×××)			(×××)
매도가능금융자산평가손익				×××		×××
20××.×.×	×××	×××	×××	×××	×××	×××

7. 현금흐름표 양식

현 금 흐 름 표

제×기 20××년×월×일부터 20××년×월×일까지
제×기 20××년×월×일부터 20××년×월×일까지

회사명 (단위 : 원)

과 목	당 기		전 기	
Ⅰ. 영업활동으로 인한 현금흐름		×××		×××
1. 당기순이익(손실)	×××		×××	
2. 현금의 유출이 없는 비용 등의 가산	×××		×××	
감가상각비				
⋮				
3. 영업활동과 관련없는 수익 등의 차감	(×××)		(×××)	
유형자산처분이익				
⋮				
4. 영업활동으로 인한 자산, 부채의 변동	×××		×××	
Ⅱ. 투자활동으로 인한 현금흐름		×××		×××
1. 단기매매가능금융자산의 증감	×××		×××	
2. 매도가능금융자산의 취득	(×××)		(×××)	
3. 매도가능금융자산의 처분	×××		×××	
4. 유형자산의 취득	(×××)		(×××)	
5. 유형자산의 처분	×××		×××	
6. 무형자산의 취득	(×××)		(×××)	
7. 무형자산의 처분	×××		×××	
8. 보증금의 증가	×××		×××	
⋮				
Ⅲ. 재무활동으로 인한 현금흐름		×××		×××
1. 단기차입금의 순차입	×××		×××	
2. 사채 및 장기차입금의 차입	×××		×××	
3. 사채 및 장기차입금의 상환	(×××)		(×××)	
4. 자기주식의 처분	×××		×××	
5. 배당금의 지급	(×××)		(×××)	
6. 주식발행	×××		×××	
⋮	×××		×××	
Ⅳ. 현금및현금성자산의 순증가 (Ⅰ+Ⅱ+Ⅲ)		×××		×××
Ⅴ. 기초의 현금및현금성자산		×××		×××
Ⅵ. 당기말의 현금및현금성자산		×××		×××

저자소개

이윤규

약력
경기대학교 경상대학(경영학박사)
Michigan State University 교환교수
(현) 경기대학교 지식정보서비스대학 회계세무 · 경영정보학부 회계세무전공 교수
한국전통 상학회 고문
사단법인 수원미래포럼 이사장
수원시 지방재정계획심의위원회 위원
수원시 인사위원회 위원

저서 및 논문
환경 및 사회공헌회계론, Perfect 회계원리 외 다수
진화하는 환경경영(도꼬로 노부유끼 저)
환경보전비용의 측정과 공시에 관한 연구 외 다수

고영우

약력
고려대학교 경영학과 학사
고려대학교 경영학과 박사
(전) 국방연구원 선임연구원
(현) 경기대학교 지식정보서비스대학 회계세무 · 경영정보학부 회계세무전공 부교수

저서 및 논문
기업수명주기가 판매관리비의 비대칭적 원가행태에 미치는 영향 외 다수

이세철

약력
한양대학교 경영학 박사
(현) 경기대학교 지식정보서비스대학 회계세무 · 경영정보학부 회계세무전공 부교수

저서 및 논문
내부회계관리제도의 중요한 취약점과 이익의 질적 속성 외 다수

차승민

약력
고려대학교 경영학과 (경영학사)
고려대학교 대학원 경영학과(회계학 전공) 석사
고려대학교 대학원 경영학과(회계학 전공) 박사
(현) 경기대학교 지식정보서비스대학 회계세무 · 경영정보학부 회계세무전공 부교수

저서 및 논문
생활과 세금(세학사)
Management Earnings Forecasts and Cost of Equity Capital: Korean Evidence (2013, 회계학연구) 외 다수

임형주

약력
부산대학교 경영학 박사 (재무.세무회계 전공)
부산대학교 경영학 석사 (회계학 전공)
University of South Austraila, Master of International Hospitality Management
International College of Hotel Management (Bachelor of International Hotel Management)
(현) 경기대학교 지식정보서비스대학 회계세무 · 경영정보학부 회계세무전공 조교수

저서 및 논문
Conservative Reporting and the Incremental Effect of Mandatory Audit Firm Rotation Policy: A Comparative Analysis of Audit Partner Rotation vs Audit Firm Rotation in South Korea (Australian Accounting Review) 외 다수

이재홍	**약 력**	연세대학교 대학원 졸업(경영학 석사 및 박사) 연세대학교 조교수 상명대학교 조교수 (현) 경기대학교 소프트웨어경영대학 회계세무전공 조교수 역삼세무서 국세심사위원회 위원 한국회계학회 기획이사 한국세무학회 국제이사 한국회계정책학회 총무이사
	저 서 및 논문	생활속의 세금 (퍼스트북) IFRS 회계원리 (신영사) The characteristics of foreign investors and stock price crash risks "The characteristics of foreign investors and stock price crash risks",「회계학연구」(제41권 제3호), 2016년 6월 외 다수

Compact 회계원리 (5판)

지 은 이 ▌ 이윤규 · 고영우 · 이세철 · 차승민 · 임형주 · 이재홍
펴 낸 이 ▌ 최재범
펴 낸 곳 ▌ 도서출판 탐진

저자와의 협의하에 인지 생략

등록 1-996호(倫). 1990. 1. 12.
서울시 마포구 신수로 27-1
Tel. 02)715-1092~3 / FAX. 02)701-6391
E-mail. tamjin1990@hanmail.net / www.tamjin.co.kr

2011. 8. 30. 초 판 발행
2024. 8. 20. 제5판 2쇄 발행

ISBN 978-89-5540-664-1 93320

정가 20,000원